FORMULARIO COMPLETO
DE
ACEITES
MÁGICOS

MÁS DE 1200 RECETAS,
POCIONES Y TINTURAS
PARA USO DIARIO

FORMULARIO COMPLETO DE ACEITES MÁGICOS

MÁS DE 1200 RECETAS, POCIONES Y TINTURAS PARA USO DIARIO

Celeste Rayne Heldstab

Grupo Editorial Tomo, S.A. de C.V.
Nicolás San Juan 1043
03100, México, D.F.

1a. edición, noviembre 2013.

Traducido de:
Complete Formulary of Magical Oils
Copyright © 2012 por Celeste Rayne Haldstab
Published by Llewellyn Publications
A Division of Llewellyn Worldwide Ltd.
2143 Wooddale Drive
Woodbury, MN 55125-2989
www.llewellyn.com

© 2013, Grupo Editorial Tomo, S.A. de C.V.
Nicolás San Juan 1043, Col. Del Valle
03100 México, D.F.
Tels. 5575-6615, 5575-8701 y 5575-0186
Fax. 5575-6695
www.grupotomo.com.mx
ISBN-13: 978-607-415-547-1
Miembro de la Cámara Nacional
de la Industria Editorial No 2961

Traducción: Luigi Freda Eslava
Diseño de portada: Karla Silva
Foto de portada: yonibunga/Shutterstock.com
Formación tipográfica: Armando Hernández
Supervisor de producción: Leonardo Figueroa

Este libro se publicó conforme al contrato establecido entre
Llewellyn Publications y *Grupo Editorial Tomo, S.A. de C.V.*

Impreso en México - *Printed in Mexico*

Bendición del libro

Escucha mientras la palabra de la Bruja
Llama a la Dama y al Señor
La luna arriba y la tierra abajo
El azul distante del cielo y el brillo cálido del Sol,
En esta hora correcta y dispuesta,
Llena estas páginas con tu sabiduría.
Que quienes tienen necesidad vean
Los secretos que se han confiado.
A quienes recorren el camino oculto
Para encontrar la morada tranquila del hogar.
Guardianes de las cuatro direcciones,
Escúchenos y proporciónenos su protección:
Que estas verdades de la Tierra y los Cielos
Estén protegidas de tiempos más oscuros.
Pero para las brujas cuyo mapa éste es
que el camino sea claro de ver;
y durante todas las próximas eras,
encontremos el hogar en estas páginas.

Sobre la autora

Celeste Rayne Heldstab (Monroe, Luisiana, Estados Unidos) tiene más de veinti-cinco años de experiencia creando aceites e incienso para compañías y particu-lares. Desde 2000, ha impartido muchos talleres sobre cómo utilizar aceites esenciales en aplicaciones mágicas, junto con lectura del tarot y fabricación de incienso. Sigue un sendero espiritual ecléctico que incorpora creencias de los nativos norteamericanos y vudú, y administra una tienda en Internet que vende incienso, aceites y otros productos.

Contenido

Agradecimientos

Cuando se trata de agradecer a la gente, nunca puedo recordar nombres, sólo caras... pero este libro trae consigo muchas excepciones a esa regla. Judika Illes... mi querida mujer, has devuelto la luz a mis ojos y a mi vida, eres una amiga querida y una hermana del Arte. Los regalos que me has dado, en realidad nunca los devolveré en esta vida. Pero ten la seguridad, querida Dama, que se devolverán. En lo que se refiere a la música, la vida no sería la misma sin mis auriculares y Bluebeat.com. Dawn Henry... literalmente salvaste mi vida. A Kim Landers de Adriel's Alchemy, sin ti, nada de esto hubiera sucedido jamás... Me enseñaste, me tuviste como tu aprendiz y fuiste mi mentor en el arte de incienso, hierbas y aceites, además de tarot, canalización y otras magias... Ojalá supiera dónde estás ahora, ya que tus enseñanzas siguen vivas, en este libro. A Misty-Eve, mi mentora en el Arte de los Sabios Druidas. La sabiduría que adquirí ha vuelto mi vida más rica, y he llegado a darme cuenta que la perfección está a nuestro alcance, ¡si sólo tenemos el valor para ir por ella! Mi marido, Mark, por crear un sitio de internet para presentar mi libro: www.BayouWitchIncense. com. Es sorprendente... mis cuatro perros, Luna, Misha, Bella-Dona y Oliver... mis cinco gatos, Georgie Girl, Tobie, Dora, Maxwell y Charlie... mis queridos familiares. Siempre estuvieron a mis pies, me obligaron a tomar descansos cuando en realidad los necesitaba y lamieron mi cara o ronronearon de contento cuando algo salía bien... los amo. Y a la diosa Hécate. Madre, gracias.

Para mi padre, que me dio el valor para conquistar montañas, y a mi madre, que me dio la fuerza para hacer todo lo que desee. A Josh, Hannah y Matt... los extraño, mis niños, y nos reuniremos de nuevo un día. Hay un lugar en mi alma para sus corazones, y sé que todo lo que hago, todo lo que digo, todo lugar en que estoy, sé que estoy con ustedes en espíritu, siempre. Ojalá que nunca caminen solos.

Primera parte

Introducción
a los aceites

Introducción

Siempre me han fascinado los olores. Parecen dominar mi vida y también mi memoria. ¿Te das cuenta que el olfato es el último sentido en dejar nuestro cuerpo mientras pasamos al siguiente reino? Los olores devuelven momentos de alegría, pesar, bodas, niños que nacen, amistades, romances, vacaciones y muchísimo más.

Un día a principios de la década de 1990, estaba recorriendo un centro comercial y vi una puerta que se mantenía abierta con una caldera y me hipnotizó el olor. Entré en la tienda y le pregunté a la mujer tras el mostrador qué era y cómo podía yo hacerlo... y de esa manera empezó mi vida en el ocultismo.

Ariel era una bruja del arte de los sabios druidas. Ella me enseñó cómo y cuándo mezclar (el mejor momento del día). Lo más importante de todo, es que me enseñó a emplear mis sentidos internos. Leí libro tras libro sobre hierbas, pociones, nociones, tarot, astrología, astronomía y correspondencias. Yo era una esponja. Había llegado a casa.

Después de unos años, nos alejamos una de otra. Yo seguí mi camino al mundo metafísico de Denver. Ariel cayó en el horrendo mundo de las drogas y la vida en las calles (por un divorcio). Traté de ayudarla, pero estaba demasiado ida y no deseaba mi ayuda. Todavía enciendo incienso por ella todos los días y espero que encuentre su camino de vuelta.

Cuando mi marido y yo nos mudamos a Littleton, Colorado, fui a una encantadora tienda llamada Metamorphosis (se ha cambiado el nombre a Spirit Wise). Leía las cartas, hacía aceites e inciensos y ayudaba a manejar la tienda. Por mucho fue uno de los mejores momentos de mi vida. Cuando dejé Metamorphosis, era una bruja cambiada. Estaba bien versada en muchos temas diferentes y sabía que podía hacer esto por mí misma. Y luego...nos mudamos a la Hebilla del Cinturón Bíblico de Luisiana. Nunca había estado aquí y la cultura me escandalizó... No podría hacer que floreciera mi tienda en este medio ambiente, así que decidí escribir, hacer incienso y disfrutar el estilo de vida más lento.

El *Recetario completo de aceites mágicos de Llewellyn* es el resultado de trabajar con aceites, mentores, personas y grupos con el paso de los años. He organizado la información en forma exhaustiva para que puedas crear tus propias pociones. He puesto los aceites esenciales y su información médica aquí sólo por una razón, que es recordar a la gente que los aceites son medicinas, no sólo bonitos aromas, a los que se debe respetar por su habilidad para curar, así como para dañar.

Este libro te ayudará a redescubrir un arte perdido. Tus aceites pueden ayudar a que suceda algo hoy y te ayudan con lo que va a suceder mañana. Pueden ayudar a curar, a lanzar maleficios y en expulsiones. Pueden traer el amor o el dinero para pagar tus cuentas. ¡Sólo tu intención y tiempo te detienen!

Aprender a hacer aceites es como aprender a montar en bicicleta. Aprendes haciéndolo. Puedes dedicar un poco de tiempo todos los días para practicar, dar un vistazo a un libro, leer un capítulo o buscar un aceite esencial. Muy pronto lo habrás dominado. No hay dogmas ni reglas especiales; sin embargo, la información está aquí para ayudarte a hacer el proceso tan ritualista o tan simple como desees que sea. Puedes hacer los aceites de acuerdo a la hora del día, la fase o el signo de la luna, e incluso de acuerdo a las hierbas que se empleen. Todo depende de ti.

Descubre cómo el hacer aceites mágicos puede ayudar a que tengas una vida mejor y más satisfactoria. Se ha definido cada aceite por completo y lo ha probado con el paso del tiempo la gente que los hizo y experimentó un *gran* éxito. Este recetario se ajustará a tu forma de vida con estilo y gracia mágica. Lo mejor de todo es que no necesitas ser un iniciado entrenado o tener poderes especiales para usar el material de este libro. Todo lo que necesitas es tener una mente abierta y el deseo de tener éxito.

Tú decides qué deseas y luego creas un hechizo o rito mágico que acompañe a tu aceite, lo cual te ayudará a lograr lo que deseas. Tienes el control en todo momento. El resultado depende de tu voluntad e intención de lograrlo.

Tenemos mucha información respecto al mejor momento para hacer tus aceites y cómo coordinar tu operación mágica para que coincida con las fases de la luna. Te aliento a explorar y tratar de trabajar con esta increíble energía que está disponible para ti. Una regla general y simple es: emplea la luna nueva para empezar proyectos, atraer dinero, ayudar a relaciones y ayudar en problemas de salud, emplea la luna llena para traer energía a proyectos que se relacionen con éxito en la carrera, amor y relaciones, y emplea el cuarto menguante de la luna para deshacerte de aspectos negativos de tu vida, malas situaciones e incluso bajar de peso.

Cuando experimentas con mezclas de aceites, es sensato escribir lo que añades, cuánto añades así como el momento en el día y la fase y signo de la luna. De otra manera, podrías crear el aceite de amor más maravilloso y con un aroma delicioso que funcione como por arte de magia y no puedas recrearlo cuando desees hacer más. Si sigues la pista a lo que haces, sabrás los pasos exactos para hacer de nuevo tu maravillosa creación. También sabrás qué tenía un aroma delicioso y qué olía como basura, así que no tendrás que intentar esa combinación de nuevo. Conserva las recetas en un cuaderno o en tu Libro de las Sombras, para referencia posterior.

Dos advertencias: Primero, es posible ser alérgicos a aceites esenciales y de fragancia así como a tinturas. Si planeas untarte con ellos, pon a prueba tu piel en una pequeña zona antes de usarlos de manera que estés seguro que no habrá una reacción. No uses los aceites esenciales puros, ya que la mayoría causará irritación de la piel si se emplean concentrados. ¡Ya se te advirtió! En segundo lugar, aceites esenciales y tinturas pueden manchar. Ambos dejarán residuos aceitosos y marcas de grasa en cualquier superficie. El alcohol en las tinturas puede decolorar el color de algunas telas y todos los papeles, y dañará el terminado en muebles de madera. Ten en mente cuando estés untando de estar seguro que no vas a arruinar algo precioso o delicado.

Algunas hierbas no estarán disponibles como un verdadero aceite esencial. Existen varias razones posibles para esto. De algunas hierbas o flores es tan difícil extraer aceites que no se hace en forma comercial. Muchas hierbas o flores producen aceites esenciales tóxicos o aceites que causan reacciones lo bastante severas para justificar que no se vendan. Algunos aceites *no* se deberían emplear durante el embarazo. Algunos aceites causan lo que se conoce como fototoxicidad al exponerse a luz ultravioleta, que puede causar de leves manchas de color café a quemaduras graves de la piel. Muchos aceites esenciales son irritantes para la piel si no se diluyen de manera apropiada.

Por suerte, existen numerosos aceites sintéticos que se crean con medios químicos y que huelen como la flor o hierba que representan. Esto es cierto en particular de los diferentes aceites de almizcle, algalia y ámbar gris que en un inicio se producían de animales. También hay muchas flores y frutos que sólo están disponibles en aceites sintéticos y que en verdad huelen como la hierba, flor o fruta que representan. He descubierto con el paso del tiempo que funcionarán en las actividades mágicas y, en algunos casos, los aceites sintéticos son mucho más baratos.

Yo prefiero emplear una combinación de aceites esenciales y de fragancia, y como doy carga a cada aceite conforme lo hago, siento que es apropiado. Un aceite de fragancia puede contener sustancias sintéticas, pero no vienen del espacio externo. Se hacen aquí en la Tierra, y como tales se derivan de la Madre. Como con cualquier magia, la intención es lo que cuenta. Y si huele bien, afectará tu magia en una forma mucho más poderosa que algo que no huela tan bien. Algo más a considerar es que la caducidad de los aceites sintéticos es también un poco más amplia.

Antes de intentar cualquiera de las técnicas de curación que se describen en la sección de Aceites esenciales, asegúrate de consultar a tu médico o practicante de los cuidados de salud. Recuerda que a pesar de que procede de una planta, puede no ser segura.

Por último, aunque no lo menos importante, es que trates de no desilusionarte si tu magia y aceites no salen perfectos la primera vez. Algunos aceites, al igual que algunos hechizos, requieren más tiempo para funcionar y dominar que otros. Debes tener fe, de otra manera vas a bloquear el flujo de energía que es necesario para tener éxito. Recuerda que los pensamientos se manifiestan en todos y cada uno de los momentos en el mundo etérico, que es el mundo de ángeles, dioses y diosas, y de otras formas de energía que se comunican con nosotros. Así que si crees en lo que estás haciendo, y huele como lo que *tú* piensas que debería ser, entonces sucederá. C-R-E-E.

Medición de hechizos

Con los años he tenido recetas que tenían gotas, piscas, copas, litros y partes. ¡Demonios, es tan confuso y desconcertante! Esta sección te ayudará a encontrar un método de sentido común para hacer pociones, aceites y demás empleando el método de "partes".

La botella estándar que empleo para las recetas en este libro es una botella de una dracma, la cual es igual a ⅛ de onza o 1.77 gramos. La mayoría de los aceites vienen en botellas de este tamaño. También se les puede encontrar en Internet. Siempre recomiendo emplear botellas de vidrio de color. Pueden ser ámbar, azul cobalto, verde o cualquier color que no permita entrar la luz. La luz afecta los aceites, al igual que el calor. La refrigeración puede ser buena idea.

Las partes se emplean para estandarizar todas las recetas. Puedes hacer una dracma, una onza, un litro, un galón o lo que prefieras hacer, de manera que no tengas que preocuparte por añadir demasiado o muy poco de un ingrediente. Puedes ver la botella y decir qué estás midiendo y terminar con algo que es perfecto todo el tiempo.

Compra alrededor de una docena de goteros en una farmacia o en Internet para empezar. Los goteros se pueden limpiar remojándolos en alcohol isopropílico (no cubras todo el gotero, sólo la sección de cristal) y úsalos una y otra vez. Deja que los goteros se remojen por alrededor de una hora, luego deja que se sequen al aire. Otra buena inversión es una taza medidora Pyrex. Puede ser un salvavidas cuando preparas grandes cantidades. Nunca uses plástico, ya que los aceites se comen en forma literal el plástico después de un tiempo y luego tendrás aceite en todas partes. Recuerda que no deseas aceite para "expulsiones" por todos lados en tu gabinete de brujas que contienen todas tus herramientas y otros artículos preciosos. Sería algo muy malo.

Cuando expreso "añade unas gotas", me refiero a una gota de gotero que tenga como propósito usarse con la botella de una dracma. Si empleas un contenedor más grande para hacer tus aceites, puedes usar tu intuición y creatividad hasta que logres el aroma correcto para tu aceite. Recuerda que este aceite es para ti, y sólo para ti, así que haz algo que en verdad ames.

Y, por favor, recuerda escribir todo. La fase de la luna, el día de la semana y la hora del día, junto con los ingredientes empleados. Esto es para que puedas duplicarlo más adelante y no termines con algo por completo distinto. Créeme, cuando piensas que lo puedes recordar, nope, nada, zilch, no puedes. Yo lo he hecho y perdido muchas recetas valiosas, hermosas y muy mágicas. Nunca he podido duplicarlas cuando me las piden o cuando necesito algo al vuelo para un ritual o hechizo.

Añadir hierbas y gemas a tu aceite

Te animo a intentar esto ya que añade un "empuje" muy mágico a tus aceites. No necesitas llenar la botella hasta el borde con hierbas, sólo unas cuantas hojas, un pétalo o una gota de resina es todo lo que necesitas. En cuanto a las gemas, una astilla de un collar de fragmentos de gemas es todo lo que necesitas, incluso para las botellas más grandes.

Aunque añadir hierbas y gemas no es obligatorio, es algo con lo que yo siempre he tenido muy buena suerte. Ponlo a prueba, ¡y ve si hace la diferencia en tus aceites!

También sugiero emplear aceites de fragancia para empezar; son menos costosos y te podría sorprender el resultado. Cuando decidas emplear aceites esenciales, tendrás una mejor comprensión de cómo mezclar y emplear fragancias y esencias sin gastar mucho dinero al principio. Sugiero ir a www.SaveOnScents.com, ya que tienen botellas, goteros y aromas, además de una maravillosa selección de aceites de fragancia. New Directions Aromatics en www.newdirectionsaromatics.com es una buena fuente para aceites esenciales. Ambas compañías tienen envíos a nivel mundial y tienen un increíble equipo de servicio a los clientes para ayudarte, por no mencionar precios excelentes.

Si una receta expresa que se usen sólo aceites esenciales, por favor hazlo así. De otra manera, tu mezcla podría no resultar como se escribió la intención inicial.

Cómo emplear aceites portadores en tus mezclas

Recomiendo emplear un aceite portador, y es indispensable si estás empleando sólo aceites esenciales. Una mezcla de aceites de fragancia y esenciales durará más tiempo y tendrá un mejor "fijación" del aroma (la forma en que huele) si se le añade un aceite portador. Examina la lista de aceites portadores de este libro y escoge uno que sientas que funcione bien con tu intención mágica. De esta manera, puedes estar seguro de que estás preparando una fragancia bien redondeada si decides emplearla como aroma personal.

Espero que esto te ayudará a disfrutar hacer tus aceites mágicos. Ha simplificado el proceso para muchos a quienes he enseñado, y todos ellos tienen muy buenos resultados una y otra vez con este método.

Notas de seguridad preventivas

- Los aceites esenciales son extensiones de las plantas vivas y, como tales, tienen muchas preocupaciones de seguridad, igual que como sucede con éstas. Muchas plantas son peligrosas o dañinas para los humanos o las mascotas. Me vienen a la mente poleo y belladona.
- Los aceites esenciales nunca se deben ingerir oralmente.
- Consulta a un practicante de aromaterapia con licencia antes de emplearlos en alguien que tenga epilepsia, enfermedades cardiacas o presión sanguínea alta.
- Usa con moderación en niños. Por lo general, no se recomiendan los aceites esenciales para uso en bebés y es mejor emplearlos sólo como terapia en niños chicos.
- Nunca apliques un aceite esencial directo en la piel; siempre emplea un aceite portador.
- Las personas con piel sensible o que tienen reacciones alérgicas siempre deben realizar una prueba en piel en el lado interno del codo durante veinticuatro horas antes de usarlo.
- Mantén los aceites esenciales lejos de ojos y oídos.

- La fotosensibilidad también es una preocupación con algunos aceites esenciales, en especial los aceites de cítricos y Angélica. *No* se deben aplicar antes de salir a la luz solar directa.
- Estos aceites esenciales *no* se deben usar bajo *ninguna* circunstancia (puedes sustituirlos con aceites de fragancia):

Almendra amarga	Sasafrás
Hoja de boldo	Sabina
Cálamo aromático	Abrótano
Rábano picante	Tanaceto
Hojas de jaborandi	Tuya
Artemisa	Gaulteria
Mostaza	Quenopodio
Poleo	Ajenjo
Ruda	Alcanfor amarillo

En relación con el embarazo y la lactancia

Se sabe que la mayoría de las siguientes hierbas o sus aceites causan contracciones uterinas que pueden causar aborto. También evita tomar estas hierbas como tés durante el embarazo. Nunca emplees estos aceites para provocar un aborto, ya que pueden causar hemorragias graves. Esta lista no es exhaustiva, así que siempre habla con tu practicante de cuidados de la salud antes de emplear cualquier aceite que no se mencione.

Angélica	Mostaza
Anís	Almizcle
Albahaca	Poleo
Alcanfor	Menta
Champa	Romero
Hierba de limón	Salvia
Hisopo	Ajedrea
Jazmín	Orégano francés
Junípero	Estragón
Bálsamo de Melisa	Tomillo
Apio de monte	Frambuesa
Mejorana	Gaulteria

Los aceites de fragancia se deben examinar con cuidado y también se debe hablar de ellos con tu practicante de cuidados de la salud. Nunca vale la pena correr riesgos con tu salud o la de tu bebé no nacido.

Segunda parte

Formulaciones mágicas

Carga mágica para el aceite

Aceite de maravilla; aceite de poder
aumenta en potencia a cada minuto u hora
te conjuro ahora; te doy carga con fuerza
te doy vida de infinita duración
e ilimitada energía mágica
como lo deseo, estarás cargado.

Los elementales

Los elementales son las pequeñas criaturas que animan los cuatro elementos. Por lo general no puedes verlos, escucharlos, sentirlos, gustarlos o tocarlos, pero eso no significa que no existan. Después de todo, existen los rayos X, a pesar de que no puedes sentirlos. Sin embargo, puedes llegar a conocer a los elementales mediante el uso de tus sentidos extraordinarios.

Los cuatro tipos de elementales son Salamandras (fuego), Sílfides (aire), Ondinas (agua) y Gnomos (tierra).

Los elementales son expertos en sus propios reinos. La Salamandra sabe todo lo que hay que saber sobre el elemento Fuego, tanto físico como sicológico. Las Sílfides son expertas en el tema del Aire. Las Ondinas son expertas respecto al Agua. Los Gnomos se especializan en temas de la Tierra. Los elementales son criaturas de un elemento y mientras se mantengan prisioneros, por así decirlo, en su propio elemento son incapaces de aprender nada respecto a los elementos a los que no pertenecen en forma natural.

Los elementales no son del todo felices con esta situación. Les gusta progresar y evolucionar, pero la única forma en que pueden hacerlo es mediante la asociación indirecta con criaturas multielementos, como los seres humanos. Por esta razón, los elementales buscan la compañía humana. En pago por el "tutelaje" de un humano favorecido, están dispuestos a dar servicio. El mago que es capaz de atraer a una Ondina servicial puede esperar asistencia experta en asuntos relacionados con amor, amistad, curación y las artes psíquicas. Los Gnomos ayudarán con asuntos de profesión y finanzas. Las Sílfides con actividades intelectuales y las Salamandras con temas creativos y espirituales.

La ayuda de elementales es deseable porque facilita seguir una meta. Al llamarlo para ayuda, el elemental con gusto se pone a trabajar en el proyecto de su compañero. Todavía necesitas hacer afirmaciones, encantamientos, visualizaciones y todo el resto del trabajo que se ha cubierto hasta este punto... nunca puedes esperar que alguien o algo haga todo tu trabajo por ti. Sin embargo, tu camino a la meta se puede acelerar y verás resultados más veloces que si no tuvieras la ayuda de un elemental. Los practicantes mágicos que pueden atraer compañeros elementales tienen una gran ventaja sobre los que no pueden.

Aceite de abtina

¼ parte de almizcle

⅛ parte de mirra

⅛ parte de frankincienso

⅛ parte de estoraque

⅛ parte de bálsamo de gilead

⅛ parte de casia

⅛ parte de loto

Una poderosa mezcla antigua y sagrada en especial para trabajar con todos los cuatro elementos al mismo tiempo. Se desconoce el origen de esta mezcla aunque sabemos que es muy antigua... ¡úsala con cuidado!

Aceite de agua

½ parte de palmarosa

½ parte de ylang ylang

Jazmín, unas cuantas gotas

Usa para fomentar amor, curación, conciencia psíquica, purificación, etcétera.

Aceite de agua (elemental) II

½ parte de guisantes de olor

⅛ parte de jazmín

¼ parte de camelia

⅛ parte de loto

El Agua es el reino de los misterios ocultos, los sentidos psíquicos y la paz.

Aceite de agua III

⅓ parte de bergamota

⅓ parte de jazmín

⅓ parte de mirra

Sueños, habilidad psíquica, sensualidad, aumento de las emociones. Ayuda a disipar el temor a ataques psíquicos y ayuda a la recuperación de abusos emocionales.

Aceite de alas angelicales

½ parte de sándalo

¼ parte de magnolia

¼ parte de mirra

Mezcla sagrada poderosa y antigua en especial para trabajar con todos los cuatro elementos al mismo tiempo; se desconoce el origen de esta mezcla. Sé que es muy antigua... ¡úsala con cuidado!

Aceite de alas de gasa

¼ parte de violeta
¼ parte de limón
½ parte de lavanda
Melaleuca, unas cuantas gotas

Útil para ponerse en contacto con Hadas relacionadas con el elemento Aire: sílfides, elfos, etcétera.

Aceite del aire

½ parte de lavanda
½ parte de sándalo
Aceite de flor de Naranjo, una o dos gotas

Usa para invocar los poderes del Aire y para fomentar el pensamiento claro, para conjuros de viajes y para superar adicciones.

Aceite del aire II

¼ parte de benjuí
½ parte de lavanda
¼ parte de lirio del Valle

El Aire es la esfera del intelecto, la razón, nuevos principios y el cambio.

Aceite del aire III

⅔ partes de lavanda
⅓ parte de sándalo
Romero, unas cuantas gotas

Comunicación, aprendizaje, ideas, soluciones.

Aceite de apariciones

Este aceite se hace con hierbas (cómpralas en Internet o en cualquier tienda de alimentos naturales).

3 partes de aquilaria agallocha
2 partes de cilantro
1 parte de alcanfor
1 parte de abrótano
1 parte de linaza
Suficiente aceite portador para cubrir

1 parte de anís
1 parte de cardamomo
1 parte de endivia
1 parte de marihuana

Deja reposar en un lugar oscuro por dos semanas para que se mezcle; agitar en ocasiones. Unge velas negras y blancas. Causa que se presenten apariciones si en realidad deseas que esto suceda.

Aceite de canto de sirena

⅛ parte de limón
¼ parte de lavanda
⅛ parte de onagra
½ parte de alcanfor
Malva rosa, unas cuantas gotas

Para trabajar con elementales del Agua. También muy bueno para emplear cuando se aprende o se crea música, y también cuando se emplea meditación con música.

Aceite de cuatro vientos

Se necesita una parte de cada aceite para hacer esta receta:

Viento del Este, el viento de la inteligencia: lavanda
Viento del Sur, el viento de la pasión y el cambio: almizcle
Viento del Oeste, el viento del amor y las emociones: rosa
Viento del Norte, el viento de las riquezas: madreselva

Usa el aceite apropiado cuando desees un cambio en esa área de tu vida. También úsalo para aumentar los hechizos con que puedas estar trabajado. El viento del Sur es el que sirve para todo; si tu deseo no cae en cualquiera de las otras categorías, usa el Viento del Sur.

Aceite de dríada

½ parte de almizcle
¼ parte de musgo de roble
⅛ parte de algalia
⅛ parte de vainilla

Una excelente mezcla para ejercer las artes de la magia natural. Esta preparación se diseñó en forma específica para ponerse en contacto con los espíritus elementales de la Tierra.

Aceite de fuego

½ parte de jengibre

½ parte de romero

Petit grain, unas cuantas gotas

Clavo, unas cuantas gotas

Usa para invocar los poderes del Fuego, como energía, valor, fuerza, amor, pasión, etcétera.

Aceite de fuego II

⅛ parte de canela

⅛ parte de clavo

¾ partes de naranja

¼ parte de nuez moscada

El fuego se asocia con transformación, pasión, liderazgo y éxito personal.

Aceite de gnomos

½ parte de sándalo

½ parte de almizcle

Pino, 1 a 3 gotas

Los gnomos son elementales de la Tierra de las torres de observación del Norte. Si te gusta jugar con ellos y no te importa que causen un poco de caos de vez en cuando en tu hogar, puede ser muy útil tenerlos cerca. Protegerán tu espacio, y en general, mantendrán todo en orden. En otras palabras, te inspiran para que te pongas en orden.

Aceite de la delicia de Pan

¼ parte de almizcle

¼ parte de pino

¼ parte de lavanda

Para sacar a los juguetones y bromistas espíritus de la Tierra. Trasgos, elfos y duendes aman venir y unirse a la fiesta cuando se llama a Pan.

Aceite de la Tierra

½ parte de pachuli

½ parte de ciprés

Usa para invocar los poderes de la Tierra para producir dinero, prosperidad, abundancia, estabilidad y cimientos.

Aceite de la Tierra II

Pachuli, unas cuantas gotas

½ parte de magnolia

½ parte de madreselva

Pino, unas cuantas gotas

Para atraer las cualidades del elemento: resistencia, estabilidad, fuerza. También para ponerte en contacto con la tierra, para trabajar con los signos astrológicos y elementales de la Tierra.

Aceite de la Tierra III

⅛ parte de sándalo

¼ parte de pachuli

¼ parte de vetiver

⅛ parte de madreselva

¼ parte de mirra

Un aceite muy poderoso para ayudarte a ponerte en contacto con los elementales de la Tierra. Un aceite muy bueno para emplear en estabilidad, ponerte en contacto con la tierra y también magia de dinero.

Aceite de los bosques de cristal

¼ parte de abeto

⅛ parte de pino

¼ parte de junípero

Comunicación con lo astral o con animales.

Aceite para atraer el espíritu de la naturaleza

½ parte de clavel

½ parte de gardenia

En lo personal, siento que este aceite tiene una vibración muy elevada y, por lo tanto, puede funcionar con los Elementales y con el Reino Angelical.

Amor, atracción y sexo

Cuando te sientes con ganas de hacer el amor, no hay nada mejor para atraer a tu amante que una piel tersa con un aroma afrodisiaco atrayente. El aceite para hacer el amor no sólo es un regalo para tu piel, ofrece una sensación olfatoria que con seguridad ayudará a animar todo.

Existen muchas formas diferentes para atraer el romance a tu vida. Emplea aceite del amor con un quemador de aromaterapia para aromatizar la habitación, frota en los puntos de presión del cuerpo de tu enamorado o añádelo a tu popurrí. Si deseas bendecir tus velas, como yo lo hago, tenemos una técnica especial para aplicar el aceite con fines mágicos. Coloca el aceite en la punta de tus dedos y luego frota el aceite desde la parte superior de la vela hacia abajo a la mitad y desde abajo hasta la mitad. De esta manera atraes energías a tu vida y a tu ritual.

Aceite afrodisiaco
½ parte de ylang ylang
¼ parte de naranja
¼ parte de jazmín
Canela, unas cuantas gotas

Para atraer pasión y romance del tipo más intenso.

Aceite afrodisiaco II
⅓ parte de pachuli
⅓ parte de sándalo
⅓ parte de ylang ylang

¡Sexy, sexy, sexy! Se debe emplear con moderación y sólo cuando la persona cerca de ti sea alguien a quien desees excitar.

Aceite alfombra mágica
¼ parte de violeta
¼ parte de lila

¼ parte de narciso

¼ parte de vainilla

Igual que el Aceite del Imán Afortunado. Atrae todas las formas de suerte y amor. Trae riqueza y éxito en todas las actividades.

Aceite ámame ahora

¼ parte de jazmín

¼ parte de rosa

¼ parte de frangipani

¼ parte de vetiver

Canela, unas cuantas gotas

Un aceite exigente y absorbente para cuando el amor y la lujuria no pueden esperar.

Aceite amor amor amor

½ parte de rosa

¼ parte de angélica

⅛ parte de clavo

⅛ parte de pepino

Una mezcla especial de aceites que se emplea para atraer a quienes ya están interesados en alguien más. Emplear este aceite hace que te note. También se puede emplear para atraer mujeres.

Aceite amor amor amor II

⅓ parte de jazmín

⅓ parte de ylang ylang

⅓ parte de rain

Mezclado para atraer a alguien que está afuera, solo y esperándote.

Aceite amor y atracción (estilo Luisiana)

⅓ parte de limón

⅓ parte de rosa

⅓ parte de vainilla

Almendra, unas cuantas gotas

Brillo de oro o dos estrellas de oro

Este aceite te ayudará a atraer una pareja espiritual y alma gemela.

Aceite amor y éxito
½ parte de pimienta inglesa
⅛ parte de orris
⅛ parte de canela
⅛ parte de laurel
⅛ parte de sándalo blanco

Ayuda a localizar la felicidad en el matrimonio y a tener gran éxito en todo lo que se intente. Emplea para ungir velas rojas y rosas.

Aceite aromático para atraer el amor
¼ parte de malva rosa
¼ parte de lavanda
¼ parte de romero
⅛ parte de manzanilla
⅛ parte de canela

Usa para atraer el amor.

Aceite atrayente
¾ partes de pachuli
¼ parte de canela

Aumenta el magnetismo sexual de quien lo usa. Atraerás a cualquiera que pase o camine cerca de ti. Úsalo y observa lo que sucede. Como con todos los aceites basados en canela, ponlo a prueba en el lado interno de tu codo durante la noche y asegúrate de que no irrita tu piel. Si lo hace, trata de prepararlo usando menos canela.

Aceite azul medianoche
⅓ parte de rosa
⅓ parte de aceite de fragancia de opio
⅓ parte de almizcle
Ámbar gris, unas cuantas gotas
Clavel, unas cuantas gotas
1 gota de miel real

Fomenta la excitación sexual entre hombre y mujer.

Aceite cautivador

½ parte de pachuli

½ parte de vetiver

Lima, unas cuantas gotas

Laurel, unas cuantas gotas

Un aceite de propósito "indeterminado", enlaza a otros contigo, causa que quien lo porta se vuelva seductor y encantador, crea enlaces de amor y afecto. Otro de esos aceites que en verdad disfruto de crear y usar. Tiene un aroma en verdad encantador y hace que todos pregunten: "¿Qué perfume traes?".

Aceite Cleo May

¼ parte de jazmín

¼ parte de gardenia

¼ parte de rosa amarilla

¼ parte de almizcle egipcio

Prepara esta mezcla vertiendo los aceites en una botella de 10 onzas y luego añadiendo aceite vegetal orgánico para llenar. Unta en el tercer ojo, el sacro y el plexo solar. Vierte unas cuantas gotas en la palma de tus manos e inhala profundamente. También se puede emplear en el baño. El máximo aceite de seducción.

Aceite como quieras

⅓ parte de flor de naranjo

⅓ parte de menta

⅓ parte de almizcle

Rociarlo en el suelo o ponerlo en donde un ser querido entrará en contacto con él, causa que la persona vuelva a ti. Causará que otros deseen complacerte a cualquier costo, pero puede causar acosos, así que ten cuidado.

Aceite criollo francés

¼ parte de lila

¼ parte de almizcle

¼ parte de laurel

¼ parte de lima

Aceite especial diseñado para hacer que tus sueños se vuelvan realidad. Ayuda a interpretar los sueños en forma profética. Despertará el deseo en otros y te ayudará a tomar las decisiones correctas cuando se trate de encontrar una pareja nueva.

Aceite cuero y encaje

½ parte de almizcle
¼ parte de lila
⅛ parte de reina de la noche
⅛ parte de amarige (opcional)

Celebra cada faceta de tu vida sexual de fantasía con este sensual aceite. Empléalo cuando necesites probar algo nuevo en la alcoba.

Aceite dama del lago

¼ parte de lavanda
¼ parte de lila
¼ parte de tierra
⅛ parte de malva rosa
⅛ parte de clavel
Jazmín, 2-3 gotas
Romero 2-3 gotas

Usa este aceite para ponerte a tono con el amor y la fuerza de la Dama del Lago y para reconectarte con la diosa en tu interior.

Aceite dama del prado

⅓ parte de vainilla
⅓ parte de almizcle
⅓ parte de sándalo
Cedro, unas cuantas gotas

Para invocar o venerar a la diosa de la primavera; ayuda con la actividad de la fertilidad.

Aceite dame placer

½ parte de almizcle
⅛ parte de aceite de fragancia de opio
$1/16$ parte de pachuli
$1/16$ parte de narciso
$1/16$ parte de loto

Diseñado para fomentar el placer, tanto darlo como recibirlo.

Aceite de abeja reina

Igual que el aceite reina.

Aceite deleite

½ parte de flor de manzana (alternativas: magnolia o mimosa)

¼ parte de guisante de olor

¼ parte de rosa

Lavanda, unas cuantas gotas

Elimina las inhibiciones y aumenta el placer.

Aceite de Adán y Eva

⅓ parte de flor de manzana

⅓ parte de rosa

⅓ parte de limón

Para asegurar la fidelidad en parejas casadas, unir más a los novios y atraer un enamorado a una persona sola.

Aceite de Afrodita

½ parte de ciprés

¼ parte de canela

¼ parte de bouquet de ámbar gris

Para invocar o venerar a la Diosa, o para cualquier búsqueda de romance o amor.

Aceite de Afrodita II

⅓ parte de geranio

⅓ parte de lila

⅓ parte de flor de manzana

Para atraer a un hombre. Lo puede usar cualquier sexo.

Aceite de Afrodita III

¾ partes de ciprés

½ parte de canela

Pedazo pequeño de raíz de orris

Aceite de oliva como aceite portador

Añade los aceites esenciales verdaderos y la raíz de orris a una base de aceite de oliva (alrededor de 1 taza). Unge tu cuerpo para traer el amor a tu vida. *Nota: Por favor pon a prueba primero en el lado interno del codo. Los aceites esenciales de canela y ciprés pueden ser muy irritantes para la piel.*

Aceite amor

¼ parte de naranja
¼ parte de almendra
¼ parte de canela
¼ parte de bálsamo de gilead
Pedazo de coral en la botella

Una receta de amor clásica de Nueva Orleans. Seguro hará que las personas volteen cuando entres en una habitación.

Aceite de amor

¼ parte de sándalo
¼ parte de pachuli
¼ parte de rosa
¼ parte de vetiver

Usa para atraer el amor. Unge velas rosadas y quema mientras visualizas el amor que deseas.

Aceite de amor (mujeres)

½ parte de rosa
¼ parte de jazmín
¼ parte de palmarosa

Aumenta el magnetismo y la potencia sexual; es muy fuerte, los hombres andarán a tu alrededor. ¡Que sea seguro!

Aceite de amor II

¼ parte de rosa
¼ parte de flor de manzana
¼ parte de gardenia
⅛ parte de jazmín
⅛ parte de ylang ylang

Aceite de propósito general para actividades románticas.

Aceite de amor III

⅓ parte de jazmín
⅓ parte de almizcle
⅓ parte de hierba luisa

Emplea para hacer que alguien a quien quieras desee estar cerca de ti. Aplica a tus "centros del amor".

Aceite de amor IV

½ parte de rosa
⅛ parte de jazmín
⅛ parte de violeta
⅛ parte de almizcle
⅛ parte de hierba luisa

Se emplea para atraer a alguien que ya está interesado en otro.

Aceite de amor V

½ parte de almizcle
½ parte de frangipani

Trae suerte en todos los asuntos del amor. Hace que seas más atractivo para el sexo opuesto.

Aceite de amor de Dixie

⅓ parte de rosa
⅓ parte de gardenia
⅓ parte de flor de naranjo

Una verdadera tradición del sur de Estados Unidos que es seguro que funcione todo el tiempo. Trae esa alma de lo profundo del sur de Estados Unidos a tu reino para ayudarte a encontrar o intensificar el amor.

Aceite de amor de Rafael

3 onzas de aceite de base de girasol
⅓ parte de guisante de olor
⅓ parte de lavanda
⅓ parte de mezcla "3" de almizcle (una mezcla de partes iguales de aceites de fragancia de almizcle verde, almizcle ámbar y almizcle oscuro)

Este aceite despierta la pasión en tu amante y es útil como aceite de masaje. Si no puedes encontrar todos los tres aceites de almizcle, sustituye con almizcle egipcio.

Aceite de amore

½ parte de flor de manzana
⅛ parte de ámbar gris
⅛ parte de canela

Un aceite de atracción para traerte el amor. Ten cuidado con éste. Tiene el hábito de hacer que la gente desee seguirte a todas partes.

Aceite de amor eterno

½ parte de magnolia
½ parte de orquídea
Ylang ylang, unas cuantas gotas
Benjuí, unas cuantas gotas

Un aceite para quienes buscan amor que dure para siempre. Ten cuidado... ¡podrías conseguir lo que deseas y más!

Aceite de amor francés

½ parte de glicina
¼ parte de violeta
¼ parte de orris

Ayuda a superar la timidez y conocer gente nueva.

Aceite de amor gay

¾ partes de vainilla
¼ parte de ámbar gris
Canela, unas cuantas gotas

Diseñado para parejas gay, tanto de hombres como de mujeres.

Aceite de amor general

½ parte de romero
¼ parte de lavanda
⅛ parte de cardamomo
⅛ parte milenrama

Emplea para ayudarte en hechizos de amor. El color correspondiente de esta poción es rosa, de manera que puedes preferir emplear una vela o botella de este color.

Aceite de amor No. 20

¼ parte de aceite de fragancia de almendra (no aceite de base)

¼ parte de rosa

¼ parte de lavanda

¼ parte de laurel

Limón, unas cuantas gotas

Una fórmula especial de aceite de Nueva Orleans. Favorita entre las prostitutas.

Aceite de amor polinesio

½ parte de gardenia

¼ parte de jazmín

¼ parte de rosa

Almizcle, alrededor de 10 gotas

Similar al Aceite Ven a Mí. Se emplea para atracción.

Aceite de amor propio

¼ parte de nardo

¼ parte de rosa blanca

¼ parte de geranio

¼ parte de rosa

Palmarosa, unas cuantas gotas

Prepara y da poder al aceite antes de un ritual de amor a uno mismo. También emplea para fortalecer la autoestima.

Aceite de amor vinculante

½ parte de jazmín

½ parte de gardenia

Vetiver, unas cuantas gotas

Para ayudar a asegurar un amor a largo plazo. Un aceite maravilloso para usar en el matrimonio o ceremonia de atadura de manos.

Aceite de amor y protección

¼ parte de mirra

¼ parte de vetiver

¼ parte de aceite de fragancia de opio

¼ parte de rosa

Para proteger el amor que se tienen dos personas. Un maravilloso regalo para la atadura de manos.

Aceite de ardor de Adonis

½ parte de jazmín

¼ parte de almizcle

¼ parte de vainilla

Esta mezcla está diseñada para estimular y prolongar la sexualidad y el vigor. (No se debe ingerir.)

Aceite de atadura de manos

¼ parte de gardenia

⅛ parte de almizcle

½ parte de jazmín

⅛ parte de rosa

Pétalos de rosa

A menudo se le da a parejas en el anochecer de su atadura de manos. Entonces lo pueden emplear en un masaje de aceite (no se ingiera), en un baño, en un difusor en la alcoba de bodas.

Aceite de atadura de manos II

¼ parte de palmarosa

¼ parte de ylang ylang

⅛ parte de jengibre

¼ parte de romero

⅛ parte de cardamomo

Para bendecir o crear un matrimonio. Usa como aceite personal y unta en velas durante los rituales de atadura de manos.

Aceite de atadura de manos III

¼ parte de gardenia

¼ parte de lirio del valle

¼ parte de lavanda

¼ parte de magnolia

Para uno de los momentos más sagrados de tu vida: la bendición del amor de una pareja.

Aceite de atracción

¼ parte de pimienta inglesa

¼ parte de almizcle blanco

¼ parte de limón, lima o naranja

¼ parte de guisantes de olor

Coloca una piedra de ámbar en la botella maestra y una semilla de Cilantro en las botellas que vayas a tener a la venta. Atrae dinero, negocios y éxito.

Aceite de atracción II

¼ parte de rosa

¼ parte de lavanda

¼ parte de vainilla

¼ parte de sándalo

Toca los puntos del pulso cuando estés en presencia de aquel que deseas atraer. Funciona para hombres y mujeres.

Aceite de atracción III

½ parte de almizcle

¼ parte de lila

¼ parte de jazmín

Almendra, unas cuantas gotas

Incita la pasión y atrae el amor íntimo a tu vida. Un aceite muy apropiado para regalar a alguien que acaba de tener su atadura de manos o se casó.

Aceite de atracción masculina

¼ parte de almizcle

¼ parte de ámbar gris

¼ parte de ámbar

¼ parte de sándalo

Un aceite de amor para hombres que atraerá una pareja permanente.

Aceite de aura de venus

½ parte de jazmín

⅛ parte de frangipani

⅛ parte de lavanda

⅛ parte de rosa

⅛ parte de almizcle

Empleado como ayuda en hechizos de prosperidad o hechizos de amor. Cuando se mezclan estos aceites, concéntrate en la confianza y el éxito. Es mejor hacerlo en viernes.

Aceite de bast

½ parte de ylang ylang

½ parte de frankincienso

Hierba Gatera en la botella maestra

Para invocar o venerar a la diosa, para estimular la creatividad, alentar el hedonismo y el carácter juguetón.

Aceite de bouquet de la India

¼ parte de jengibre

¼ parte de canela

¼ parte de cilantro

⅛ parte de mirra

⅛ parte de canela

Cardamomo, unas cuantas gotas

Una mezcla diseñada para atraer el sexo opuesto. Crea una atmósfera de atracción y armonía en parejas que pelean, y termina con el problema de la infidelidad marital. Emplea en rituales de amor para asegurar la tranquilidad.

Aceite de bouquet de la India II

½ parte de sándalo

½ parte de loto

Canela, alrededor de 5 gotas

Vainilla, alrededor de 10 gotas

Una mezcla anticuada para fidelidad.

Aceite de brazalete francés

⅓ parte de rosa

⅓ parte de frangipani

⅓ parte de lavanda

Orégano de creta, unas cuantas gotas

Usa para atraer buena suerte y romance.

Aceite de brazalete francés II

⅓ parte de rosa

⅓ parte de frangipani

⅓ parte de madreselva

Narciso, unas cuantas gotas

Para atraer posibles enamorados. ¡También es bueno para usar en entrevistas de trabajo!

Aceite de canto de sirena

¼ parte de loto

¼ parte de almizcle de china

¼ parte de rosa

¼ parte de madreselva

1 concha marina pequeña pulverizada en la botella, si se desea.

Usa para embrujar a quien desees.

Aceite de cernunnos

⅛ parte de ámbar

⅛ parte de pachuli

⅛ parte de malva rosa

¼ parte de almizcle

¼ parte de ámbar gris

⅛ parte de pino

Una mezcla maravillosa. Emplea para alinear y dirigir la energía primordial, fértil y activa de la naturaleza.

Aceite de circe

¼ parte de loto

¼ parte de lirio del Valle

¼ parte de almizcle

¼ parte de muguete

Clavo, unas cuantas gotas

Eucalipto, unas cuantas gotas

Gaulteria, unas cuantas gotas

Un encantamiento romántico. Emplea para causar que alguien quede fascinado contigo.

Aceite de Cleopatra

⅓ parte de heliotropo

⅓ parte de cedro

⅓ parte de rosa

Frankincienso, unas cuantas gotas

Una aroma muy preferido por los practicantes del Vudú. El Aceite de Cleopatra se puede emplear en un encantamiento de amor para untar una vela rosa, que se usa para fortalecer y mejorar la relación entre enamorados, o usar para atraer a un extraño que se desea en secreto.

Aceite de Cleopatra II

½ parte de bálsamo de gilead

¼ parte de almizcle

⅛ parte de naranja

⅛ parte de frankincienso

Un aceite sólo para enamorados. Atrae al extraño que deseas en secreto. Excita y enardece a quienes amas para que vengan y respondan. Un poderoso afrodisiaco. (Usa para ungir velas rosas en rituales de amor.)

Aceite de Cleopatra III

¼ parte de loto

¼ parte de madreselva

¼ parte de sándalo

¼ parte de ylang ylang

Mezcla muy seductora... ¡úsala con cuidado! Y lo más importante, diviértete con este aceite; puede ser muy juguetón y coqueto.

Aceite de colibrí

¼ parte de canela

¼ parte de anís

¼ parte de orris

¼ parte de clavo

Sasafrás, una gota o dos

Una excelente fórmula sólo para hombres. Muy efectiva cuando se emplea en una figura o vela de forma femenina de color rojo.

Aceite de corazón de lobo

⅓ parte de lila

⅓ parte de narciso

⅓ parte de rosa

Frankincienso, unas cuantas gotas

Si estás buscando asentarte y encontrar una relación más seria. Este aceite te dará el valor para poner en práctica esa elección.

Aceite de cortejo

½ parte de lirio del valle

½ parte de lila

10 gotas de almizcle

5 gotas de canela

Este aceite te ayudará a atraer la pareja correcta para ti.

Aceite de descruce

½ parte de vainilla

¼ parte de clavel

¼ parte de flor de manzana

Durazno, unas cuantas gotas

Para eliminar la negatividad que la gente lanzó a tu relación.

Aceite de Dionisio

⅓ parte de ámbar

⅓ parte de pino

⅓ parte de almizcle

Dionisio, es el inspirador de la intoxicación, la locura y el éxtasis. Este perfume es una fusión del sensual aceite de ámbar, el vigorizante pino y el tranquilizante almizcle. Este aroma inspira a la persona ungida a seguir su imaginación, desencadenar su creatividad y soltarse. Sí, es uno de esos tipos de aceite... ¡diviértete!

Aceite de Dionisio II

⅓ parte de lila

⅓ parte de clavel

⅓ parte de glicina

Este aceite es para fiestas y celebraciones. Dionisio es un dios complejo, como lo son muchos de ellos. Ama el vino y la alegría. Pero el otro lado de él es la furia por tanto alcohol. Si haces una fiesta y usas este aceite, asegúrate de tener mucha comida y pan para ayudar a absorber las bebidas.

Aceite de enamorados

¼ parte de almizcle

¼ parte de algalia

¼ parte de ámbar gris

¼ parte de pachuli

Bergamota, unas cuantas gotas

Aumenta el magnetismo y carisma personal de quien lo usa.

Aceite de encantamiento

¼ parte de jengibre

¼ parte de ylang ylang

¼ parte de guisante de olor

¼ parte de almizcle

Mezcla afrodisiaca. Para hacer que tus amantes te vean en forma distinta a como eres en realidad. Ten cuidado con esto; tiene el efecto de dejar que otros te vean como desean verte. Sé que algunos de ustedes se han levantado a la mañana siguiente y dicho: "¿En qué demonios estaba pensando?". Éste es uno de esos aceites.

Aceite de encantamiento II

½ parte de flor de naranjo

½ parte de almizcle blanco

Para hacer que las cosas parezcan diferentes de lo que en realidad son. Bueno para magias que requieren un poco de distorsión. Bueno para entrevistas de trabajo.

Aceite de encantamiento III

¼ parte de sándalo

¼ parte de ámbar gris

¼ parte de madreselva

¼ parte de violeta

Naranja, unas cuantas gotas (opcional)

¡Adelante, envía el mensaje del amor! Una sensual esencia que seguramente intoxicará a quienquiera que te rodee. Bueno para hombres y mujeres.

Aceite de encantamiento IV

⅛ parte de sándalo

⅛ parte de ámbar gris

⅛ parte de naranja
⅛ parte de violeta
½ parte de madreselva

Si te sientes desencantado con la vida, usa este aceite y verás que el mundo empieza a cambiar. El mundo tendrá más chispa, más maravilla.

Aceite de energía sexual

¼ parte de jengibre
¼ parte de pachuli
¼ parte de cardamomo
¼ parte de sándalo

Pará parejas, para fortalecer su experiencia juntos y acercarlos entre sí.

Aceite de envidia

⅓ parte de canela
⅓ parte de galangal
⅓ parte de laurel

Te hace más excitante para quienes son del sexo opuesto, pero hará que quienes tengan el mismo sexo estén muy interesados en jugar el "juego" contigo. Prepárate.

Aceite de eros

Usa cantidades iguales de cada uno de los siguientes aceites:

Canela
Lentisco
Estoraque
Benjuí
Rosa
Sándalo
Genciana
Orris
Almizcle
Pachuli
Ámbar
Ámbar Gris

Añade las siguientes hierbas a las botellas:

> Flor de lavanda
> Cáscara de naranja
> Flores de violeta
> Raíz de apio de monte

Aunque es un aceite complicado de hacer, bien vale la pena el esfuerzo. Para invocar al dios Eros con el fin de encantar a un amante para que esté a tu lado. Espera nueve días para que las hierbas se hagan infusión antes de usar este aceite. Agita cada botella cada día mientras tienes en mente tu intención.

Aceite de Erzulie

Partes iguales:

> Rosa
> Geranio

Erzulie es la diosa haitiana del amor y los sueños. Para permitir que haya más sensualidad en tu vida y para aumentar tu gozo y tolerancia. También bueno para empresarias para aumentar el éxito.

Aceite de Erzulie La Flambeau

> ¾ partes de rosa
> ¼ parte de lavanda
> Fresa, unas cuantas gotas
> Canela, unas cuantas gotas

Para revitalizar el amor de tu pareja. Renueva y devuelve la pasión a tu vida. Mejor usarlo con difusor.

Aceite de Eva

> ½ parte de flor de manzana
> ½ parte de rosa
> Limón, unas cuantas gotas

Se emplea para atraer la atención de un hombre. Un aceite para atraer el amor con antecedentes de hacer que los hombres queden embelesados.

Aceite de Eva II

½ parte de rosa
½ parte de almizcle
Vetiver, unas cuantas gotas

El máximo aceite de tentación. ¡Seductora extraordinaria! Coloca unas gotas en una botella de loción sin aroma y experimenta el arte de la tentación.

Aceite de favores especiales

⅓ parte de coco
⅓ parte de vainilla
⅓ parte de aceite de fragancia de almendra (sin aceite portador)

Esta mezcla te ayudará a pedir favores *en verdad* especiales... si alguna vez los necesitas.

Aceite de fertilidad

½ parte de geranio
3 partes de aceite de oliva
1 parte de pino
2 partes de aceite portador de Girasol

Para aumentar la fertilidad y la creatividad en cuerpo, mente o espíritu. Emplea sólo aceites esenciales en esta mezcla.

Aceite de flor de rosa de Erzulie

⅓ parte de rosa de té
⅓ parte de gardenia
⅓ parte de clavel

Añade 1 gota de miel real a la botella y agita hasta que se mezcle. Para atraer armonía y paz a tu vida y a la de quienes te rodean. Un gran aroma para usar en reuniones familiares.

Aceite de flores abiertas

½ parte de jazmín
¼ parte de almizcle
⅛ parte de sándalo
⅛ parte de gardenia
Muguete, unas cuantas gotas

Emplea para ayudarte en encantamientos de amor. Cuando mezclas estos aceites, concéntrate en la confianza, éxito, romance y que tu corazón se sienta lleno.

Aceite de flores para atracción

¼ parte de madreselva

¼ parte de jazmín

¼ parte de clavel

¼ parte de violeta

Usa como fragancia personal para atraer amor y amistad, y para honrar a las diosas Flora y Maya.

Aceite de Freya

½ parte de ámbar gris

½ parte de almizcle

Añade unas cuantas gotas de:

Benjuí

Narciso

Pachuli

Para invocar o venerar a la diosa Freya (versión germana de Venus); para búsquedas de amor, lujo y belleza.

Aceite de fuego y hielo

¾ partes de aceite de fragancia cool water

¼ parte de aceite de fragancia de ámbar gris

Pasión con algo más. Este aceite tiene una sensación en verdad intoxicante. En lo personal prefiero emplearlo durante la luna menguante ya que me ayuda a sentirme más "en tono" con lo que me rodea.

Aceite de gato negro

Los primeros tres artículos se deben poner en la botella maestra antes de añadir aceites.

3 pelos de gato negro

Lana de acero, sólo unas cuantas fibras (no un estropajo metálico con jabón)

Polvo de hierro (polvo de imán)

⅓ parte de salvia

⅓ parte de mirra

⅓ parte de laurel

Obliga al sexo opuesto a desearte fuertemente. También se usa para romper malos hechizos y eliminar el mal de ojo.

Aceite de hoja magnética

¼ parte de almizcle

¼ parte de pachuli

¼ parte de ámbar gris

¼ parte de algalia

Canela, unas cuantas gotas

Esta mezcla fue especialmente diseñada para usar en el amor y la atracción de hombres gay.

Aceite de Isis

¼ parte de mirra

¼ parte de limón

⅛ parte de frankincienso

⅛ parte de muguete

⅛ parte de mimosa

⅛ parte de loto

Para invocar o venerar a la diosa; aumenta la pasión o el afecto, estimula el aspecto sexual; una mezcla popular para parejas casadas que necesitan recapturar el romance.

Aceite de Isis II

¼ parte de jacinto

¼ parte de rosa

½ parte de mirra

Alcanfor, unas cuantas gotas

1 trozo de mirra

Causa pasión apacible en el usuario. Un perfume de estimulación sexual. Popular entre las parejas casadas que han perdido la magia del sentimiento de amor. Garantizado para producir inesperada potencia y poderes sexuales.

Aceite de Isis III

⅓ parte de narciso

⅓ parte de sándalo

⅓ parte de frankincienso

Para invocar la veneración de la diosa; aumenta la pasión o el afecto, estimulante en el aspecto sexual: una mezcla muy popular para parejas casadas o con atadura de manos que necesitan recapturar el romance.

Aceite de Jezabel

⅓ parte de ylang ylang

⅓ parte de jazmín

⅓ parte de rosa

Pétalos de rosa, en la botella

Jaspe rojo, en la botella

La "Sacerdotisa de Baal", que emplea una mujer para controlar a un hombre. Puede causar que la gente te ofrezca cosas que necesitas.

Aceite de Jezabel II

⅓ parte de frankincienso

⅓ parte de frangipani

⅓ parte de heliotropo

Una fórmula secreta empleada por mujeres que desean hacer lo que quieren con cualquier hombre, ya que puede causar que los hombres cumplan sus caprichos sin preguntas.

Aceite de Jezabel III (Haz lo que Digo o Domador de Hombres)

½ parte de palma de cristo

¼ parte de bergamota

¼ parte de flor de jengibre

Almizcle oscuro, unas cuantas gotas

Otra fórmula secreta que, cuando la usan mujeres, puede causar que cualquier hombre haga lo que quieran.

Aceite de Kore

⅛ parte de almendra

¼ parte de rosa

⅛ parte de lavanda

¼ parte de laurel

¼ parte de limón

Para invocar o venerar a la diosa de la primavera; o en actividades románticas.

Aceite de la alegría

⅓ parte de toronja

⅓ parte de mandarina

⅓ parte de tangerina
Hierba limón, unas cuantas gotas

Estimula las actividades sexuales y aumenta el atractivo de quien lo usa; te restaura la felicidad cuando estás deprimido.

Aceite de la diosa del amor

½ parte de rosa
½ parte de almizcle
Menta, unas cuantas gotas

Ayuda en actividades románticas.

Aceite de la diosa del amor II

⅓ parte de jacinto
⅓ parte de rosa
⅓ parte de narciso
10 gotas de almizcle
Vainilla, unas cuantas gotas

Para invocar a tu diosa del amor favorita y que te ayude a encontrar a alguien nuevo.

Aceite de la gata de bast

Canela (usar sólo una o dos gotas de esto... ¡es muy fuerte!).
½ parte de sándalo
½ parte de almizcle
Hierba gatera en la botella maestra

Mezcla las cantidades deseadas. Emplea para invocar el carácter juguetón y la sexualidad, como al estar a la caza.

Aceite de la gran diosa

⅓ parte de mirra
⅓ parte de loto
⅓ parte de lirio

Causa que traten regiamente a quien lo usa. Para quienes desean respeto más que afecto.

Aceite de la hechicera

¼ parte de acacia

¾ partes de glicina

Un aceite muy persuasivo. Tentará e incitará a quienes están a tu alrededor. Bueno para buscar trabajo, amor y atraer cosas que deseas.

Aceite del alma gemela

¼ parte de jazmín

¼ parte de almizcle

¼ parte de pachuli

¼ parte de sándalo

Ámbar gris, unas cuantas gotas

Para ayudar a quien lo use a atraer a la persona *correcta*, pero no por fuerza la persona que tenga en mente.

Aceite de la lujuria de jade

⅓ parte de jazmín

⅓ parte de rain

⅓ de almizcle

10 gotas de rosa

5 gotas de ámbar gris

5 (o más) gotas de aceite de fragancia de opio

Mezcla muy potente para invocar la lujuria.

Aceite del amado califa

¼ parte de almizcle

¼ parte de ámbar gris

¼ parte de cilantro

¼ parte de cardamomo

Clavel, unas cuantas gotas

Aceite especial que se desarrolló para incitar sentimientos sexuales y atraer amantes. Un afrodisiaco popular.

Aceite del amado califa II
½ parte de ámbar gris
½ parte de rosa
Aceite portador de chabacano para llenar la botella

Mezcla de aroma encantador. Excita las pasiones sexuales y atrae a nuevos amantes a quien lo usa. Poderoso afrodisiaco. Es agradable de quemar en difusor.

Aceite del amor verdadero
½ parte de lirio del valle
¼ parte de rosa
¼ parte de pachuli
Canela, unas cuantas gotas

Emplea como aceite personal para atraer y atar un amor duradero.

Aceite de la pasión
¾ partes de pachuli
¼ parte de ylang ylang

Mezcla exótica para despertar la pasión.

Aceite de la pasión II
¼ parte de gardenia
¼ parte de flor de naranjo
¼ parte de flor de manzana
¼ parte de ámbar gris

Para ayudarte a devolver la pasión a tu relación.

Aceite de la pasión de medianoche
½ parte de jengibre
¼ parte de pachuli
⅛ parte de cardamomo
⅛ parte de sándalo

Para esas escapadas ya tarde en la noche. Coloca un difusor en la alcoba y deja que tus pasiones se desenfrenen.

Aceite de la telaraña de Carlota
½ parte de almizcle
¼ parte de rosa
¼ parte de glicina

Una intoxicante mezcla de amor. Pon a prueba empleando para arreglar velas de figura rosas o rojas… una para representarte a ti y una para representar a un amante potencial.

Acomoda las figuras de manera que se vean una a otra; deja que ardan durante quince minutos por vez. Cada vez que las enciendas, ponlas más cerca una de otra. Continúa hasta que se estén tocando: luego deja que se quemen por completo.

Aceite del chakra sexual
¼ parte de ylang ylang
¼ parte de jazmín
¼ parte de sándalo
¼ parte de tangerina

Añade flores de jazmín para llenar la botella.

Aceite del círculo de la flama
½ parte de rosa
½ parte de violeta
Almizcle, unas cuantas gotas

Produce un sentimiento de amor intenso y erótico. Empléalo cuando sientas que necesitas llevar estas intensas pasiones a la alcoba.

Aceite del deseo de Nueva Orleans
½ parte de magnolia
¼ parte de clavel
⅛ parte de rosa
⅛ parte de naranja
Algalia, unas cuantas gotas
Vainilla, unas cuantas gotas

Basado en una mezcla que al principio usaban las damas de la noche en la Nueva Orleans del siglo XIX, esta mezcla está diseñada para la atracción sexual.

Aceite de lujuria

½ parte de naranja
¼ parte de clavel
⅛ parte de hierba de limón
⅛ parte de malva rosa

Causa pasión en quienes te importan. Maravilloso para devolver algo de fuego a tu relación actual.

Aceite de lujuria II

½ parte de canela
½ parte de clavo

Como puede irritar la piel, es mejor usarlo en un difusor. Crea una lujuria que no se puede satisfacer.

Aceites de lujuria mágica

Para atraer a una mujer

½ parte de ylang ylang
¼ parte de canela
¼ parte de pachuli

Para atraer a un hombre

⅓ parte de sándalo
⅓ parte de ylang ylang
⅓ parte de jengibre
Pachuli, unas cuantas gotas

Los aceites para producir pasión. Permiten que se manifieste una aventura amorosa apasionada y alegre.

Aceite de lujuria y seducción

¼ parte de almizcle
¼ parte de algalia
¼ parte de ámbar gris
¼ parte de pachuli o casia

Este aceite te ayudará a seducir al objeto de tus deseos. Él o ella continuará deseándote por días, así que, ¡ten cuidado!

Aceite del mundo del sauce

⅓ parte de rosa

⅓ parte de almizcle

⅓ parte de loto

Flor de naranjo, unas cuantas gotas

Usa este aceite para una noche apasionada, intensa y de amor romántico. ¡Ten cuidado con lo que pides!

Aceite del Tantra

⅛ parte de lavanda

⅛ parte de rosa

¼ parte de sándalo

¼ parte de frankincienso

¼ parte de ámbar

Una mezcla diseñada para aumentar el vigor y el deseo sexual.

Aceite de maestro de los bosques

¾ partes de sándalo

¼ parte de almizcle oscuro

Algalia, unas cuantas gotas

Para ayudar a invocar al objetivo femenino que deseas. Es un aceite persuasivo diseñado para hombres.

Aceite de masaje mágico

¼ parte de rosa

¼ parte de jazmín

¼ parte de bergamota

¼ parte de sándalo

2 copas de aceite portador de almendra dulce

Empieza dándote un masaje hasta que el aroma, calentado por tu cuerpo, le llegue. Luego comienza a darle un masaje a él. Después deja que te dé un masaje. Pronto la mezcla mágica los tendrá a los dos cantando la vieja y dulce canción de amor. *Nota: No se recomienda que sustituyas con aceites de fragancia en esta mezcla.*

Aceite de matrimonio

¼ parte de rosa

¼ parte de pino

¼ parte de mirra
¼ parte de muguete

Basado en una mezcla tradicional, este aroma tenía la intención de ayudar a un pretendiente inseguro lograr confianza para proponerse. También se puede usar para aromatizar una casa para mantener al matrimonio en paz y feliz.

Aceite de Melusina

Cantidades iguales de cada uno de los siguientes:

Lirio del valle
Loto
Opio
Rosa
Rain
Reina de la noche

Melusina es una diosa y bruja de mar minoica que responde a oraciones por amor. Emplea su aceite para hacer un llamado de amor a quien quieres.

Aceite de mente de matrimonio

¼ parte de flor de naranjo
¼ parte de clavel
¼ parte de lirio del valle
¼ parte de rosa
Orris, 10 gotas
Manzanilla, 9 gotas

Para producir una propuesta y una respuesta apropiadas.

Aceite de Nefertiti

¼ parte de mirra
½ parte de loto
⅛ parte de gardenia
⅛ parte de limón
Muguete, unas cuantas gotas

Para la actividad del amor sexual.

Aceite de Ninfa

¼ parte de ámbar gris
¼ parte de gardenia
¼ parte de jazmín
¼ parte de nardo (o rosa)
Violeta, unas cuantas gotas

Mezcla y usa en ti. Sólo para mujeres. Para atraer hombres.

Aceite de Ninfa II

¾ partes de lila
¼ parte de lavanda
Algalia, unas cuantas gotas

Un aceite de atracción en extremo poderoso que atrae hombres y que puede usar cualquier sexo. Un favorito personal mío para usar todos los días. Ten cuidado al usar el Aceite de algalia o podrías terminar oliendo como gato macho.

Aceite de Ninfa y Sátiro

½ parte de rosa
⅛ parte de anís
⅛ parte de violeta
¼ parte de jazmín
⅛ parte de ylang ylang
⅛ parte de narciso

Devuelve frescura y alegría a las relaciones.

Aceite de noches árabes

⅓ parte de mirra
⅓ parte de rosa
⅓ parte de lila

Atrae muchos amigos nuevos. Se puede depender de él para obligar a otros a encontrarte estimulante y en extremo atrayente. Es muy bueno para potenciales enamorados. Añade a los rituales y talismanes de amor y para ungir manos. Maravilloso para esas noches en que estás a la caza de una nueva amante.

Aceite de noches árabes II

¼ parte de jazmín
½ parte de almizcle
⅛ parte de madreselva
⅛ parte de jacinto

Crea una atmósfera armoniosa y festiva. Un aceite hermoso para emplear en difusor en una reunión pequeña.

Aceite de noches celestiales

Almizcle blanco
Hibisco, unas cuantas gotas.

Para inspirar sexo y fidelidad.

Aceite de noches de Voudoun

¼ parte de jazmín
¼ parte de madreselva
¼ parte de vainilla
¼ parte de glicina

Este aceite es evocador de una noche de misterio y magia. Cuando prepares este aceite, ten la intención de lujuria en tu mente, uno de mis recursos preferidos.

Aceite de noches en el desierto

¼ parte de frankincienso
½ parte de madreselva
¼ parte de gardenia

Emplea para ayudarte en hechizos de amor. Cuando mezcles este aceite, concéntrate en confianza, éxito, romance y en que tu corazón se sienta lleno.

Aceite de obsesión de brujas

½ parte de almizcle
⅛ parte de casia
⅛ parte de mirra
¼ parte de sándalo

Emplea para ayudar en hechizos de amor para mujeres. Cuando mezcles estos aceites, concéntrate en confianza, éxito, romance y que tu corazón se sienta lleno.

Aceite de Oscar Wilde

½ parte de sándalo
¼ parte de jacinto
⅛ parte de almizcle
⅛ parte de opio

Este aceite tiene todo que ver con ser libre para ser quien eres y amar como quieras. Úsalo cuando vayas a eventos del Orgullo Gay o cuando estés de parranda y buscando un poco de aventura.

Aceite de pan

¼ parte de junípero
½ parte de pachuli
¼ parte de verbena
Cedro, unas cuantas gotas
Pino, unas cuantas gotas

Emplea para ayudarte en hechizos de amor y seducción de mujeres.

Aceite de perdición de la doncella

⅓ parte de pachuli
⅓ parte de rosa
⅓ parte de ámbar
Abrótano, en la botella

Intoxicante y fascinante, deben usar este aceite hombres que estén buscando romance y aventuras sexuales.

Aceite de perfume de rey

Frankincienso

Para que lo usen hombres y mejorar su capacidad para hacer el amor. También ayuda a quien lo usa para encontrar un mejor trabajo. Ayudará a un hombre a recibir colaboración de las mujeres —espera grandes cambios cuando emplees este aceite. El Viagra de los aceites para hombres. Y pensabas que sería una receta larga e interminable. Nada. Sólo aceite de frankincienso.

Aceite de perfume de rey II

¼ parte de almizcle oscuro
¼ parte de frankincienso

¼ parte de naranja

¼ parte de pimienta inglesa

Una mezcla para atraer amor, suerte y riqueza.

Aceite de perfume nocturno de Voudoun

½ parte de mirra

¼ parte de pachuli

¼ parte de vetiver

Lima, unas cuantas gotas

Vainilla, unas cuantas gotas

Este aceite está diseñado para atraer a ti a otros y hace que no se puedan resistir a tus tentaciones.

Aceite de perfume "Q"

¾ partes de mirra

⅛ parte de menta

⅛ parte de clavel

Un aceite muy estimulante que se emplea para que atraigas a cualquiera que desees profundamente. Imposible de resistir.

Aceite de perfume "Q" II

½ parte de almizcle

¼ parte de glicina

¼ parte de ámbar gris

Diseñado para parejas bisexuales, este aceite tiene la intención de atraer.

Aceite de persuasión

½ parte de pachuli

⅛ parte de canela

⅛ parte de limón

¼ parte de rosa mosqueta

Causa que otro desee a quien lo usa. Creé este aceite para una cliente y jura que funcionó cada vez que se lo puso. Como era de esperar, en menos de seis meses había conocido al hombre de sus sueños.

Aceite de poción de lujuria

Partes iguales de todos:

Pachuli
Sándalo
Rosa
Clavo
Nuez moscada
Aceite de oliva

Usa como perfume siempre que estés en presencia de la persona que tratas de atraer. Ten cuidado si encuentras a otros observándote también. Lo encuentro efectivo para atraer la atención de un hombre. Sustituye ámbar por la rosa con el fin de atraer a una mujer.

Aceite de promoción de la lujuria

⅔ partes de sándalo
⅓ parte de pachuli
Cardamomo, unas cuantas gotas

Emplea esta mezcla para fomentar deseos lujuriosos. El color correspondiente para esta poción es rojo, así que puedes preferir emplear una vela o frotar un poco en una toalla de este color y tenerla puesta por ahí.

Aceite de reina

½ parte de madreselva
¼ parte de jazmín
⅛ parte de vainilla
⅛ parte de ylang ylang

Sólo para mujeres. Este procurador de pasión atrae tanto amor, como éxito. Emplea con cuidado.

Aceite de reina del Tíbet

⅓ parte de almizcle
⅓ parte de loto
⅓ parte de sándalo
Jazmín, unas cuantas gotas

Exótico, seductor, productor de pasiones; ¡es una mezcla especial y poderosa empleada por quienes desean, necesitan y esperan lo máximo de todo lo que la vida tiene para ofrecer!

Aceite de rocío de juventud

¼ parte de frankincienso

¼ parte de pachuli

⅛ parte de vetiver

¼ parte de almizcle

⅛ parte de clavo

Este aceite está diseñado en honor a una fragancia comercial del mismo nombre. Da la ilusión a la gente de que eres más joven de lo que eres.

Aceite de Safo

⅓ parte de jazmín

⅓ parte de rosa

⅓ parte de opio

Hibisco (o aceite de perfume Ángel), unas cuantas gotas

Este aceite es para mujeres que buscan un amor especial del mismo sexo.

Aceite de sátiro

¼ parte de almizcle

⅛ parte de pachuli

⅛ parte de algalia

⅛ parte de ámbar gris

⅛ parte de canela

⅛ parte de pimienta inglesa

⅛ parte de clavel

Se dice que incita las pasiones de cualquiera que se te acerque; emplea con extremo cuidado. Unge velas en cualquier ritual de amor; también se puede emplear como baño o polvo. Coloca aceite en el corazón, la garganta y detrás de los oídos.

Aceite de sátiro sensual

¼ parte de clavel

¼ parte de almizcle

¼ parte de pachuli

¼ parte de vainilla

Canela, 2 o 3 gotas

Emplea para ayudar en hechizos de amor y de lujuria.

Aceite deséame

½ parte de jazmín
¼ parte de loto
¼ parte de almizcle

Este aceite fuerte se emplea para atracción sexual con alguien que conoces y deseas. Emplea con cuidado.

Aceite deséame II

¾ partes de rosa
¼ parte de vainilla
5 gotas de ámbar gris
5 gotas de canela

Aceite de fuerte atracción para amor y sexo. Poderoso... ¡y divertido!

Aceite de seducción de Scarlet

¼ parte de almizcle
¼ parte de aceite de fragancia de opio
¼ parte de magnolia
¼ parte de vetiver

Una poción irresistible e intensa para atraer el amor.

Aceite de sexo de alsacia: femenino

⅓ parte de almizcle
⅓ parte de algalia
⅓ parte de ámbar gris
Pachuli, unas cuantas gotas

Creado para que las mujeres atraigan sexualmente a los hombres. Usa como aceite personal.

Aceite de sexo de alsacia: masculino

¾ partes de almizcle
¼ parte de ámbar gris
Muguete, unas cuantas gotas

Lo usan los hombres para excitar y atraer sexualmente a las mujeres.

Aceite de sonata Azul

⅓ parte de vainilla

⅓ parte de rosa

⅓ parte de jazmín

Este aceite se emplea para alentar a admiradores románticos.

Aceite de toda la noche

½ parte de jazmín

⅛ parte de vainilla

⅛ parte de almizcle

Combinación de aceites que se dice alivia por completo los problemas sexuales y las inhibiciones, al mismo tiempo relaja e inflama. Emplea en popurrí para aromatizar la recámara o como aceite personal para ungir.

Aceite de toda la noche II

¼ parte de jazmín

¼ parte de madreselva

¼ parte de vainilla

¼ parte de canela

Es maravilloso en un difusor para esas escapadas nocturnas. También es bueno en el baño o en aceites para masaje. Cuando se emplea en una mezcla para masaje, añade sólo unas cuantas gotas de esta mezcla a alrededor de ½ taza de aceite portador. *Nota: Por la canela en esta mezcla, pon a prueba un poco en el lado interno de tu codo. Luego espera veinticuatro horas para ver si te irrita la piel a ti o a tu pareja. NO ingerir este aceite.*

Aceite de vela para el amor

¼ parte de rosa

¼ parte de madreselva

½ parte de almizcle

Aceite portador de almendra dulce

1-2 gotas de tintura de benjuí

Mezcla todos los ingredientes y luego emplea para aplicar a velas o como aceite con aroma en un difusor de aceite. Mantén el aceite en el refrigerador para prolongar el aroma.

Aceite de Vetiver

¾ partes de jazmín
¼ parte de adelfa

Añade a agua para bañarse y te hará irresistible para el sexo opuesto. También aumenta las ventas en los negocios.

Aceite de vuelve enamorado

½ parte de pachuli
¼ parte de mirra
¼ parte de clavo

Este aceite se creó para hacer volver a un enamorado descarriado.

Aceite dosis de amor

⅓ parte de almizcle
⅓ parte de aceite de fragancia de opio
⅓ parte de clavel
Durazno, unas cuantas gotas
Flor de manzana, unas cuantas gotas

Para invocar la presencia de Cupido. Usa para atraer a alguien especial.

Aceite el beso

Almizcle blanco
Ámbar gris, unas cuantas gotas
1 gota de almendra

Tímido y seductor, maravilloso para ungir una vela rosa para atraer a esa persona especial —Lady Rhea.

Aceite él es mío

⅓ parte de flor de naranjo
⅓ parte de jazmín
⅓ parte de almizcle

Empleado para producir o hacer crecer un matrimonio o el amor que los une.

Aceite encantado

⅓ parte de lila

⅓ parte de vainilla

⅓ parte de almizcle

Este aceite cautiva a alguien al punto de soñar y desearte sólo a ti.

Aceite erótico de pachuli (mezcla de Melisa)

½ parte de pachuli

¼ parte de almizcle

¼ parte de mirra (puede sustituirse con aceite de perfume de Ángel)

Opio, unas cuantas gotas

Añade hojas de pachuli y raíz de vetiver a la botella

Una mezcla para amantes del pachuli de todas partes.

Aceite erótico exótico

⅓ parte de bergamota

⅓ parte de limón

⅓ parte de ylang ylang

Para aumentar las pasiones y producir lujuria. Divertido, lujurioso y muy bueno para los hechizos de fertilidad.

Aceite espíritu afortunado

⅔ partes de naranja amarga

⅓ parte de hierba de limón

Un rompedor de maldiciones para colocar en todos los rincones de la casa y en el altar. Atrae fuerzas útiles y se puede emplear para invertir una maldición.

Aceite fragancia de Venus

½ parte de jazmín

½ parte de rosa roja

Gota de lavanda (no más)

Unas cuantas gotas de almizcle e ylang ylang

Sólo deben usar este aceite las mujeres que desean atraer hombres. Es mejor prepararlo un anochecer de viernes. Luego deja que repose y se "macere" durante una semana antes de usarlo.

Aceite fuego de amor

⅓ parte de aceite de fragancia de opio
⅓ parte de almizcle
⅓ parte de magnolia

Este aceite hará que alguien sienta el calor del amor abrasador por ti o despertará un anhelo apasionado e incesante.

Aceite fuego de amor

¼ parte de pachuli
¼ parte de algalia
½ parte de almizcle

Crea un hechizo de amor místico y atrae a otros a ti; ayuda a aumentar tu sexualidad.

Aceite fuego de amor II

¼ parte de almizcle egipcio
⅛ parte de algalia
¼ parte de frankincienso
⅛ parte de pachuli
⅛ parte de clavo
⅛ parte de vetiver

Para excitar sentimientos apasionados (¡más que sólo amistosos!). La poción original hace honor a su nombre.

Aceite fuego de la pasión

¼ parte de pachuli
¼ parte de algalia
¼ parte de almizcle
¼ parte de pino o ámbar gris

Causará que el sexo opuesto desee a quien lo usa con más pasión: esta potente fórmula supera la resistencia a tus avances románticos.

Aceite fuego de la pasión II

¾ partes de gardenia
¼ parte de ámbar gris
10 gotas de durazno
Canela, unas cuantas gotas

Para explorar cosas más aventureras en la alcoba.

Aceite fuego de lujuria
¼ parte de aceite de naranja
¼ parte de hierba de limón
¼ parte de clavel
¼ parte de vetiver

Ten cuidado con este aceite; ¡puedes hacer que se manifiesten acosadores! Mejor aún, emplea en un difusor en la alcoba con una pareja que adores.

Aceite haitiano de amantes: femenino
¼ parte de pachuli
¼ parte de rosa
¼ parte de almizcle oscuro
¼ parte de aceite de fragancia de opio
Vetiver, unas cuantas gotas

La versión femenina del siguiente aceite. Muy efectiva cuando se emplea para aplicar a una figura masculina.

Aceite haitiano de amantes: masculino
¼ parte de canela
¼ parte de anís
¼ parte de orris
¼ parte de clavo
Sasafrás, unas cuantas gotas

Una excelente fórmula sólo para hombres. Muy efectivo cuando se emplea en una vela de figura femenina de color rojo para atraer el sexo opuesto.

Aceite irresistible
½ parte de mirra
¼ parte de menta
¼ parte de clavel

¡Hace irresistible a quien lo usa!

Aceite irresistible II
⅓ parte de rosa
⅓ parte de magnolia

⅓ parte de lirio del valle
Romeo gigli, unas cuantas gotas (opcional)

Se usa como un perfume. Si puedes encontrar la fragancia de Romeo gigli, úsala junto con este aceite cuando salgas para hacerte del todo irresistible.

Aceite Kyphi
Cantidades iguales de lo siguiente:

Frankincienso
Mirra
Naranja
Limón
Canela
Rosa

Es probable que el nombre surgiera de Kypris o Cipris, la diosa chipriota del amor... y análoga a la diosa griega de amor, belleza, generación y fertilidad, Afrodita. Emplea como perfume, en especial en la parte posterior del cuello y en los lóbulos de los oídos, cuando estés interesado en atraer una pareja de amor —Anna Riva.

Aceite la flamme
⅔ partes de almizcle
⅓ parte de ámbar gris
Laurel, unas cuantas gotas
Mimosa, unas cuantas gotas

Obligará al ser amado a pensar sólo en quien lo usa y a hacerlo a menudo; tiene un olor seductor de promesa. Emplea en talismanes y velas. Se ha informado que esta mezcla te pone con firmeza en la mente de tu pareja; se puede emplear para fortalecer la sensación de excitación de un amante hacia el que lo usa o para devolver a casa a un amante que se ha descarriado.

Aceite la flamme II
¼ parte de almizcle
¼ parte de ámbar gris
¼ parte de rosa
¼ parte de aceite de fragancia de opio

Un gran aceite para hechizos que atraigan el amor. Magnífico para cazar a un hombre que podría estar sólo un poco reticente.

Aceite l'homme

½ parte de aceite de fragancia de opio
¼ parte de aceite de fragancia obsesión
⅛ parte de frankincienso
⅛ parte de glicina

Es mejor cuando se usa como colonia, es una mezcla masculina para atraerte una esposa. Aunque contiene aceites de fragancia bien conocidos, la mezcla es intoxicante.

Aceite llámame

½ parte de frangipani
½ parte de almizcle
Canela, unas cuantas gotas

Este aceite animará a llamarte a esa persona de la que quieres escuchar. Funciona muy bien para relaciones a larga distancia.

Aceite maestro del diablo

¾ partes de vetiver
⅛ parte de rosa
⅛ parte de almizcle

Una poción del sur de Estados Unidos que emplean los hombres para seducir mujeres. Haz este aceite con la intención de encontrar el tipo de mujer que deseas. Si no lo haces, atraerás todos los tipos a ti y podrías terminar con las manos llenas de mujeres que tal vez no quieras... y será difícil deshacerse de ellas.

Aceite mensajero de amor

¼ parte de rosa
¼ parte de canela
¼ parte de jazmín
¼ parte de sándalo
Vainilla, alrededor de 10 gotas

Para mandar un mensaje de amor directo al corazón de quien deseas, sin importar lo cerca o lejos que esté.

Aceite misterioso

¾ partes de pachuli
¼ parte de jazmín

Obsesionante, encantador e intoxicante. Prueba este aceite con difusor.

Aceite murmullo de amor

¼ parte de frangipani

¼ parte de jazmín

¼ parte de madreselva

¼ parte de glicina

Clavo, 2 a 3 gotas

Un aceite de deseo y amor que es mejor emplear como aceite para masaje.

Aceite mystere

½ parte de almizcle

¼ parte de narciso

⅛ parte de jazmín

⅛ parte de rosa

Para invocar el aspecto misterioso de la diosa Erzulie e impregnarte con los secretos del amor.

Aceite ojos para mí

¼ parte de almizcle

¼ parte de algalia

¼ parte de gardenia

¼ parte de ámbar gris

Mirra, unas cuantas gotas

Esta mezcla se creó en respuesta a una petición de estimular la fidelidad en un enamorado. Mantiene a la pareja concentrada sólo en ti. También se puede volver más bien obsesiva. Así que ten cuidado cuando emplees este aceite por más de unos días al mes.

Aceite para atraer el amor

¾ partes de palmarosa

⅛ parte de rosa

⅛ parte de cardamomo

Para atraer a ti lo que más deseas.

Aceite para atraer el amor II

¾ partes de pachuli

¼ parte de canela

2 onzas de aceite portador (examina la sección sobre aceites portadores para escoger el mejor para tus intenciones).

Igual que arriba.

Aceite para atraer el amor III

½ parte de sándalo

¼ parte de pachuli

⅛ parte de rosa

⅛ parte de vetiver

Una mezcla de aceite para atraer a un compañero masculino para toda la vida.

Aceite para atraer el amor de Afrodita

¼ parte de clavel

¼ parte de lila

¼ parte de almizcle

¼ parte de lirio del valle (o magnolia)

Canela, unas cuantas gotas

Para invocar a la diosa en todas sus formas y alentar a que el amor se dirija a ti.

Aceite para atraer hombres

½ parte de sándalo

¼ parte de ylang ylang

¼ parte de jengibre

2 gotas de pachuli

2 onzas de aceite portador (examina la sección sobre aceites portadores para escoger el mejor para tus intenciones)

Una mezcla de aceite para atraer a una pareja masculina para toda la vida.

Aceite para atraer mujeres

⅓ parte de sándalo

⅓ parte de canela

⅓ parte de pachuli

Esta mezcla se emplea para atraer una compañera para toda la vida.

Aceite para gigoló

½ parte de frankincienso
¼ parte de heliotropo
¼ parte de jacinto

Para "jugadores" masculinos. Sí, este aceite es para ti... ¡Disfrútalo! Por favor, ¡con seguridad!

Aceite para ordenar amor

½ parte de vetiver
¼ parte de jazmín
¼ parte de gardenia

Emplea para atraer una relación estable o a un posible marido o esposa. También es bueno para devolver a casa a enamorados descarriados.

Aceite para salidas nocturnas

½ parte de vainilla
½ parte de gardenia
1 capullo de rosa (aplastado si no cabe completo en la botella)

Un aceite de atracción y persuasión para los tipos que frecuentan la noche.

Aceite piensa en mí

⅓ parte de rosa
⅓ parte de almizcle
⅓ parte de aceite de fragancia de opio
10 gotas de narciso
10 gotas de loto

Hace que alguien piense en ti en forma obsesiva; ¡puede volverlo loco!

Aceite rey de los bosques

Raíz de Saturno (saturn root): en botella
¼ parte de algalia
¼ parte de almizcle
¼ parte de vainilla
¼ parte de ciprés

La emplean los hombres, es una fórmula de dominación sexual. Los homosexuales hombres que buscan atraer a otros hombres deberían ver el Aceite de sátiro en la página 64.

Aceite rey de los bosques II
½ parte de vetiver
¼ parte de almizcle
¼ parte de sándalo
Pimienta inglesa, unas cuantas gotas

Aceite para atraer a mujeres lujuriosas y dispuestas.

Aceite sensual
¼ parte de jazmín
¼ parte de rosa
¼ parte de sándalo
¼ parte de ylang ylang

Emplea para despertar la pasión en un amante. Agradable de usar en difusor.

Aceite sígueme chica
¼ parte de mirra
¼ parte de pachuli
⅛ parte de vetiver
⅛ parte de limón
⅛ parte de vainilla
⅛ parte de sándalo

Basado en la fórmula tradicional de Nueva Orleans, los hombres usaban este aceite para atraer mujeres.

Aceite sígueme chico
½ parte de jazmín
½ parte de rosa
Vainilla, unas cuantas gotas
Un pedazo de coral
Brillo de oro

La versión tradicional de este producto también contiene un trozo de coral y brillo de oro. Fue elaborado para las prostitutas de Nueva Orleans para asegurarles mucho éxito con el dinero a cambio de sus favores.

Aceite sígueme chico II
½ parte de jazmín
½ parte de aceite de fragancia de opio

¡Un gran aceite para usar si trabajas por propinas! Cuando trabajé como mesera, usaba este aceite. Es en verdad algo que hace milagros cuando necesitas dinero extra, ¡por no mencionar una pareja nueva en tu vida!

Aceite tabú

¼ parte de pachuli
¼ parte de musgo de roble
¼ parte de bergamota
¼ parte de ylang ylang
Almizcle, unas cuantas gotas
Flor de naranjo

Para actividades de amor romántico, en especial a largo plazo. Esta mezcla se creó en honor a la fragancia comercial del mismo nombre.

Aceite vagabundo

¾ partes de reina de la noche
⅛ parte de rain
⅛ parte de opio

Este aceite hará que tu pareja no desee nada más que a ti. ¡Te sorprenderán los resultados! Recuerda que la intención lo es todo cuando creas tu aceite.

Aceite ven a mí

¼ parte de rosa
¼ parte de jazmín
¼ parte de bergamota
¼ parte de damiana

Pon a flotar nueve flores de Jazmín en la botella maestra. Puede ser difícil encontrar el aceite de Damiana, así que si lo deseas, puedes eliminar este ingrediente. Otra opción es añadir unos pedazos de la hierba a la botella.

Aceite ven a mí II

⅓ parte de rosa
⅓ parte de jazmín
⅓ parte de gardenia
Limón, unas cuantas gotas

Una receta de atracción muy poderosa que se usa sólo cuando deseas obligar a cierto extraño a sentir fuertes respuestas sexuales hacia ti.

Aceite ven a mí III

⅛ parte de glicina
⅛ parte de almizcle
⅛ parte de jazmín
¼ parte de narciso
⅛ parte de geranio
⅛ parte de sándalo
⅛ parte de rosa
Láminas de hoja de oro en la botella maestra.

Está diseñado para que lo use cualquier sexo cuando desea atraer a una persona específica para amor o sexo. Puedes encontrar las láminas de hoja de oro en cualquier tienda de artes y artesanías. También es correcto eliminarlas si lo deseas. Recuerda, es la intención con que haces este aceite lo que lo hace tuyo.

Aceite ven a mí IV

⅓ parte de guisante de olor
⅓ parte de rosa
⅓ parte de pachuli

Pon a flotar un poco de hierba gatera o unas cuantas hebras de azafrán (para hombres homosexuales) en la botella maestra. Esta mezcla es encantadora y ha sido favorita entre los homosexuales que han sido mis clientes por años.

Aceite ven a mí V

¼ parte de canela
¼ parte de ámbar gris
¼ parte de ylang ylang
¼ parte de vainilla

Pon a flotar un pedazo de raíz de la reina Isabel en tu botella, si es posible. Trata de hacer este aceite al anochecer de un viernes.

Aceite ven a mí VI

⅓ parte de rosa
⅓ parte de jazmín
⅓ parte de vainilla
10 gotas de aceite de fragancia de opio

Este aceite es para atraer la atención. Existen muchas fórmulas de Aceite Ven a Mí, pero ésta es la mejor, por mucho. El aceite de fragancia de opio se puede conseguir en Internet y en algunas tiendas del arte; vale la pena buscarlo.

Aceite ven y consígueme

⅛ parte de canela
¼ parte de pachuli
⅛ parte de rosa
½ parte de sándalo

Es una mezcla de aceites increíblemente poderosa en la que muchas personas tienen fe ciega cuando se trata de atraer una pareja. Envía una señal similar a una gata en celo y se te notará en dondequiera que estés.

Aceite ven y mírame

¾ partes de pachuli
¼ parte de clavo

Para atraer a la pareja ideal, mezcla estos aceites esenciales verdaderos en una base de aceite de oliva, unta en una vela de imagen blanca del sexo apropiado y quema con visualización.

Aceite ven y mírame II

¼ parte de aceite de oliva
¼ parte de pachuli
¼ parte de rosa
¼ parte de sándalo
Canela, una gota o dos

Igual que arriba, pero esta mezcla añade un giro romántico con la rosa; no es tan directo, sino una versión más suave si deseas ser un poco más evasivo.

Aceite vini vin

⅓ parte de jazmín
⅓ parte de madreselva
⅓ parte de clavel
Canela, unas cuantas gotas

La versión latina del aceite ven a mí.

Amor de bruja

½ parte de almizcle ligero
¼ parte de madreselva
⅛ parte de gardenia
⅛ parte de glicina

Produce ese momento mágico justo cuando lo necesitas. Embruja a alguien que deseas cuando necesites un pequeño milagro.

Bouquet de ámbar gris

Ciprés, 6 gotas
Pachuli, unas cuantas gotas

Este aroma, empleado en aceites y perfumes de tipo afrodisiaco, es el producto de las ballenas espermáticas. Es mejor evitar el verdadero ámbar gris por su origen. Si no puedes encontrar aceite de ámbar gris artificial, trata de sustituir con el bouquet o compuesto anterior, que es muy cercano al verdadero ámbar gris.

Bouquet de guisante de olor

¼ parte de flor de naranjo
¼ parte de ylang ylang
¼ parte de jazmín
¼ parte de benjuí

Diluido en aceite de base, el Bouquet de guisante de olor se usa para atraer nuevos amigos y para atraer el amor. (Nota que por lo general no se puede conseguir Aceite de guisante de olor puro.)

Bouquet de nardo

⅓ parte de ylang ylang
⅓ parte de rosa
⅓ parte de jazmín
Flor de naranja (sólo un toque)

El verdadero Aceite de nardo rara vez se puede obtener. Este bouquet es maravilloso para relajar y por eso se emplea en mezclas de paz. El aroma induce el amor.

Perfume ámame

⅓ parte de vainilla
⅓ parte de canela
⅓ parte de jazmín
Vetiver, unas cuantas gotas

Aumenta el magnetismo y la potencia sexual. Emplea con moderación, ya que es en extremo poderoso. Se puede emplear para ungir velas en rituales de amor; también sirve para una buena mezcla aromática de baño.

Perfume de aceite de amor de Dixie

½ parte de pachuli
¼ parte de canela
¼ parte de jazmín

Aceite de atracción poderosa que induce al sexo opuesto a ceder con gusto a todos tus caprichos. Inspira romance y relaciones sexuales. Hace que todos los encantamientos sean más atrayentes. Maravilloso para ungir cuarzo rosa y granate.

Perfume de encuentros amorosos

⅓ parte de rosa
⅓ parte de madreselva
⅓ parte de vainilla

El aceite de los amantes, emplea esta mezcla cuando desees que la pasión entre en la relación; esto ayudará. También desarrolla el poder de la clarividencia en cualquiera que lo emplee. Esta mezcla también ayuda a conjurar el amor de tus sueños.

Perfume de vela

⅓ parte de jazmín
⅓ parte de canela
⅓ parte de pachuli
Aceite de oliva

Se usa para poner a flotar pábilos. Por lo general no más que Aceite de oliva perfumado, es más para decoración que para fines de ritual, pero los aceites tienden a atraer amor, curación y fuerzas positivas.

Poción de amor

½ parte de vainilla
½ parte de jengibre
Savia de árbol, sólo un poco, para hacer que todo se una
Tierra, suficiente para hacer una pasta

Agrega los ingredientes y mezcla. Extiende en la parte interna del brazo del codo a la muñeca. Haz un cántico con los detalles de tus intenciones. Métete a la regadera y enjuaga.

Curación emocional y física

Algunos de los aceites que se listan aquí me ayudaron durante mis propias transiciones desafiantes de vida y que se hicieran los cambios necesarios. Ahora, estoy en extremo feliz de poder compartir contigo los inmensos beneficios y los increíbles poderes.

Hay diversas formas en que puedes emplear tus aceites en un marco de ritual. A menudo se les frota en velas para usar en el trabajo de hechizos, esto mezcla las poderosas energías del aceite con el simbolismo mágico del color de la vela y la energía de la flama misma.

A veces, los aceites se usan para ungir el cuerpo. Si estás mezclando un aceite para usarlo para este propósito, asegúrate de que no incluyas algún ingrediente que sea irritante para la piel. Algunos aceites esenciales o de fragancia, como el frankincienso y el clavo, causarán reacción en piel sensible y se deberán usar sólo con mucha moderación. Los aceites que se aplican al cuerpo dan a quien los usa las energías del aceite, un Aceite de energía te proporcionará un estímulo muy necesario; un Aceite de valor te dará fuerza para enfrentar la adversidad. Por último, cristales, amuletos, talismanes y otros fetiches se pueden ungir con el aceite mágico de tu elección. Es una forma maravillosa de convertir un artículo mundanal simple en un artículo de poder y energía mágicos.

Para tener resultados óptimos

Visualiza todos los días el resultado deseado mientras usas unas cuantas gotas de los aceites, hasta que se logren tus ambiciones. Siéntete libre de usar tu intuición respecto a usar más de un aceite por vez. A veces esto puede fortalecer los efectos de cada aceite. La regla general debe ser: no uses aceites estimulantes y pacificadores juntos, como Estudio y Sueño, ya que se cancelarán uno a otro. Confía en tus instintos, no temas poner a prueba combinaciones, y encontrarás que... sólo lo "sabes".

Aceite amatista para pensamiento claro

Sumerge un cristal de amatista en alrededor de 2-3 cucharadas de aceite de oliva.

Pon al Sol durante alrededor de 2-3 días. Retira la amatista del aceite y vierte éste en una botella con tapa que ajuste bien.

Siempre que necesites un aumento rápido de pensamiento claro y lógico, coloca una pequeña cantidad del aceite en cada una de tus sienes.

Aceite antidepresivo

½ parte de bergamota

¼ parte de petit grain

¼ parte de malva rosa

Flor de naranjo, una gota o dos

Ayuda con la menopausia, síndrome premenstrual y ocasiones en que pueden estar tratando y causando conflictos.

Aceite curativo

¾ partes de romero

¼ parte de junípero

Sándalo, unas cuantas gotas

Usa para acelerar la curación.

Aceite curativo II

½ parte de eucalipto

¼ parte de flor de naranjo

⅛ parte de palmarosa

⅛ parte de menta verde

Aumenta la salud y la resistencia, y ayuda a amplificar la fuerza de vida.

Aceite curativo III

½ parte de sándalo

¼ parte de clavel

¼ parte de violeta

Fomenta la curación de mente, cuerpo y espíritu.

Aceite curativo IV

⅓ parte de rosa

⅓ parte de clavel

⅓ parte de frankincienso

Añade unos cuantos pedazos de hierba perpetua a la botella, si se puede obtener.

Se dice que vitaliza cuando la emplean convalecientes. Disipa fatiga y cansancio en todos los que la usan.

Aceite de aceptación

½ parte de geranio
¼ parte de escoba hedionda
⅛ parte de frankincienso
⅛ parte de sándalo
Flor de naranjo, unas cuantas gotas
Palo Santo, unas cuantas gotas

Se emplea para ayudarnos a superar momentos difíciles. Ayuda a calmar la mente para que te puedas concentrar en una solución o terminar con una situación.

Aceite de aceptación de nuestra identidad

⅓ parte de sándalo
⅓ parte de frankincienso
⅓ parte de jazmín

Esta mezcla es efectiva para personas que cortan su comunicación aislándose en su propio mundo. Les ayudará a expresar mejor sus deseos y emociones.

Aceite de aguas tranquilizadoras

⅓ parte de sándalo
⅓ parte de manzanilla
⅓ parte de amaro
Lila, unas cuantas gotas

Este aceite tiene el propósito de ser un agente calmante. Usa o pon una gota en tela, una bola de algodón, etc., y olfatéalo cuando sea necesario, pero sin exagerar.

Aceite de alivio del pesar

¼ parte de lavanda
¼ parte de manzanilla
¼ parte de rosa
¼ parte de ylang ylang

Ayuda en situaciones de pérdida y recuperación.

Aceite de amor de Erzulie

¼ parte de gardenia
¼ parte de jazmín

⅛ parte de vetiver
⅛ parte de fresa
⅛ parte de flor de naranja
⅛ parte de rosa

Para ayudar en todos los asuntos del corazón.

Aceite de arcoíris

⅓ parte de lila
⅓ parte de rain
⅓ parte de clavel
Durazno, 2 a 3 gotas

Este aceite es para alegría, resurrección y curación. Puede proporcionar riqueza y éxito, reconocimiento por un trabajo bien hecho, y da chispa a tu vida cuando ha sido demasiado deprimente.

Aceite de ayuda en la comunicación

⅓ parte de salvia
⅓ parte de lavanda
⅓ parte de manzanilla

Supera la timidez y facilita la comunicación.

Aceite de bálsamo tranquilo

⅓ parte de sándalo
⅓ parte de violeta
⅓ parte de pepino

Esta mezcla puede asentar a una pareja descarriada o callar a los fantasmas en tu casa. Detiene a todos los seres de inmediato pero con calma, como un tranquilizante gigante.

Aceite de belleza cósmica

¼ parte de rosa de té
½ parte de naranja
¼ parte de lavanda
Malva rosa, unas cuantas gotas

Te proporciona un saludable destello y balancea tu aura. Pon unas cuantas gotas en la palma de tu mano e inhala profundamente, antes de hablar en público, o en otras situaciones estresantes.

Aceite de bendición

½ parte de jazmín
½ parte de junípero
Flores de jazmín en la botella maestra

Maravilloso para mantener en tu altar personal para trabajos mágicos.

Aceite de bendición II

1 a 4 flores de lavanda
⅓ parte de salvia
⅓ parte de albahaca
⅓ parte de pachuli

El aceite portador puede ser Aceite de oliva (empleado para protección) o almendra, girasol, etc. Emplea un vial oscuro. Junta todo excepto el aceite en el vial, luego añade suficiente aceite para llenar la botella. Agita muy bien. Usa para ungir velas de ritual, herramientas para consagrar, etcétera.

La lavanda se emplea para purificación, felicidad, amor y paz. La albahaca trae purificación, protección, curación, riqueza, longevidad. El pachuli trae prosperidad, aleja el mal y la negatividad, y ayuda en la adivinación. Todos son atributos genéricos deseables, así que esta receta es una buena mezcla de propósito general.

Aceite de bendición III

½ parte de lirio
¼ parte de rosa
¼ parte de narciso

Si se emplea en el cuerpo, se cree que purifica el alma. El uso más popular es ungir altares, velas, implementos, quemadores de incienso o cualquier herramienta de ritual.

Aceite de brillo de ángel

¾ partes de bergamota
¼ parte de flor de naranja
Rosa, unas cuantas gotas
Canela, unas cuantas gotas

Para ayudarte a llamar al reino angélico para darte vigor y fuerza durante periodos difíciles.

Aceite de brillo de la salud

¼ parte de naranja
¼ parte de durazno

¼ parte de lavanda
¼ parte de clavel

Este aceite es para curación y prevención de las enfermedades, en especial durante el cambio de estaciones y periodos emocionales y difíciles.

Aceite de Buda

½ parte de sándalo
¼ parte de orris
⅛ parte de lentisco
⅛ parte de canela

Invocar o venerar a Buda y estimular los poderes místicos latentes.

Aceite de canción del bosque

⅓ parte de violeta
⅓ parte de madreselva
⅓ parte de menta

Una fragancia élfica que trae paz y vibraciones felices. También se dice que ayuda a comunicarse con las hadas.

Aceite de canto del corazón

⅓ parte de naranja
⅓ parte de vainilla
⅓ parte de frankincienso
Bouquet de ámbar gris, unas cuantas gotas

Para producir sentimientos de alegría infantil, o ese sentimiento de cuando te enamoraste por primera vez. Maravilloso en difusor para iluminar una habitación.

Aceite de corazón de golondrina

½ parte de clavel
½ parte de ylang ylang
Unas cuantas gotas de durazno

Ayuda a suavizar sentimientos hacia ti; atrae espíritus amables que ayudan en asuntos de amor.

Aceite de corazón de paloma

½ parte de lavanda
¼ parte de rosa
¼ parte de glicina
Lila, unas cuantas gotas

Tranquiliza sentimientos alterados y calma espíritus inquietos; ayuda en cualquier trabajo del corazón.

Aceite de corazón de paloma II

½ parte de madreselva
½ parte de vainilla
1 gota de durazno

Alivia sentimientos encontrados y calma los espíritus inquietos, ayuda en cualquier funcionamiento del corazón.

Aceite de curación de Asclepios

½ parte de rosa
¼ parte de hisopo
$1/16$ parte de junípero
$1/16$ parte de anís

Para traer las energías curativas de Asclepios, el curador mortal que se convirtió en dios. Si puedes, añade algunas de estas hierbas secas a la botella: hisopo, junípero y anís.

Aceite de curación del corazón

⅓ parte de jazmín
⅓ parte de ylang ylang
⅓ parte de sangre de draco

Abre un corazón cerrado por el dolor o la tensión para aceptar nuevas asociaciones y oportunidades benéficas.

Aceite de curación por amor

½ parte de almizcle blanco
¼ parte de gardenia
⅛ parte de magnolia o camelia
⅛ parte de clavel
Canela, unas cuantas gotas

Ayuda a curar conflictos y discusiones; ayuda a fomentar la comunicación.

Aceite de dar la vuelta a una nueva página

¼ parte de aspérula

¼ parte de tonka

¼ parte de lavanda

¼ parte de bergamota

Musgo de roble, unas cuantas gotas

Emplea en rituales diseñados para "dar la vuelta a una nueva página" y para nuevos inicios. Se dice que este aceite se parece al olor del heno recién cortado.

Aceite de encaje color neblina naranja

½ parte de bergamota

¼ parte de naranja

⅛ parte de flor de naranja

⅛ parte de canela

Ligero y etéreo, este aceite causa una vibración de energía más alta en ti o en tu medio ambiente.

Aceite de Esculapio

¼ parte de rosa

¼ parte de clavel

¼ parte de cidra

¼ parte de gardenia

Para invocar o venerar al dios de las artes médicas; para trabajo de curación.

Aceite de éxito en artes escénicas

¼ parte de magnolia

¼ parte de Juan el conquistador

¼ parte de vainilla

⅛ parte de ylang ylang

⅛ parte de salvia

Pon a flotar algunos pedazos de raíz de Juan el conquistador en la botella maestra. Ayuda a que el instrumento del músico esté en tono. Ayuda al artista a tener los mejores atributos para ejecutar.

Aceite de éxtasis

¼ parte de lavanda

¼ parte de geranio

¼ parte de flor de naranjo
¼ parte de amaro

Ayuda con hiperventilación, calma, relaja y es eufórico.

Aceite de fénix

⅓ parte de limón
⅓ parte de lavanda
⅓ parte de laurel

Para curar de trauma emocional o físico.

Aceite de fuego de duende

⅛ parte de lavanda
⅛ parte de cardamomo
⅛ parte de canela
⅛ parte de almizcle
¼ parte de frankincienso
¼ parte de fresa

Trae felicidad por cualquier medio que sea más necesario para el usuario. Este aceite tiene una cualidad muy extraña: cuando se usa en el logro de metas, trae lo que necesitas en lugar de lo que deseas. Mejora el estándar de vida.

Aceite de gotas de memoria

¼ parte de romero
¼ parte de vainilla
¼ parte de canela
¼ parte de clavo
Miel, unas cuantas gotas

Mejora los procesos mentales. Maravilloso para estudiantes y personas que trabajan con una gran población. Puede ayudarte a recordar nombres, número y ubicaciones.

Aceite de higia

½ parte de clavel
¼ parte de pepino
¼ parte de rosa
Jazmín, unas cuantas gotas

Mezcla diseñada para ayudar a mujeres con cualquier problema crónico que puedan tener con el área uterina. Esto incluye dolor de la parte baja de la espalda y tensión o incomodidad emocional.

Aceite de hojas de otoño

¼ parte de sándalo

⅛ parte de pino

⅛ parte de nuez moscada

¼ parte de almizcle

¼ parte de canela

Pimienta inglesa, unas cuantas gotas

Emplea este aceite calmante y silenciador para mitigar sentimientos alterados y tensiones.

Aceite de la alegría II

⅓ parte de jazmín

⅓ parte de flor de naranjo

⅓ parte de gardenia

Vainilla, unas cuantas gotas

Sándalo, unas cuantas gotas

Esta esencia hace salir lo mejor de quien la usa: aumentan los talentos, los pensamientos se vuelven más optimistas y el cuerpo atrae placer. Si estás deprimido y solitario, este aceite puede cambiar toda tu actitud, y por lo tanto, toda tu vida.

Aceite de la felicidad

½ parte de albahaca

¼ parte de naranja

⅛ parte de pachuli

⅛ parte de rosa

Romero, unas cuantas gotas

Rocía generosamente en la habitación o usa un difusor para cambiar la suerte e invertir la mala fortuna. También ayuda a eliminar la pobreza.

Aceite de la inocencia

¾ partes de rosa

¼ parte de vainilla

Abre un corazón cerrado por dolor o tensión para que acepte nuevas asociaciones y oportunidades benéficas.

Aceite de la ira (no ponerse)

¼ parte de chile en polvo

¼ parte de pimienta negra

¼ parte de azufre

¼ parte de asafétida

2 onzas de aceite portador (examina la sección sobre aceites portadores para escoger el mejor para tus intenciones)

Rocía en la habitación para superar los sentimientos de irritación. Evita peleas que puedan ocurrir en el futuro y ayuda a limpiar la mente de pensamientos malignos. Aleja de muebles y materiales que se podrían manchar. Yo lo pongo en las cuatro esquinas de la habitación.

Aceite de la mano amiga

½ parte de vainilla

½ parte de lirio del valle

Canela, unas cuantas gotas

Aceite de fragancia de almendra, unas cuantas gotas

Trae armonía a un matrimonio tormentoso.

Aceite de la memoria

¼ parte de clavo

¼ parte de cilantro

¼ parte de romero

¼ parte de salvia

Aumenta la concentración, la claridad y la retención.

Aceite del amor sagrado

¾ partes de rain

¼ parte de amarige (sustituye con lila si es necesario)

Violeta, unas cuantas gotas

Usa este aceite y encuentra el amor sagrado por ti mismo.

Aceite de la paz interna

½ parte de rosa

¼ parte de gardenia

¼ parte de magnolia

Para ayudar a calmar la mente y llegar a estar más relajados; también sirve para ayudarte a adquirir fuerza interna y valor.

Aceite de la reina de la noche

½ parte de sándalo
¼ parte de rosa
¼ parte de jazmín

Para paz y tranquilidad.

Aceite de la sabia

½ parte de lavanda
¼ parte de mandarina
¼ parte de limoncillo
Bergamota, unas cuantas gotas

Emplea para cambios del estado de ánimo y para aliviar la tensión: calma, da equilibrio y eleva el ánimo.

Aceite de la sabia II

¼ parte de albahaca
¼ parte de lima
¼ parte de cilantro
¼ parte de menta

Mezcla de aceite para la menopausia que ayuda con claridad mental, fatiga y al aumentar la energía.

Aceite de la salud

½ parte de rosa
¼ parte de clavel
⅛ parte de cidra
⅛ parte de gardenia

Emplea para ungir velas, talismanes o todo lo pertinente a los rituales curativos.

Aceite de la Trinidad

½ parte de hisopo
¼ parte de aceite de oliva
¼ parte de verbena

Esta mezcla atraerá bendiciones a ti en toda área de la vida y garantizará el éxito en los proyectos materiales y espirituales. Usa con moderación, es potente.

Aceite de la varita mística

½ parte de heliotropo
½ parte de violeta
Sándalo, unas cuantas gotas

Este aceite te ayuda a sacar energía y fuerza de vida extra.

Aceite del bosque sagrado

½ parte de junípero
½ parte de bergamota
Limón, unas cuantas gotas

Para atraer amistad, buenos sentimientos y camaradería.

Aceite del chakra del corazón: ¡de lujo!

¼ parte de bergamota
¼ parte de lavanda
⅛ parte de melisa
⅛ parte de flor de naranjo
¼ parte de ylang ylang
Rosa, unas cuantas gotas

Abundan perdón, compasión y amor. Emplea esta mezcla para contemplación en silencio, oración y trabajo de perdón. No lo lamentarás cuando te des el lujo de usar una mezcla como ésta. Emplea con moderación. Consérvala sin diluir y sólo disfruta el aroma, o mézclala con una onza de aceite de jojoba en una botella de cristal oscuro.

Aceite del conocimiento

Sándalo
Clavo, unas cuantas gotas
Añade unos cuantos granos de Frankincienso a cada botella

Para poder comprender y poner en uso todo lo que se escuche o lea, aplica una gota a las sienes y a la parte posterior del cuello cada mañana después de que te bañes en tina o regadera.

Aceite del corazón feliz

2 onzas de aceite portador de almendra dulce
2 cucharadas de flores de glicina

Cubre las flores con aceite y deja que repose en un sitio oscuro por dos semanas. Agita todos los días. Cuela el líquido, luego embotella. Unge para atraer felicidad y buenas vibraciones.

Aceite del corazón sagrado

¾ partes de rosa

⅛ parte de limón

⅛ parte de heliotropo

Este aceite se puede emplear para curación, descruce y limpieza espiritual y bendiciones.

Aceite del crisol del valor

⅛ parte de vainilla

¾ partes de clavel

⅛ parte de violeta

Da gran cantidad de valor a quienes son miedosos o tímidos. Emplea para ungir velas púrpura y usa el aceite cuando enfrentes situaciones atemorizantes o peligrosas.

Aceite del espíritu amistoso de la naturaleza

⅓ parte de lima

⅓ parte de clavel

⅓ parte de gardenia

Gaulteria, sólo una gota o dos

Para invocar y trabajar con devas de plantas.

Aceite del espíritu generoso

½ parte de lirio del valle

½ parte de jacinto

Limón, unas cuantas gotas

Causará que otros te quieran y sean compasivos hacia ti bajo todas las circunstancias. Emplea en un ritual para ayudar a superar soledad, o cuando necesites un oído compasivo.

Aceite del espíritu generoso II

⅓ parte de frangipani

⅓ parte de clavel

⅓ parte de almizcle

Clavo o pimienta inglesa, unas cuantas gotas (opcional)

Para convocar un ser sobrenatural a tu lado para que ayude a que termines tus tareas. Escribe tu requisito en papel y coloca la petición bajo una vela rosa que hayas ungido con este aceite.

Aceite del guardián

½ parte de limón

⅛ parte de clavo

⅛ parte de palo santo

⅛ parte de pachuli

⅛ parte de poleo

Emplea para protección. Aumenta la fuerza del aura para ayudar contra ataques psíquicos.

Aceite del niño interno (víctimas de abuso, equilibrio emocional)

Partes iguales de cada uno:

Naranja

Tangerina

Jazmín

Ylang ylang

Abeto

Sándalo

Limoncillo

Flor de naranjo

Este aceite puede ayudar a salir, concentrar y amplificar tus mejores cualidades de manera que la curación pueda tener lugar. Emplea un difusor.

Aceite de música de trasgos

⅓ parte de rosa o clavel

⅓ parte de violeta

⅓ parte de sándalo

Este aceite logra el favor de las hadas. Ayuda con aprendizaje o tocar música y las artes en general.

Aceite de neblina de dragón

1 ramita de retama negra

1 pedazo de musgo irlandés

2 pizcas de verbena

¼ de cucharadita de sal marina

1 parte de brezo

1 parte de musgo de roble

3 partes de hamamelis
1 parte de pino

Calienta todos los ingredientes en olla de peltre a fuego bajo.

Deja que se enfríe y coloca en una bonita botella transparente. Trae paz, protección y calma a quien lo usa.

Aceite de paz

⅓ parte de ylang ylang
⅓ parte de lavanda
⅓ parte de manzanilla
Rosa, unas cuantas gotas

Usa cuando estés nervioso o molesto para tranquilizarte. Párate frente a un espejo, y mientras ves tus ojos, unge tu cuerpo.

Aceite de paz II

⅓ parte de violeta
⅓ parte de lavanda
⅓ parte de vainilla

Aplica en tu persona o rocía en la casa para traer calma y tranquilidad a tu vida.

Aceite de paz y protección

¼ parte de lavanda
¼ parte de romero
¼ parte de albahaca
¼ parte de clavel
Menta, unas cuantas gotas

Esta fuerte mezcla liberará todas las energías negativas que otros te han estado enviando.

Aceite de paz, protección y bendiciones

⅓ parte de brezo
⅓ parte de limón
⅓ parte de menta

Una mezcla en extremo potente para limpiezas de casa y cualquier otra área que podría necesitar paz y tranquilidad.

Aceite de pensamientos claros

⅛ parte de melaleuca
⅛ parte de limón
¼ parte de lavanda
½ parte de abeto de Siberia

Este aceite no sólo es útil para estudiar sino también para cualquier momento en que desees eliminar la negatividad y seguir con tu vida.

Aceite de pérdida de peso

½ parte de madreselva
¼ parte de almizcle
¼ parte de jacinto

Ayuda a que te apegues a esa dieta o programa de ejercicios.

Aceite de Perdón

Cantidades iguales de cada uno:

Frankincienso	Palo santo
Sándalo	Geranio
Lavanda	Limón
Melisa	Palmarosa
Angélica	Ylang ylang
Perpetua	Bergamota
Rosa	Manzanilla jazmín

Para ayudar con perdonar, olvidar y soltar amarras.

Aceite de Perdón II

½ parte de frangipani
½ parte de ylang ylang
Guisante de olor o lirio del valle, unas cuantas gotas

Para curar discusiones entre amantes y amigos.

Aceite de perfume de Obeah

¼ parte de mirra
¼ parte de pachuli

¼ parte de galangal

¼ parte de jazmín

Limón, unas cuantas gotas

Se emplea para bendecir un área, una habitación de oración, círculo o templo, por ejemplo. Protege contra el mal en todas formas cuando se emplea en una vela blanca o en el baño. Aleja las malas vibraciones y ayuda a que quien lo usa logre el apoyo de agentes mágicos.

Aceite de perfume de cirio

⅓ parte de jazmín

⅓ parte de canela

⅓ parte de pachuli

Aceite de oliva

Se usa para poner a flotar pábilos. Por lo general no más que Aceite de oliva perfumado, es más para decoración que para fines de ritual, pero los aceites tienden a atraer amor, curación y fuerzas positivas.

Aceite de Perséfone

¼ parte de glicina

¼ parte de jazmín

¼ parte de aceite de fragancia amarige

(sustituye con lila si no puedes encontrar amarige)

¼ parte de vetiver

Emplea para invocar o venerar a la diosa; ayuda en creatividad. Activa el aspecto de "doncella" de la diosa lunar.

Aceite de purificación

¾ partes de eucalipto

¼ parte de alcanfor

Limón, unas cuantas gotas

Añade al agua para bañarte con el fin de deshacerte de negatividad o enfermedad. Con esta mezcla, asegúrate de no quedarte en la tina por más de veinte minutos. Funciona en forma similar al Vaporub... ¡en la tina!

Aceite de Rhiannon

¼ parte de clavel

¼ parte de frankincienso

½ parte de jazmín
Rosa, un par de gotas
Ramita de Sauce (opcional)

Para trabajar con la diosa o para invocarla. Frota este aceite en tus puntos de pulso y chakras para relajar tu mente y aliviar la ansiedad.

Aceite de sabiduría

¼ parte de canela
½ parte de mirra
¼ parte de lavanda

Diseñado para ayudarte a lograr verdadera percepción y sabiduría.

Aceite de sabiduría blanca

½ parte de lavanda
½ parte de salvia
Alcanfor, unas cuantas gotas

Este aceite ayuda a darte una visión clara con sabiduría, percepción y conocimiento. El aroma fresco y limpio ayuda con la limpieza de la mente y pone las cosas en perspectiva. Es un gran aceite para limpieza espiritual, ya que te libera de los valores espirituales negativos y de las supersticiones.

Aceite de san Cipriano

⅓ parte de gardenia
⅓ parte de ámbar gris
⅓ parte de almizcle
1 a 2 gotas de algalia

Para que se produzca una reconciliación con un enamorado o con cualquiera con que tengas problemas.

Aceite de sangre de golondrina

½ parte de sangre de draco
¼ parte de sándalo
¼ parte de rosa
Jazmín, unas cuantas gotas
Orris, unas cuantas gotas

Diseñado para traer felicidad a quienes deben viajar. Tranquiliza los nervios mientras se está en el camino.

Aceite de sangre de lobo

½ parte de sangre de draco
½ parte de mirra

Proporciona valor cuando uno está bajo gran presión. Ayuda a superar todo temor a la muerte. Una buena fórmula para quienes están en negocios o las artes y necesitan fuerza para llevar más allá sus carreras.

Aceite de sangre de paloma

¾ partes de sangre de drago
⅛ parte de rosa
⅛ parte de laurel

Una mezcla especial de incienso diseñada para traer paz mental y felicidad.

Aceite de serpiente

Extracto de raíz de serpentaria
Raíz de galangal

Combina el extracto con la raíz y deja que reposen en un lugar oscuro durante dos semanas. Agita todos los días. Se emplea para ungir velas. Protege y da energía curativa al curandero.

Aceite de tara dorada

¼ parte de clavel
¼ parte de durazno
¼ parte de gardenia
¼ parte de frangipani

El nombre budista tara significa literalmente "la que salva". La tara budista tiene veintiún aspectos, todos los cuales giran en torno a la compasión. Emplea esta mezcla cuando le pidas sus ofrecimientos de oro, raras oportunidades de salir adelante.

Aceite de tara verde

¼ parte de sándalo
¼ parte de jazmín
¼ parte de durazno
¼ parte de loto

Para todas las situaciones tristes, en especial cuando los proverbiales lobos se están acercando y te sientes indefenso.

Aceite de tranquilidad

¼ parte de salvia
½ parte de rosa
¼ parte de benjuí

Para traer periodos de calma y tranquilidad a cualquier situación molesta; emplea en difusor.

Aceite de valor

½ parte de jengibre
¼ parte de pimienta negra
¼ parte de clavo

Usa para aumentar tu valor, en especial antes de que te presenten personas, antes de hablar en público y de otras situaciones angustiantes.

Aceite de valor II

Mezcla partes iguales:

Romero
Cincoenrama
Pétalos de gardenia

Añade 2 cucharadas de la mezcla anterior a 2 onzas de aceite. Añade un pequeño pedazo de raíz de Juan el conquistador a cada botella de aceite que hagas.

Añade 9 gotas de este aceite al agua para bañarse cuando solicites un trabajo o pidas aumento al jefe. Cuando se emplea como perfume, unge la garganta, bajo el corazón y sobre el ombligo para remplazar temores y timidez.

Aceite de Venus voluptuosa

Cantidades iguales de lo siguiente:

Rosa
Almizcle
Orris
Sándalo
Lila
Canela
Magnolia
Hibisco

Emplea esta mezcla para enfatizar tu belleza y permitirte los lujos que mereces.

Aceite de vida fácil

¼ parte de clavo
¼ parte de jengibre
¼ parte de limón
¼ parte de casia
Naranja, unas cuantas gotas

Ayudará a quien lo use a relajarse mientras otros se ocupan de sus asuntos por él. Ayuda a dominar los pensamientos de otros, así que ayudarán sin quejas.

Aceite de vida fácil II

⅓ parte de aceite de fragancia de coco
⅓ parte de sándalo
⅓ parte de aceite de fragancia de opio

Aplica con movimientos suaves en hombros, cuello y brazos para atraer la buena vida con salud, bendiciones, abundancia, gran fortuna, felicidad y vejez cómoda.

Aceite de vuelve a mí

¼ parte de rosa
¾ partes de magnolia
Loto, unas cuantas gotas

Para actividades de amor romántico, en especial a largo plazo... ¡pero ten cuidado de qué pides! Este aceite es muy efectivo para devolver a alguien que se ha alejado de ti.

Aceite de Yemayá

½ parte de lavanda
½ parte de lirio del valle
Pepino, unas cuantas gotas

Yemayá es la gran Madre Océano. Ella bendice tu hogar, tranquiliza las discusiones y trae riqueza y bendiciones.

Aceite de Zawba

½ parte de vainilla
½ parte de tomillo
Gaulteria, unas cuantas gotas
Almendra, unas cuantas gotas

Para aumentar la felicidad y el entusiasmo en tus actividades diarias.

Aceite espiritual encantado

¼ parte de frankincienso
¼ parte de mirra
¼ parte de heliotropo
¼ parte de canela

Este aceite es para protección de todo daño. Empléalo como aceite para ungir para protegerte de los pensamientos dañinos de otros y eliminar toda magia negativa que esté tratando de aferrarse a ti.

Aceite Erzulie femme blanche

½ parte de gardenia
¼ parte de magnolia
¼ parte de lirio del valle

Para resolver dificultades en tu vida.

Aceite Guan Yin

½ parte de limón
½ parte de rosa
Lila, unas cuantas gotas

Se emplea para veneración o para invocar a la antigua diosa china de la compasión.

Aceite Laksmí

½ parte de sándalo
¼ parte de loto
⅛ parte de jazmín
⅛ parte de gardenia

Laksmí es una diosa hindú que puede resolver al instante todos los problemas de la vida. Usa este aceite como perfume para atraer a Laksmí y para honrar su presencia en tu vida.

Aceite para acabar las preocupaciones

¼ parte de abeto de Siberia
1 parte de melaleuca
1 parte de limón
1 parte de lavanda
2 onzas de base de aceite de almendra

Cuando a menudo estamos rodeados por tiempos difíciles, encontramos nuestros pensamientos confundidos por indecisión y falta de habilidad para pensar con claridad. Éste es un maravilloso aceite para ungir velas que se usen en ritos cuando se necesita visión clara y concentración. Un poco sirve para mucho, así que usa con moderación pero a menudo. Emplea aceites esenciales para esta mezcla.

Aceite para atraer la salud

Emplea 2 gotas en 2 onzas de aceite de cualquiera de los siguientes aromas:

Rosa
Clavel
Gardenia
Cáscara rallada de limón o flores de limón

Por lo general, este aceite se unge en la frente del enfermo.

Aceite para concentración

⅓ parte de lentisco
⅓ parte de canela
⅓ parte de mirra

Unge la frente con una pequeña cantidad para ayudar a resolver un problema. Limpia la mente, inspira revelaciones repentinas en problemas.

Aceite para despejar

⅓ parte de clavel
⅓ parte de lila
⅓ parte de vainilla

Un aceite para superar obstáculos ocultos.

Aceite para marcharse

1 parte de pimiento morrón
1 parte de pimienta negra
1 parte de hojas de pachuli
1 parte de jengibre (en polvo)
1 raíz de Juan el conquistador
½ taza de aceite de base (examina la sección sobre aceites portadores para encontrar el aceite apropiado para tus intenciones)

Ayuda a estar protegidos contra todos los fantasmas de la noche y las pesadillas que puedas encontrar. Unge una vela blanca y ponla a arder durante quince minutos antes de retirarte. También unge las repisas de las ventanas y las perillas de las puertas. Puedes ungir una bola de algodón y colocarla bajo la cama si lo deseas; también unge los atrapasueños. *No lo uses en ti.*

Aceite para que se vaya la ira

½ parte de manzanilla
¼ parte de violeta
¼ parte de sándalo

Para calmar mal genio. Si tuviste una pelea con alguien y deseas reconciliarte, esta mezcla con seguridad ayudará.

Aceite purificador

½ parte de junípero
½ parte de pino
Geranio, unas cuantas gotas

Este aceite ayuda a limpiar la energía negativa causada por enfermedad o lesión.

Aceite risa de las musas

½ parte de rosa
½ parte de glicina
Lavanda, unas cuantas gotas
Fresia, unas cuantas gotas

Este aceite se llevará la tristeza y te dejará feliz y fresco.

Aceite tacto de Liban

⅛ parte de lima
⅛ parte de rosa
¼ parte de sándalo
¼ parte de sangre de draco
⅛ parte de malva rosa
⅛ parte de lavanda

Liban es una diosa celta de la curación y también una sirena. Emplea esta receta para acelerar la recuperación de enfermedades, en especial resfriados y gripe.

Aceite tranquilizador

¼ parte de lavanda
¼ parte de geranio
¼ parte de mandarina
¼ parte de ciprés

Emplea para relajar y calmar después de un día duro en el trabajo o con personas difíciles.

Aceite XYZ

⅓ parte de frankincienso
⅓ parte de mirra
⅓ parte de clavo

Para aumentar la felicidad y el entusiasmo en las actividades diarias. Es una mezcla de tres propósitos que tiene beneficios extra: pensamientos y sentimientos juveniles y entusiasmo por la vida.

Aceite Zen

⅓ parte de lavanda
⅓ parte de clavo
⅓ parte de ylang ylang

Este aceite es útil en la meditación o para inducir una sensación de paz.

Bouquet de heno recién cortado

½ parte de aspérula
¼ parte de tonka
⅛ parte de lavanda
⅛ parte de bergamota
Musgo de roble, unas cuantas gotas

Añade unas cuantas gotas del bouquet a aceites transformativos, en especial a los diseñados para romper hábitos negativos y adicciones. Además, unge el cuerpo en primavera con este bouquet (diluido, por supuesto) para dar la bienvenida a los cambios de estaciones.

Bouquet de loto

¼ parte de rosa
¼ parte de jazmín
¼ parte de almizcle blanco o ligero
¼ parte de ylang ylang

Mezcla hasta que el aroma sea pesado, floral y cálido. Puedes usarlo cuando se pida aceite de loto en una receta.

Perfume de glicinia

10 gotas de glicina

2 onzas de aceite portador (examina la sección sobre aceites portadores en la tercera parte para escoger qué aceite sería el mejor para usar en tu situación particular)

Ocultistas, metafísicos, curanderos y seguidores de vudú alaban por igual este aceite. Cuando se usa como perfume, atrae buenas vibraciones.

Perfume de la delicia del jardín

⅔ partes de toronja

⅓ parte de lavanda

Unas cuantas gotas de vainilla

Un paseo por la primavera para ayudarte con nuevos inicios en cualquier parte de tu vida.

Chakras

En el movimiento espiritual, a menudo aparece la palabra *chakra*. Está bien si sabes lo que significa chakra, pero es confuso si no es así. La siguiente es una explicación corta de lo que se trata el sistema de chakras.

El campo de energía humana, o aura, es un campo energético multidimensional que rodea, penetra y es el cuerpo humano. Tiene ríos de energía llamados meridianos que nutren todos los órganos y células de nuestro cuerpo. Estos ríos se abastecen mediante siete vórtices de energía giratoria, con forma de conos, llamados chakras. A su vez, estos chakras colectan energía del campo de energía universal que está a nuestro alrededor.

Los siete chakras tienen los colores del espectro del arcoíris. El chakra raíz, ubicado en la base de la columna vertebral, transporta el color rojo. El chakra del sacro, nuestro centro creativo, vibra con el color naranja. El chakra del plexo solar, nuestro egocentrismo, lleva el color amarillo. El chakra corazón, nuestro centro de sentimientos, resuena con el color verde. El chakra de la garganta, responsable de nuestra expresión, lleva el color azul. El chakra del entrecejo, responsable de nuestros sueños y de cuestionar en asuntos espirituales, irradia en índigo. Y el chakra de la coronilla, la más alta velocidad de vibración en el espectro, irradia un violeta o blanco.

Cuando las cosas se salen de control, intenta esta técnica de masaje, que podría ayudar.

Mezcla los aceites que están en la lista después de la descripción de cada chakra como sigue:

Emplea aceites esenciales: 3 gotas por aceite en una botella de 10 onzas de aceite portador (Aceite de chabacano o semilla de uva son los mejores). Da masaje a la zona del chakra por al menos veinte minutos antes de pasar al siguiente chakra.

Séptimo Chakra: Coronilla

Este chakra está ubicado en la parte superior de la cabeza, un poco hacia atrás. Se asocia con nuestro sentimiento de "ser uno" con el universo, nuestra sabiduría espiritual, una comprensión final y la alineación con nuestro verdadero espíritu interno. En el aspecto físico, este chakra está vinculado con la glándula pineal, la parte superior del cerebro y el ojo derecho. Se dice que este chakra es tu propio lugar de conexión con Dios, Cristo o Buda. Un chakra coronilla débil puede causar un sentimiento de desconexión con el flujo vital de la vida, que te sientas sin inspiración, que sientas que no se te comprende y que practiques la autonegación. Cuando está activo de más, el chakra coronilla puede causar desconexión con el plano terrenal, que se sea impráctico, que se sienta uno desconectado con la realidad y con imaginación excesiva.

½ parte de mirra
¼ parte de loto
¼ parte de frankincienso
Unas cuantas gotas de alcanfor

Sexto chakra: Tercer ojo

Este chakra está ubicado justo sobre tus ojos y en el centro de tu frente. Este chakra se emplea para cuestionar la naturaleza espiritual de la vida. Nuestra visión interna está contenida aquí, sueños internos, dones de clarividencia, sabiduría y percepción. Los sueños de tu vida se mantienen en este chakra. Con el fin de que el chakra de la cabeza funcione en su mejor forma, el chakra del corazón también debe estar fuerte y en equilibrio. En el aspecto físico, este chakra está vinculado con el sistema nervioso, la parte baja del cerebro, ojo izquierdo, oídos, nariz y glándula pituitaria. Cuando está débil, este centro puede causar dolores de cabeza, dudas de uno mismo, olvido o la incapacidad para confiar en tus instintos. Si está activo en exceso, puede ser demasiado sensible, desconectado y con sobrecarga de experiencias psíquicas.

½ parte de clavel
¼ parte de lavanda
¼ parte de romero

Quinto chakra: Garganta

Este chakra está ubicado en la columna vertebral, en el área de la garganta, y se asocia con nuestras habilidades de comunicación y expresión, el lado derecho del cerebro, el habla y la audición. En el aspecto físico, está vinculado con garganta, cuerdas vocales, esófago, boca, dientes, glándula tiroides y paratiroides, y partes superior de los pulmones. Cuando este chakra está débil, puede causar problemas de comunicación, incapacidad para expresar sentimientos e ideas, tendencia a retener las palabras y a rendirse a otros. Un chakra de la garganta demasiado activo puede tener como resultado discurso negativo, críticas, palabras dominantes, actitud hiperactiva, reacciones excesivas y creencias testarudas.

¼ parte de cedro
¼ parte de mimosa
¼ parte de romero
¼ parte de clavo

Cuarto chakra: Corazón

Ubicado en la columna vertebral, en el área del corazón. Este chakra se asocia con nuestra habilidad para dar y recibir amor, sentir compasión, llegar a otros. Los asiáticos dicen que es la casa del alma. Es el centro de los chakras y puede dar equilibrio a las actividades de los siete centros de energía. En el aspecto físico, está vinculado con el corazón, el área baja de los pulmones, el sistema circulatorio, la glándula timo y el sistema inmune. Un chakra importante para la curación; cuando es demasiado débil, puedes sentirte cerrado a otros, experimentar baja autoestima, inseguridad, celos, sentir que no se te ama, tener una actitud de "pobre de mí" y dudar de ti mismo. Cuando el chakra del corazón está demasiado activo, puedes experimentar el síndrome de "mártir", dando demasiado de ti, y sentirte demasiado confiado, celoso y mezquino.

½ parte de violeta
¼ parte de vainilla
¼ parte de ylang ylang
Unas cuantas gotas de eucalipto

Tercer chakra: Plexo solar

Ubicado en la columna vertebral y apenas sobre el ombligo, este chakra se asocia con el intelecto y el proceso del pensamiento, el poder personal, la ira, la fuerza y con la habilidad de actuar. Tu sensibilidad se almacena aquí. Es el asiento de tu vida emocional. Es un importante centro psíquico y donde experimentamos los "sentimientos viscerales" sobre alguien o algo. Es donde se almacena la carga emocional. En el aspecto físico, se vincula con el sistema digestivo (páncreas, estómago, hígado y vesícula biliar). Ayuda al cuerpo a asimilar los nutrientes. Un chakra del plexo solar débil significa una caída mental, aletargamiento, sentirse aislado y ser cauto en exceso. Cuando está demasiado activo el chakra del plexo solar, puede causar nerviosismo, intimidación mental o inquietud, problemas digestivos, sobrecarga mental y una sensación general de falta de armonía.

¼ parte de frankincienso
¼ parte de madreselva
¼ parte de galangal
¼ parte de hierba Luisa

Segundo chakra: Sacro

Este chakra está ubicado en la columna vertebral, en la parte baja del abdomen, entre el ombligo y la base de la columna. Se asocia con sexualidad, creatividad, emociones, deseos y la habilidad para sentir las cosas en un nivel psíquico. En el aspecto físico, está vinculado con el sistema reproductivo y las gónadas (glándulas endócrinas). Si este chakra está débil, puedes sentirte poco receptivo en los aspectos sexual y emocional, antisocial, sin originalidad, reprimido. Cuando está demasiado activo, puede hacer que nos sintamos lujuriosos, egoístas, arrogantes y sobrecargados por demasiadas vibraciones e impresiones recibidas de otros.

⅓ parte de naranja
⅓ parte de musgo de roble
⅓ parte de sándalo

Primer chakra: raíz

Este chakra del centro está ubicado en la base de la columna vertebral. Es el chakra más cercano a la Tierra y representa la conexión con la tierra. El temor se siente en este chakra; controla tu sentido de supervivencia o tu respuesta de pelear o huir. En el aspecto físico, influye en las glándulas suprarrenales, además de piernas, pies, riñones, vejiga y columna vertebral. Cuando este chakra está débil, puedes sentirte muy cansado, cauto en exceso, temeroso del cambio y frío por mala circulación. Puedes necesitar que alguien encienda un fuego debajo de ti. Cuando tiene demasiada energía, puedes sentirte agresivo, obsesionado por el sexo, temerario, demasiado impulsivo o beligerante.

⅛ parte de algalia

⅛ parte de muguete

¼ parte de ámbar gris

¼ parte de canela

¼ parte de almizcle

Aceite para equilibrar chakras

¼ parte de limón

¼ parte de naranja

¼ parte de lavanda

¼ parte de mirra

Unas cuantas gotas de clavo

Emplea este aceite para dar equilibrio a cualquiera de tus chakras o siempre que te sientas apachurrado.

Psíquico y espiritual

Las mezclas de aceites mágicos te pueden ayudar a conseguir la sabiduría eterna de nuestros Guías y Maestros Ascendidos, para hacer que tu vida sea abundante, próspera y satisfactoria. La visualización es el arte de crear imágenes mentales. Están involucradas imágenes, no palabras. Forma una imagen mental en tu mente de lo que deseas; qué es necesario para el cambio que se necesita. Mantén esa imagen hasta que vivas la imagen mediante tus cinco sentidos. Esto hace real la imagen. Registra cualquier mensaje o visión que recibas en un diario, de manera que no lo olvides. Los aceites reunidos en esta sección son para trabajo de sueños, meditación, viaje astral y trabajo con tu clarividencia.

Aceite AC/DC

¼ parte de jazmín
¼ parte de rosa
¼ parte de frankincienso
¼ parte de canela
2 o 3 gotas de limón

La fórmula para esto es un secreto muy protegido por quienes lo conocen, pero unas cuantas tiendas de lo oculto lo tienen. Aunque es obvio que tiene connotaciones de variaciones de amor heterosexual y homosexual, lo puede emplear cualquiera que enfrente una decisión de alternativas. Aplica a la frente justo antes de ir a dormir y un sueño o visión te podría ayudar a decidir en qué forma moverte en tu situación.

Aceite calmante

⅓ parte de limón
⅓ parte de lavanda
⅓ parte de bálsamo de gilead
Azúcar, unos cuantos granos
Sal, unos cuantos granos

Una mezcla vudú intoxicante que ayuda a inducir un estado de meditación profunda antes de los rituales o de otros trabajos de meditación.

Aceite de adivinación

¼ parte de almizcle

¼ parte de ámbar gris

¼ parte de vetiver

¼ parte de violeta

Lila, unas cuantas gotas

El aceite de adivinación tiene el propósito de establecer las facultades psíquicas para la claridad y aumentar la visión. A menudo se emplea para ungir la frente (el tercer ojo) y las sienes.

Aceite de adivinación II

½ parte de alcanfor

¼ parte de naranja

¼ parte de clavo

Un aceite para abrir el Ojo de la Vista y ver eso que está en las sombras. Sea que estés usando cartas de tarot, runas, hojas de té o bolas de bruja, este aceite se creó para ayudar a ver los diseños de lo que fue, es y será.

Aceite de adivinación III

½ parte de loto

⅛ parte de clavo

⅛ parte de naranja

¼ parte de sándalo

Este aceite representa la mejor ayuda para rituales y hechizos y estás buscando información. Sea que lo estés usando para ungir herramientas y velas para rituales o para que gotee en un cuenco de adivinación, está diseñado para fortalecer y dar poder a los hechizos cuando buscas adivinar el futuro, encontrar información perdida o de alguna otra manera mejorar tu sabiduría respecto al mundo a tu alrededor.

Aceite de adivinación IV

⅓ parte de mirra

⅓ parte de sándalo

⅓ parte de laurel

Este aceite se emplea para ungir y consagrar un mazo de tarot u otras herramientas de adivinación antes de usarlas para adivinación. También se puede emplear para ungir el tercer ojo del adivino antes de que se consulten y lean las herramientas de adivinación.

Aceite de adivinación para la luna llena
⅓ parte de mirra
⅓ parte de loto
⅓ parte de jazmín

Usa para aumentar y profundizar tus poderes psíquicos durante una Luna Llena.

Aceite de anillo de hadas
¼ parte de flor de saúco
¼ parte de lavanda
¼ parte de almizcle
⅛ parte de lila
⅛ parte de frankincienso
Mirra, unas cuantas gotas

Para usar en círculos de hadas.

Otórguenme sus favores, hermosas, les ruego
Sus historias contaré, ¡sus canciones tocaré!
Sin dañar a nadie, sin traicionar ningún secreto,
¡Denme el poder de sus talentos hoy!
¡Así debe ser! –autor desconocido

Par fortalecer la belleza y la destreza musical y artística. ¡Ten cuidado con su encantamiento!

Aceite de antiguos altares
¼ parte de sándalo
¼ parte de frankincienso
¼ parte de loto
¼ parte de narciso
Unas cuantas gotas de canela

Una mezcla tradicional. Ayuda a aclarar pensamientos confusos y fomenta las facultades telepáticas. Frota en la frente durante cualquier ritual para proteger de contrafuerzas.

Aceite de arboleda luz de luna
¾ partes de jazmín
⅛ parte de limón
⅛ parte de frankincienso

Aceite lunar cuando se tiene romance en mente. Causa visiones psíquicas de quienes amas y con los que deseas estar.

Aceite de baño Merddin

¼ parte de lila
¼ parte de violeta
¼ parte de narciso
⅛ parte de glicina
⅛ parte de ámbar gris

Emplea para ayudar a tus hechizos proféticos. Pon 6 gotas en el agua para bañarte y remójate por veinte minutos.

Aceite de Brezo

¼ parte de lentisco
¼ parte de frankincienso
¼ parte de canela
¼ parte de lavanda
Laurel, unas cuantas gotas

Ayuda a crear el poder psíquico. Maravilloso para clarividencia. Unge la frente mientras estás en el ritual. Emplea en el baño antes de acostarte para asegurar sueños proféticos.

Aceite de canto de los dioses de más edad

⅓ parte de sándalo
⅓ parte de almizcle
⅓ parte de glicina

Este aceite es para comunicarte con tu propia musa personal para cualquier trabajo que requiera inspiración y creatividad.

Aceite de cazador de sueños

⅓ parte de lavanda
⅓ parte de violeta
⅓ parte de sándalo o palo santo
Limón, unas cuantas gotas
Limoncillo, unas cuantas gotas

Ayuda a lograr sueños lúcidos y a evitar las formas negativas del estado del sueño.

Aceite de clarividencia

¼ parte de heliotropo
¼ parte de madreselva
½ parte de sándalo
Glicina, unas cuantas gotas

Una poderosa mezcla para estimular la vista interna y la clarividencia.

Aceite de conjuros

¾ partes de frankincienso
⅛ parte de mirra
⅛ parte de clavo
Ámbar gris, unas cuantas gotas

Los espíritus encuentran esta fragancia muy atrayente. Unge velas antes de prenderlas para atraer esos espíritus necesarios para llevar a cabo la intención que buscas.

Aceite de conjuros II

⅓ parte de frankincienso
⅓ parte de sándalo
⅓ parte de loto

Funciona como el genio de la botella. Este aceite ayudará a que se manifieste todo lo que necesitas en la realidad. La visualización creativa es vital cuando se usa este aceite.

Aceite de curación espiritual

⅛ parte de frankincienso
⅛ parte de orris
¼ parte de sándalo
½ parte de loto

Para causar una vibración más elevada de energía en ti con el fin de llevar a cabo sesiones de curación. Gran aceite para trabajo de chakras.

Aceite de dragones

¼ parte de aceite de fragancia de opio
¼ parte de pimienta inglesa
¼ parte de canela
¼ parte de ámbar

Para ayudar a invocar dragones para buena suerte, riqueza, protección y otros usos positivos.

Aceite de encaje color neblina naranja

½ parte de bergamota

¼ parte de naranja

⅛ parte de flor de naranjo

⅛ parte de canela

Este aceite ligero y etéreo ayuda a causar una vibración más alta de energía en ti o en tu medio ambiente.

Aceite de encantamiento de hadas

⅔ partes de rosa

⅓ parte de tomillo

Onagra vespertina en la botella maestra.

Este aceite ayudará a abrir tu tercer ojo de manera que puedas ver el Jardín Salvaje (el Reino de las Hadas). Es decir, si las Hadas lo permiten.

Aceite de energía

⅓ parte de vainilla

⅓ parte de almizcle

⅓ parte de hierba Luisa

Para aumentar la energía y resistencia físicas y emocionales.

Aceite de energía II

½ parte de naranja

¼ parte de lima

¼ parte de cardamomo

Usa cuando te sientas exhausto, cuando estés enfermo o sólo para fortalecer tus reservas de energía. Útil en especial después de rituales mágicos para recargar las baterías de tu cuerpo.

Aceite de espíritu de hada

¼ parte de musgo de roble

¼ parte de romero

¼ parte de ciprés

¼ parte de pachuli

Emplear cuando se trabaje con hadas.

Aceite de flores de hadas

½ parte de flor de saúco

½ parte de lavanda

Capullos de rosa secos

Para trabajar con devas de flores, y para aprender a escuchar los mensajes que las diferentes plantas y sus devas te ofrecen.

Aceite de fuego de Azrael

⅓ parte de sándalo

⅓ parte de cedro

⅓ parte de junípero

Bergamota, unas cuantas gotas

Un aceite para adivinación basado en una receta de 500 años de la antigua Inglaterra.

Aceite de fuego de hadas

1 granate aplastado

1 parte de sangre de draco

1 parte de cilantro

Semillas de cilantro

Para ver el reino de las hadas y trabajar con ellas. Un aceite fabuloso para aprender arte y técnicas de adivinación creativa.

Aceite de fuego de hadas II

½ parte de durazno

¼ parte de ylang ylang

⅛ parte de heno recién cortado

⅛ parte de almizcle oscuro

⅛ parte de manzanilla

⅛ parte de amapola

Sangre de draco, unas cuantas gotas

Granate en la botella maestra

Útil para ponerse en contacto con las Hadas relacionadas con el elemento Fuego: Quimeras, Danzarines de la Llama, etcétera.

Aceite de hadas

⅛ parte de mimosa

⅛ parte de lirio del valle

¼ parte de vainilla

¼ parte de durazno

Esta receta es para las Hadas dulces y seductoras que encantan y cautivan a todos los que entran en su reino. Si deseas crear una atmósfera de Hadas mágica y atractiva en tu hogar, emplea este aceite en un difusor.

Aceite de hadas (agua elemental)

½ parte de alcanfor

¼ parte de lavanda

¼ parte de limón

Prímula, unas cuantas gotas

Malva rosa, unas cuantas gotas

Emplea este aceite cuando te pones en contacto con Hadas relacionadas con el elemento Agua, como Ondinas, Náyades, Sirenas, etcétera.

Aceite de invocación

¼ parte de jazmín

¼ parte de rosa

¼ parte de mirra

¼ parte de frangipani

Un aceite para invocar todos los propósitos que siempre es bueno tener a la mano.

Aceite déjà vu

½ parte de sándalo

¼ parte de orris

¼ parte de canela

Lentisco, una gota o dos

Se emplea para recordar vidas pasadas y para volverse más consciente de ellas.

Aceite de ju-ju africano

9 gotas de galangal

½ onza de aceite portador (ve los aceites portadores para encontrar cuál resuena con tu intención)

Pedazo de raíz de galangal en la botella

Cuando se aplica al área del entrecejo, facilita y fortalece las experiencias psíquicas y hace que quien lo usa sea más intuitivo; se puede emplear como aceite de cruce.

Aceite de la espoleta
½ parte de pachuli
¼ parte de almizcle
¼ parte de jazmín

Este aceite puede traer suerte, otorgar deseos y ayudar en el desarrollo psíquico. Coloca unas cuantas gotas de este aceite en un recipiente de agua antes de retirarte a dormir en la noche y ora para recibir información psíquica mediante tus sueños, o reza sobre el agua para que se concedan tus deseos. En la mañana, sólo deshazte del agua en la coladera.

Aceite de la estrella negra
⅓ parte de aceite de fragancia de opio
⅓ parte de almizcle
⅓ parte de narciso

Para revelación psíquica y, sí, también para seducción.

Aceite de la hija de la estrella
½ parte de rosa
½ parte de lila
Verbena, unas cuantas gotas

Una mezcla hermosa diseñada para ayudarte a solicitar una guía espiritual personal y establecer la sensibilidad para comunicarte con tu guía.

Aceite de la luna
½ parte de jazmín
½ parte de sándalo

Usa para inducir sueños psíquicos, para acelerar la curación, facilitar el sueño, aumentar la fertilidad y para todas las demás influencias lunares. También usa en el momento de la Luna Llena para ponerte en tono con sus vibraciones.

Aceite de la luna (planetario)
¼ parte de nuez moscada
¼ parte de mirra

⅛ parte de anís
⅛ parte de amaro
⅛ parte de gaulteria
⅛ parte de eucalipto

Para cualquier trabajo con intención lunar. Intensifica la clarividencia y la visión psíquica.

Aceite de la luz sagrada

¾ partes de sándalo
⅛ parte de nuez moscada
⅛ parte de canela

Emplea para ayudar al espíritu a dejar ir el cuerpo con seguridad para viajar a otros planos.

Aceite del ángel azul

½ parte de lavanda
½ parte de sándalo
Agua bendita, unas cuantas gotas
Agua de manantial, unas cuantas gotas

Para amor e invocar la ayuda del Espíritu. Emplea el aceite con velas rosadas para atraer amistad; unge tu vela astral o tu protección personal.

Aceite de la santa Trinidad

⅓ parte de rosa
⅓ parte de gardenia
⅓ parte de loto

Este aceite es para una guía poderosa, recursos espirituales y protección.

Aceite de la serenidad

½ parte de pepino
½ parte de lavanda
5 gotas de canela

Se puede tener calma, tranquilidad silenciosa y paz cuando se emplea este aceite. Un aceite maravilloso para meditación y trabajo de masaje.

Aceite de la visión

¼ parte de magnolia

¼ parte de rosa

½ parte de flor de manzana

Úngete con este aceite antes de cualquier trabajo psíquico.

Aceite de la visión II

¼ parte de laurel

¾ partes de limoncillo

Nuez moscada, sólo unas cuantas gotas

Unge tu frente para producir conciencia psíquica. Muy bueno para lectores del tarot.

Aceite del buscador de visiones

¼ parte de vainilla

¼ parte de gardenia

½ parte de violeta

Esta mezcla te ayuda a abrir tu conciencia psíquica.

Aceite del dios fuego

⅓ parte de pino

⅓ parte de almizcle

⅓ parte de canela

Despierta el aspecto espiritual más elevado de los dioses de la tierra.

Aceite del dulce reposo

½ parte de rosa

¼ parte de lavanda

¼ parte de magnolia

Es una mezcla relajante y que induce el sueño que ayuda a desarrollar la paz interna y la tranquilidad.

Aceite del ermitaño místico

⅛ parte de pimienta inglesa

½ parte de ylang ylang

⅛ parte de canela

¼ parte de galangal

Para crecimiento espiritual, mirar nuestro interior y ser capaces de escuchar la "voz interna".

Aceite del espíritu

¼ parte de sándalo

¼ parte de violeta

¼ parte de azafrán

¼ parte de gardenia

Ayuda en la comunicación con amigos y parientes fallecidos. Rocía en el piso, usa como incienso o unge velas blancas. Nunca uses el aceite en tu cuerpo.

Aceite del espíritu amable

⅓ parte de frangipani

⅓ parte de clavel

⅓ parte de almizcle

Clavo o pimienta inglesa, unas cuantas gotas (opcional).

Para convocar un ser sobrenatural a tu lado para que te ayude a lograr tus tareas, escribe lo que requieres en papel y coloca la petición bajo una vela rosa, la cual se debe ungir con este aceite.

Aceite del guía indio del espíritu

½ parte de flor de naranjo

¼ parte de arrayán brabántico

¼ parte de cedro

Cálamo aromático, unas cuantas gotas (si está disponible) o hierba de cálamo aromático (opcional)

Esta mezcla de aceites es maravillosa para psíquicos, médiums y quienes sólo necesitan algo de guía espiritual.

Aceite del momento de soñar

⅓ parte de clavel

⅓ parte de sándalo

⅓ parte de vainilla

Este aceite es para un sueño pacífico y curativo, y para soñar en forma creativa. Usa en difusor o convierte en incienso.

Aceite del oráculo olímpico

⅛ parte de canela

¼ parte de mirra

½ parte de vetiver

⅛ parte de clavo

El aceite ayuda a abrir el espíritu a vibraciones de otros planos de manera que se puedan comunicar con este plano.

Aceite de los bosques de cristal

¼ parte de abeto
⅛ parte de pino
¼ parte de junípero

Comunicación con lo astral y animales. Ayuda a que encuentres tu tótem o animales y guías de espíritu.

Aceite de los siete chakras

1 parte de cada aceite:

Rosa (base)
Bergamota (sacral)
Limón (vientre)
Benjuí (corazón)
Manzanilla alemana (garganta)
Hierba de san Juan (cabeza)
Lavanda (coronilla)
½ onza de aceite de base (examina los aceites portadores para encontrar el que mejor se ajuste a tu intención)

Aceite diseñado para ayudar a dar equilibrio a chakras y aura. Perfecto para masaje o para tener en un difusor.

Aceite del profeta afortunado

¼ parte de frankincienso
¼ parte de junípero
¼ parte de sándalo
¼ parte de rosa

Ésta es una fórmula que puede activar poderes de clarividencia innatos de manera que este don se pueda desarrollar en todo su potencial.

Aceite del templo de cristal

⅛ parte de frankincienso
⅛ parte de orris
¼ parte de sándalo
¼ parte de loto

Se emplea para meditación y yoga.

Aceite del velo místico

⅛ parte de canela
½ parte de sándalo
⅛ parte de clavo
¼ parte de mirra

Se emplea para recorrido meditativo, trabajos psíquicos o para penetrar en el plano astral.

Aceite del viaje interno

½ parte de frankincienso
¼ parte de cedro
¼ parte de limón

Útil para la meditación y la regresión a vidas pasadas.

Aceite de magia de hadas

⅛ parte de limón
¼ parte de gardenia
⅛ parte de jazmín
¼ parte de violeta
$1/16$ parte de lavanda
$1/16$ parte de limoncillo
$1/16$ parte de malva rosa
$1/16$ parte de ylang ylang

Útil para trabajar con magia de Hadas. Usa la Noche de San Juan para aumentar la probabilidad de tener encuentros con Hadas.

Aceite de meditación

¼ parte de frankincienso
¼ parte de cedro
¼ parte de tangerina
¼ parte de manzanilla

Facilita el trabajo de meditación, también suele ser muy bueno para atraer espíritus. Emplea en un medio ambiente protegido.

Aceite de meditación II

½ parte de sándalo
¼ parte de orris
¼ parte de lentisco
Canela, unas cuantas gotas

Mezcla especial diseñada para producir las vibraciones necesarias para meditación y otros trabajos espirituales. Es buena en especial para actividades psíquicas. Un fuerte atractor del Espíritu que suele aumentar el éxito en cualquier ritual.

Aceite de meditación III

½ parte de frangipani
¼ parte de almizcle
¼ parte de narciso

Esto presenta una fuerte aura mística y se debería usar sólo mientras se medita, reza o se hace trabajo psíquico.

Aceite de mezcla para ramillete

½ parte de salvia
¼ parte de lavanda
¼ parte de ámbar

Este aceite es como tener un ramillete líquido para limpias a tu disposición. Cuando el humo de un ramillete de hierbas es mucho para la gente, sólo coloca unas cuantas gotas en tu difusor.

Aceite de Moisés

⅓ parte de sello de Salomón
⅓ parte de hisopo
⅓ parte de rosa

Llamado por lo general Aceite de Moisés, es un aceite bendito, lo emplean durante sesiones espiritistas quienes tratan de hablar con los espíritus en otros mundos, y para consagrar altares, utensilios y herramientas.

Aceite de nirvana

¼ parte de cilantro
¼ parte de salvia
¼ parte de pachuli
¼ parte de canela

Se emplea en la actividad de meditación profunda. Calma los estados emocionales de manera que pueda tener lugar el trabajo mental.

Aceite de om

¼ parte de sándalo
¼ parte de orris
¼ parte de lentisco
¼ parte de canela

Una mezcla especial diseñada para producir las vibraciones necesarias para meditación y otros trabajos espirituales.

Aceite de oraciones

½ parte de frankincienso
½ parte de mirra
Vainilla, unas cuantas gotas

Ayuda en la oración y en los hechizos; también se usa para la meditación.

Aceite de oráculo

¼ parte de canela
¼ parte de sándalo
¼ parte de clavo
Mirra, unas cuantas gotas

Emplea para ayudar en magia profética.

Aceite de papiro

½ parte de sándalo
¼ parte de orris
¼ parte de lentisco
Canela, unas cuantas gotas

Para ayudar en la meditación.

Aceite de pasto hindú

¼ parte de canela
¼ parte de cilantro
¼ parte de salvia
¼ parte de pachuli
Curry, una pizca

Aceite especial diseñado para aumentar los poderes psíquicos, clarividencia y meditación.

Aceite de pensamientos pacíficos

⅓ parte de lavanda

⅓ parte de romero

⅓ parte de gaulteria

Unge frente y sienes con este aceite antes de la meditación.

Aceite de protección contra ataques psíquicos

¼ parte de bergamota

¼ parte de sangre de draco

¼ parte de ruda

¼ parte de frankincienso

Un pedazo de raíz de Juan el Conquistador

Activa y aumenta las habilidades psíquicas de quien la usa.

Aceite de protección divina

½ parte de rosa

¼ parte de lavanda

⅛ parte de hibisco

⅛ parte de menta

Este aceite es para alejar el mal. Usa el aceite cuando te sientas en cualquier tipo de peligro, físico o espiritual.

Aceite de proyección astral

½ parte de naranja dulce

½ parte de anís

5 gotas de jazmín

5 gotas de eucalipto

5 gotas de gaulteria

⅛ parte de aceite de almendra dulce como aceite portador

Facilita la proyección astral.

Aceite de psicón

¼ parte de canela

¼ parte de galangal

¼ parte de cedro

¼ parte de Orris

Mirra, unas cuantas gotas

Ayuda a quien lo usa a abrir el tercer ojo.

Aceite de sabiduría púrpura

¼ parte de violeta

¼ parte de vainilla

¼ parte de lila

¼ parte de loto

Este aceite puede ayudarte a abrir las puertas a tu intuición que puede estar acechando en tu interior. También puede ayudarte a ganar sabiduría y perspicacia psíquica.

Aceite de soñador

½ parte de rosa

¼ parte de jazmín

¼ parte de manzanilla

Prepara esta mezcla vertiendo los aceites en una botella de 10 onzas y luego añadiendo aceite vegetal orgánico para llenar. Unge el tercer ojo, el sacro y el plexo solar. Vierte unas cuantas gotas en la palma de tu mano e inhala profundamente; también se puede emplear en el baño.

Aceite de sueño

½ parte de rosa

¼ parte de jazmín

⅛ parte de manzanilla

⅛ parte de violeta

Para causar un sueño profético o instructivo.

Aceite de sueño II

¼ parte de mejorana

¼ parte de artemisa

¼ parte de manzanilla

¼ parte de sándalo

Añade una piedra de sodalita a la botella

½ onza de aceite portador base (examina los aceites portadores para encontrar el que se ajuste a tu intención)

Emplea para causar un sueño profético o de instrucción. Emplea sólo aceites esenciales para esta mezcla.

Aceite de sueño profético

½ taza de aceite de oliva
Pizca de canela
Pizca de nuez moscada
1 cucharadita de anís

Pon las hierbas en el Aceite de oliva y calienta hasta que esté tibio pero no caliente. Cuela las hierbas y luego embotella. Guarda la botella en un lugar oscuro. Escribe la pregunta que quieres que se conteste en una hoja y coloca bajo tu almohada. Aplica aceite a frente y sienes antes de dormir. Hazlo tres noches consecutivas.

Aceite de sueños lúcidos

½ parte de valeriana
½ parte de lavanda
Amaro, unas cuantas gotas

Para causar un sueño profético o de instrucción.

Aceite de sueños visionarios

⅓ parte de pachuli
⅓ parte de lavanda
⅓ parte de ylang ylang

Emplea este aceite para aumentar la profundidad y percepción de tus sueños.

Aceite de sueños y visualización

Cantidades iguales de todos:

Sándalo
Escoba hedionda
Bergamota
Tangerina
Ylang ylang
Pimienta negra
Junípero
Anís

Emplea para sueños proféticos y de adivinación. Escribe tu deseo especial en una vela antes de que te retires; enciende la vela durante quince minutos todas las noches por siete días.

Aceite de travesía astral

¾ partes de sándalo

⅛ parte de ylang ylang

⅛ parte de canela

Facilita el viaje astral y ayuda en las experiencias fuera del cuerpo. Muy bueno para ejercicios de sueño lúcido.

Aceite de viaje astral

¼ parte de frankincienso

¼ parte de mirra

¼ parte de ciprés

¼ parte de jazmín

Ayuda a facilitar el viaje astral.

Aceite de viaje astral II

½ parte de pachuli

½ parte de sándalo

Canela, unas cuantas gotas

Unge estómago, muñecas, nuca y frente. Recuéstate y visualízate teniendo una proyección astral.

Aceite de viaje astral III

1 parte de lima

1 parte de frankincienso

1 parte de mirra

Viaja por los reinos y visita el pasado y el futuro; desentraña los mayores misterios de todos los tiempos.

Aceite de viaje astral IV

¾ partes de sándalo

⅛ parte de ylang ylang

⅛ parte de canela

Unge el cuerpo antes de una sesión de proyección astral.

Aceite de viaje astral V

¼ parte de naranja

¼ parte de limón

¼ parte de frankincienso

¼ parte de mirra

Unge estómago, muñecas, nuca y frente. Recuéstate y visualízate teniendo una proyección astral.

Aceite de vibración espiritual

½ parte de sándalo

¼ parte de heliotropo

⅛ parte de magnolia

⅛ parte de frankincienso

Un aceite encantador diseñado para fortalecer y mejorar el poder del individuo para trabajo de hechizos y habilidad psíquica.

Aceite de vidas pasadas

⅓ parte de clavo

⅓ parte de sándalo

⅓ parte de naranja

Ayuda en las meditaciones de vidas pasadas; ayuda a recordar vidas pasadas con claridad y sin complicaciones emocionales.

Aceite divino

¾ partes de sándalo

¼ parte de naranja

Usa para aumentar la exactitud y la percepción durante el proceso de adivinación.

Aceite El Fénix

⅓ parte de limón

⅓ parte de lavanda

⅓ parte de laurel

Una mezcla para ayudar al Espíritu a dejar ir el cuerpo con seguridad para viajar a otros planos.

Aceite kundalini

¼ parte de saturno

¼ parte de ámbar gris

¼ parte de almizcle francés

⅛ parte de algalia

½ parte de valeriana

Canela, una gota o dos

Eleva la energía del kundalini. Coloca aceite en el corazón, la garganta y detrás de los oídos.

Aceite Maa-Isa

⅛ parte de mirra

⅛ parte de vetiver

½ parte de frankincienso

⅛ parte de algalia

⅛ parte de estoraque

Arrayán, unas cuantas gotas

Cáscara de naranja, en la botella maestra

Antigua mezcla egipcia que significa "la verdad de Isis". La empleaban las sacerdotisas de Isis para ayudar en consejos, buscar la verdad en un asunto o para trabajos de adivinación.

Aceite mágico de Mimosa

⅓ parte de acacia

⅓ parte de rosa amarilla

⅓ parte de lila

Laurel, unas cuantas gotas

Frotar por todo el cuerpo antes de dormir produce un sueño profético. Unge una vela azul o blanca para tener el mismo resultado, o emplea en el baño o en la cama para permitir, y sólo permitir, que los buenos sueños se hagan realidad.

Aceite mágico gitano

¾ partes de menta

¼ parte de tomillo

½ onza de aceite portador de semilla de borraja

Aceite de adivinación simple pero efectivo. Emplea este aceite para ungir tu tercer ojo antes de cualquier adivinación o trabajo de hechizos.

Aceite místico afortunado

⅓ parte de albahaca

⅓ parte de lavanda

⅓ parte de naranja

Brillo de plata (opcional)

Atrae el buen ánimo y ayuda a perfeccionar las habilidades de clarividencia.

Aceite místico de buena suerte

½ parte de sándalo

¼ parte de almizcle

¼ parte de gardenia

Este aceite está diseñado para atraer guías místicos para mayor desarrollo psíquico.

Aceite para clarividencia

⅓ parte de acacia

⅓ parte de casia

⅓ parte de anís

Bergamota, unas cuantas gotas

Usa para ayudarte a ver tus vidas pasadas. (Precaución: primero deja reposar este aceite; puede irritar tu piel.)

Aceite para dormir

¾ partes de rosa

¼ parte de macis

Unge las sienes, el cuello, el pulso de ambas muñecas y las plantas de los pies. Produce un sueño natural. Se recomiendan aceites esenciales, pero no son obligatorios. Si decides usar aceites esenciales, ponlos en 1 taza de aceite portador.

Aceite para dormir II

½ parte de rosa

¼ parte de jazmín

¼ parte de manzanilla

Unge las sienes, el cuello, el pulso de ambas muñecas y las plantas de los pies. Produce un sueño natural.

Aceite psíquico

¾ partes de limoncillo

¼ parte de milenrama

Usa para aumentar los poderes psíquicos, en especial cuando trabajes con piedras de runas, cuarzos, esferas de cristal y otras herramientas así.

Aceite vibrante

½ parte de naranja

½ parte de jengibre

Heno, unas cuantas gotas

El Aceite vibrante produce una sensación de bienestar mientras se trabaja en limpiar el aura.

Aceite volador

Necesitarás al menos una botella de 1 o 2 onzas para mezclar este aceite, ya que son muchos ingredientes. Usa iguales partes de los siguientes:

Cálamo aromático

Almizcle

Junípero

Sándalo

Arrayán brabántico

Anís

Canela

Clavo

Pimienta inglesa

El aceite volador se diseñó para ayudar y proteger durante el viaje astral. Después de mezclar el aceite, envuélvelo en una tela oscura y escóndelo en un lugar secreto durante nueve días. Desenvuélvelo y deja que repose a la luz de la luna durante trece noches. Mejor comenzar veinticuatro horas después de la Luna Nueva de manera que se termine antes de la Luna Llena. Puedes ponerlo afuera bajo la luz de la Luna Llena para las bendiciones intuitivas de la Madre Luna. Luego estará listo para la proyección astral de tu elección.

Bouquet árabe

¼ parte de sándalo

¼ parte de almizcle

¼ parte de mirra

¼ parte de pimienta inglesa

Un aceite especial diseñado para limpiar el espíritu antes de llamar a los espíritus buenos. Este aceite también protegerá contra maleficios.

Bouquet de magnolia

¼ parte de flor de naranjo

½ parte de jazmín

⅛ parte de rosa

⅛ parte de sándalo

Al igual que con el aceite de loto, no existe un aceite de magnolia genuino. Una excelente adición para aceites de meditación y de conciencia psíquica, además de mezclas de amor. Usa el aceite de magnolia compuesto o haz el tuyo. Trata de tener una flor fresca cerca de manera que mientras lo mezclas puedas tratar de duplicar el aroma. Puedes emplear esta mezcla siempre que una receta requiera magnolia. Y recuerda, está bien usar también aceites de fragancia.

Capricho de hadas de flores

⅔ parte de rosa

⅓ parte de amaro

Jazmín, unas cuantas gotas

Perfume del tigre

Gaulteria, unas cuantas gotas

¼ parte de gardenia

¼ parte de rosa

¼ parte de menta

¼ parte de laurel

Una receta de vudú que despierta el poder psíquico y la clarividencia.

Perfume zorba

⅛ parte de lentisco

¼ parte de frankincienso

¼ parte de canela

⅛ parte de lavanda

⅛ parte de laurel

Ayuda a crear el poder psíquico; maravilloso para clarividencia. Unge la frente mientras estás en ritual. Emplea en el baño antes de acostarte para asegurar que tengas sueños proféticos.

Poción de sueños

½ parte de jazmín

½ parte de nuez moscada

Amaro, unas cuantas gotas

No para uso interno. Unge almohadas de sueño y el tercer ojo antes de retirarte para dormir.

Hogar

La protección del hogar es una meta común del trabajo mágico. Por supuesto, no es un remplazo para acciones de sentido común, como cerrar con llave las puertas y conseguir una alarma de casa si es necesario, pero el trabajo mágico con seguridad da apoyo a estas soluciones mundanales.

Una forma muy simple de proteger el hogar es ungir puertas y ventanas con uno de los aceites que están a continuación con un diseño de cinco puntas (como un pentagrama). Pon un poco de aceite en tus dedos, toca cada esquina de la puerta y la parte de en medio mientras rezas el Salmo 23 o rezas con tus propias palabras. Esto literalmente alejará a los enemigos de tu hogar y les devolverá todo lo que te lancen multiplicado.

Aceite corre diablo corre

⅓ parte de almizcle oscuro
⅓ parte de sándalo
⅓ parte de mirra

El mal tan sólo no puede tolerar este aroma y no se quedará mucho cerca de donde se emplee. Rocíalo por la parte de fuera de todas las repisas de las ventanas y quicios de puertas para que ningún espíritu maligno pueda entrar al hogar. Renueva una vez a la semana, de preferencia en sábado.

Aceite de ángel o arcángel

½ parte de lavanda
½ parte de sándalo
Agua bendita, unas cuantas gotas
Agua de manantial, unas cuantas gotas

Emplea en la invocación angélica y para crear una atmósfera pacífica; emplea con velas rosas para atraer amigos, o con velas blancas para calmar un hogar lleno de problemas.

Aceite de baño

⅛ parte de bergamota

¼ parte de lavanda

⅛ parte de tomillo

¼ parte de limón

¼ parte de naranja

Diluye con 2 tazas de agua y emplea como rocío para superficies, o diluye 6 a 8 gotas con agua y usa en un quemador. Aceites alternos: hierba de limón, salvia, orégano (ten cuidado en muebles de madera; primero haz una prueba en las superficies).

Aceite de bendición de la casa

¼ parte de lavanda

½ parte de jazmín

⅛ parte de pepino

⅛ parte de frangipani

Emplea el aceite de bendición de la casa para limpiar las vibraciones negativas de un hogar.

Aceite de bendición del hogar

⅛ parte de junípero

⅛ parte de albahaca

¾ partes de jazmín

Para ungir velas cuando te mudas a un nuevo hogar.

Aceite de bouquet de menta

⅓ parte de poleo

⅓ parte de menta

⅓ parte de limón

Elimina hechizos negativos; amado en particular por espíritus buenos. Cuando se invoca la ayuda de dioses del vudú, coloca este aceite en un plato como ofrenda para lograr su ayuda.

Aceite de búsqueda de apartamento

⅓ parte de madreselva

⅓ parte de jazmín

⅓ parte de heliotropo

Emplea este aceite cuando busques una nueva morada. Unge una hoja de papel en que hayas dibujado o puesto en una lista lo que deseas. Incluye precio, servicios, mascotas, etc. Pon tanto detalle como puedas. Vuelve a la lista, en una hora o algo así, y añade o borra según se necesite. Unge cada una de las cuatro esquinas del papel, dóblalo y llévalo contigo a tu búsqueda. Cuando encuentres el lugar que deseas, deja el papel en el lugar (por supuesto, fuera de la vista).

Aceite de diablo volador

½ parte de lavanda
½ parte de frankincienso

Esta mezcla se creó para sacar la negatividad de tu casa, sea en forma de diablillos o demonios o tan sólo de malas influencias que no te dejan en paz. Emplea este aceite para ungir la puerta del frente con la ayuda de una cruz o de un pentagrama. Compra una escoba nueva que se empleará sólo para hacer este hechizo. Toma un balde o recipiente de agua y añade unas cuantas gotas del aceite. Colócalo en el centro de la habitación, remoja la escoba en el agua y, con movimientos de barrido, cepilla el agua por el piso hacia la puerta.

Aceite de Durga

¼ parte de pachuli
¼ parte de almizcle
¼ parte de vetiver
¼ parte de ámbar

Este aceite es para protección de todo daño.

Aceite de escudo de dragón

½ parte de pachuli
½ parte de sándalo
Lila, unas cuantas gotas

Esta mezcla es para protección contra ataques físicos, mentales y emocionales.

Aceite de escudo sagrado

½ parte de sangre de draco
½ parte de bergamota
Mirra, unas cuantas gotas
Cedro, 2 a 3 gotas

Para liberar a un lugar o persona de toda negatividad y energía bloqueada sin importar la fuente.

Aceite de espada de los antiguos

½ parte de frankincienso
½ parte de sándalo
Ámbar, una gota o dos

Emplea para ayudarte en hechizos de protección. Cuando mezcles estos aceites, imagina un fuerte muro que se construye a tu alrededor, sólo permitiendo que pase lo bueno por él.

Aceite de hechicera

½ parte de pachuli
½ parte de galangal

Emplea para ayudarte en hechizos de protección. Cuando mezcles estos aceites, imagina un fuerte muro que se construye a tu alrededor, sólo permitiendo que pase lo bueno por él.

Aceite de hogar feliz

¼ parte de geranio
¼ parte de sangre de draco
$1/16$ parte de tonka
$1/16$ parte de violeta
$1/16$ parte de heno recién cortado
$1/16$ parte de tomillo
⅛ parte de Juan el conquistador
⅛ parte de bergamota

Unas cuantas gotas de cada uno:

Eneldo
Aceite de tierra
Lila
Jazmín

Para asegurar que tu casa esté bendecida y protegida.

Aceite de hogar pacífico

⅓ parte de limón
⅓ parte de rosa
⅓ parte de lila

Asegura una vida doméstica serena y tranquila. Cada semana, añade Aceite de hogar pacífico a un recipiente de agua que se coloca en el centro del hogar. Limpiará la casa de todas las vibraciones nocivas. Para fortalecer la atmósfera tranquila del lugar, aplica una gota de este aceite a una o varias bolas de algodón y colócalas en puntos estratégicos de manera que lleven el aroma tranquilizante por toda la casa.

Aceite de ladrón

½ parte de frankincienso
½ parte de clavel
Canela, unas cuantas gotas

Este aceite te ayudará a recuperar artículos perdidos o robados. En forma específica, se puede emplear para ayudarte a capturar un ladrón y que te devuelvan lo que se robó. O a veces, lo que te robaron vuelve en otras formas.

Aceite de la señora de la casa

2 cucharadas de cálamo aromático
2 onzas de aceite de oliva

Añade un pequeño pedazo de cinta de zapatos del diablo a cada botella de aceite que se haga. Mujeres que desean ser jefas en su casa emplean este aceite. Rocía en los zapatos o ropa del cónyuge o de tu enamorado para tener el control de sus acciones.

Aceite de limpieza

¼ parte de loto
¼ parte de frankincienso
¼ parte de ámbar
¼ parte de cedro

Ésta es una mezcla purificadora, de propósito general. Cuando se emplea en incienso o agua, tiene el propósito de limpiar el lugar de cualquier energía negativa o indeseable.

Aceite de mudanza

½ parte de rosa
½ parte de limón
Canela, unas cuantas gotas

Anima a los vecinos molestos a mudarse a otra parte en silencio y con rapidez.

Aceite de quédate en casa

¼ parte de pachuli
¼ parte de lavanda
¼ parte de cedro
¼ parte de pino
Alcanfor, unas cuantas gotas

Anima al enamorado a quedarse en casa al enfatizar las cualidades de comodidad y estabilidad además de causar sentimientos de lealtad y pasión hacia el enamorado o cónyuge.

Aceite de quédate en casa II

⅓ parte de pachuli
⅓ parte de almizcle
⅓ parte de aceite de fragancia de perfume Ángel

Este aceite inspira amores caprichosos a quedarse contigo, sea el gato de la familia que no quiere volver a entrar o los niños que se quedan tarde fuera.

Aceite de poder de círculo de piedras

¼ parte de romero
½ parte de frankincienso
¼ parte de vetiver

Emplea esta mezcla para expulsiones y protección de daños físicos y espirituales.

Aceite de protección

½ parte de albahaca
¼ parte de geranio
¼ parte de pino
Vetiver, unas cuantas gotas

Usa para protección contra todo tipo de ataque. También unge ventanas, puertas y otras partes de la casa para protegerla.

Aceite de protección II

½ parte de sándalo
½ parte de lirio

Igual que arriba.

Aceite de protección III

½ parte de romero
½ parte de frankincienso
Lavanda, unas cuantas gotas

Emplea para fortalecerte, recuperarte y limpiarte. Visualiza que se restaura un muro espiritual a tu alrededor para protección.

Aceite de protección contra ladrones

¼ parte de alcaravea
¼ parte de romero
¼ parte de junípero
¼ parte de saúco
Bergamota, unas cuantas gotas

Protege tu propiedad de los asaltos.

Aceite de protección del hogar

Usa partes iguales de lo siguiente:

Cincoenrama
Sándalo
Pétalos de gardenia
Verdolaga
Añade 2 cucharadas de aceite portador
Añade una pizca de sal bendita

Unge amuletos diseñados para proteger el hogar del mal. Rocía en la casa para alejar el mal y prejuicios.

Aceite de protección general

¼ parte de albahaca
¼ parte de geranio
¼ parte de pino
¼ parte de vetiver

Usa para protección contra todo tipo de ataques. También unge ventanas, puertas y todas las demás partes de la casa para protegerla.

Aceite de protección general II

⅛ de taza de aceite portador

1 parte de pachuli

1 parte de frankincienso

1 parte de mirra

1 cucharadita de mandrágora en fragmentos

3 cucharaditas llenas de sal de mar

Vierte ⅛ de taza de aceite portador en un frasco limpio esterilizado y añade los aceites como se enlistan arriba. Agita para mezclar y ponle etiqueta. Deja reposar por dos semanas, agitando todos los días. Luego cuela, pon en una botella oscura y almacena en el refrigerador.

Usa para protección contra todo tipo de ataques. También unge ventanas, puertas y todas las demás partes de la casa para protegerla.

Aceite de purificación

½ parte de naranja

¼ parte de limoncillo

¼ parte de limón

Lima, 2 a 3 gotas

Unge velas blancas y emplea en difusor para purificar el hogar.

Aceite de purificación de cítrico

⅓ parte de naranja (dulce)

⅓ parte de limoncillo

⅓ parte de limón

1 gota de lima

⅛ de taza de aceite portador, como oliva, almendra, girasol o jojoba.

Mezcla estos aceites esenciales y luego añade cáscara de naranja, limón o lima. También añade uno de los siguientes productos para fortalecer el poder del aceite: aguamarina, calcita azul o sal. Unge velas blancas con este aceite y quema en la casa para purificarla. *NO te lo pongas o salgas a la luz solar con este aceite en tu piel, ya que puede causar una quemadura muy grave.*

Aceite de recámara

¾ partes de rosa

¼ parte de ylang ylang

2 gotas de amaro

Diluye con agua y pon en un quemador. Aceites alternos: manzanilla, nuez moscada.

Aceite de sangre de gitano

2 partes de hojas de pachuli
1 parte de granos del paraíso
2 cucharadas de aceite portador

Se dice que hace que vecinos problemáticos se desarraiguen y marchen cuando se rocía en los pomos de sus puertas.

Aceite de tiempos felices

⅓ parte de naranja
⅓ parte de vainilla
⅓ parte de violeta

Cambia la suerte e invierte circunstancias desafortunadas. También ayuda a eliminar la pobreza.

Aceite de vesta

¼ parte de rosa
¼ parte de lirio
¼ parte de lavanda
Menta, unas cuantas gotas

Un aceite que inspira actividad doméstica y limpieza; una mezcla de expulsión de todos los días.

Aceite de Yemayá

½ parte de lavanda
½ parte de lirio del valle
Pepino, unas cuantas gotas

Yemayá es la gran Madre Océano. Ella bendice tu hogar, tranquiliza las discusiones y trae salud y bendiciones.

Aceite purificador

½ parte de salvia
½ parte de romero
Clavo, 2 a 3 gotas

Esta mezcla está diseñada para que se emplee antes de bendecir un espacio, objeto o persona para estar seguro de que no quede negatividad.

Aceite refrescante del aire

½ parte de lima

¼ parte de geranio

¼ parte de sándalo

Diluye 6 a 8 gotas de la mezcla con aceite portador y usa en un quemador de potpurrí.

Aceite vanvan de Luisiana

¼ de taza de aceite de oliva extravirgen

1 onza de hierba de limoncillo

Pizca de sal

Coloca en un frasco, cubre, y deja que quede en infusión en un lugar oscuro durante tres semanas. Agita el frasco todos los días y visualiza el poder que se vierte en el aceite. Cuela la hierba; añade más hierba, y repite hasta que el aceite tenga un fuerte aroma a la hierba. Cuando esté a tu gusto, cuela la hierba, embotella y almacena en un lugar oscuro. Emplea para ungir velas, entradas y amuletos para poder extra.

Aceites de dinero

Siempre he disfrutado de preparar aceites de dinero y prosperidad. Producen una sensación de abundancia y luz que no se pueden duplicar en cualquier otro momento. Al trabajar con la Ley de la Atracción cuando se preparan estas mezclas también te puede ayudar a dar a tu poción una energía que es conducente a proporcionarte lo que deseas.

La Ley de la Atracción es muy simple. Es el pensamiento de que *Similar Atrae Similar*. Mientras se hacen aceites de dinero, o cualquier trabajo mágico, en realidad, ¡la Ley de la Atracción puede ser la diferencia entre el fracaso y una poción en extremo potente!

Sólo piensa en lo que deseas que tu mezcla haga por ti mientras la preparas. Bloquea todos los pensamientos negativos. Si es necesario, deja de trabajar y vuelve a tu trabajo después si pensamientos negativos están entrando sigilosamente en tu trabajo.

Cree en ti mismo y en las infinitas posibilidades que puedes crear con sólo mantener un punto de vista positivo y podrías hacerlo realidad.

He aquí una situación que te ayudará a comprender cómo funcionará la Ley de la Atracción para ti:

Pones una olla de agua en la estufa para que hierva. Tienes suficiente agua en la olla y se enciende el elemento calentador. Entonces te puedes alejar, sabiendo que la olla en la estufa va a hervir. De nuevo, sabes que hervirá. Tomará tiempo, pero *sucederá*.

¡También la magia es así de simple! Cree en ti y en lo que estás haciendo. Da a conocer tu intención al universo; funcionará y sabes que así será.

Los siguientes aceites te ayudarán a manifestar lo que deseas. Recuerda que nada está escrito en piedra. Si necesitas adaptar un aceite para que se ajuste a tu situación, siéntete libre de hacerlo. Sólo recuerda escribirlo, de manera que si funciona para ti y puedas hacerlo de nuevo la siguiente vez que lo necesites.

Aceite ahorrativo
¾ partes de lavanda
¼ parte de albahaca

Si requieres la generosidad de amigos, parientes o completos extraños, su disposición a separarse de su dinero puede aumentar si este aceite se frota a escondidas en el dorso de sus manos.

Aceite como quieras

⅓ parte de flor de naranjo

⅓ parte de almizcle

⅓ parte de canela

El uso de este aceite traerá éxito en casi cualquier empresa, ya que está formulado para superar las objeciones de otros a tus planes. Justo antes de que presentes tu idea o plan, aplica este aceite a la punta de los dedos, las plantas de tus pies y la garganta, y otros estarán dispuestos a aceptar tu propuesta.

Aceite corona del éxito

⅓ parte de aceite portador de girasol

⅓ parte de naranja

⅓ parte de pimienta inglesa

Ámbar gris, unas cuantas gotas

Añadir brillo de oro a la botella

Se emplea para atraer el favor de los dioses y su ayuda en todos los aspectos de tu vida.

Aceite corona del éxito II

⅓ parte de sándalo

⅓ parte de flor de naranjo

$1/16$ parte de naranja

$1/16$ parte de madreselva

5 gotas de clavo

Detiene los chismes maliciosos y la envidia y da a quien lo usa el éxito que busca.

Aceite de alta conquista

Raíz de Juan el conquistador en la botella

½ parte de vetiver

½ parte de bergamota

Un medio muy poderoso para atraer riqueza, prestigio, amor y salud. Emplea con generosidad cuando se deseen cambios. Trabaja con bastante rapidez. Uno de los mejores aceites para un buen trabajo.

Aceite de arrayán brabántico

22 gotas de aceite de fragancia de arrayán brabántico

2 onzas de aceite portador

Atrae espíritus de prosperidad y ayudará a quien lo usa a reclamar deudas que le deban.

Aceite de atracción de clientes

¼ parte de rosa
¼ parte de pachuli
¼ parte de cedro
¼ parte de naranja
Se añaden bayas de saúco a la botella

Se emplea para atraer clientes y estabilizar el negocio. Unge velas verdes y préndelas en el lugar de negocio. O haz un incienso, rociador o lavado para el piso con el aroma.

Aceite del banco astral

¼ parte de flor de naranjo
¼ parte de sándalo
¼ parte de tonka
¼ parte de madreselva

Emplea cuando necesites hacer un retiro del "Banco Astral" para hacer que alcance para los gastos.

Aceite de bancarrota

2 cucharadas de cinta de zapatos del diablo en polvo
2 onzas de aceite de oliva
Opcional: añade un pequeño pedazo de cinta de zapatos del diablo a cada botella de aceite que se haga

Se dice que obliga a un enemigo a ir a la bancarrota y se emplea en rituales diseñados para obligar a alguien a gastar su dinero. Este aceite se unge en amuletos hechos para causar mala suerte, y se coloca en un negocio para hacer que el negocio vaya a la bancarrota.

Aceite de bendición de arrayán brabántico

¾ partes de arrayán brabántico
⅛ parte de naranja
⅛ parte de canela

Trae dinero a los bolsillos y bendiciones a la casa de quienes se ungen todos los días sus muñecas con este aroma legendario.

Aceite de bendición de dinero de casa

¾ partes de sándalo
¼ parte de flor de naranjo
Canela, unas cuantas gotas

Para que se te recompense con riquezas en abundancia antes de que termine el día, recita esta pequeña rima mientras aplicas el aceite en nuca y muñecas cada mañana después de tu baño de tina o regadera:

Frutas en la alacena,
Pan en la casa,
Dinero en el bolsillo,
Amor y amigos por aquí —Lady Rhea.

Aceite de dinero rápido

¼ parte de pachuli

¼ parte de cedro

¼ parte de vetiver

¼ parte de jengibre

Ponte, frota en las manos o unge velas verdes para atraer dinero. ¡También unge al dinero antes de gastarlo para asegurar que vuelva!

Aceite de dinero rápido II

½ parte de albahaca

¼ parte de jengibre

¼ parte de tonka

Aceite que ayuda a atraer dinero en efectivo cuando lo necesitas con rapidez para una necesidad.

Aceite de dinero rápido III

¼ parte de musgo de roble

¼ parte de cedro

¼ parte de pachuli

¼ parte de jengibre

Ésta es la receta de Scott Cunningham. Es sorprendente; ¡huele como dinero! Puedes ungir velas con ella y concentrarte en tu necesidad de dinero o recursos, o puedes ungir dinero en efectivo antes de gastarlo, o poner en un amuleto para hacer que el dinero vuelva a ti.

Aceite de dinero rápido IV

½ parte de madreselva

¼ parte de menta

¼ parte de verbena

¡Frota en tus manos o en tu dinero para atraer la prosperidad financiera!

Aceite de energía positiva

½ parte de sangre de draco
½ parte de sándalo
Frankincienso, unas cuantas gotas
Un poco de azafrán

Emplea para aumentar la energía en cualquier situación. También anula cualquier mala influencia del área.

Aceite de Ganesha

½ parte de sándalo
¼ parte de coco
⅛ parte de madreselva
⅛ parte de ámbar gris

Ganesha es el dios hindú del éxito y la riqueza que elimina todos los obstáculos que te impiden lograr tus sueños.

Aceite de entrevista

½ parte de ylang ylang
½ parte de lavanda
Rosa, unas cuantas gotas

Usa en entrevistas de todo tipo para calmarte. Ayuda a hacer una impresión favorable.

Aceite de Hetep

⅓ parte de mirra
⅓ parte de pimienta inglesa
⅓ parte de canela

Para atraer éxito y prosperidad.

Aceite de inspiración

¼ parte de pino
¼ parte de lirio
¼ parte de jacinto
¼ parte de clavo

Rocía en alguien que necesita un estímulo en su moral. Crea confianza e inspira a alguien a hacer buenas acciones. También causa que quien lo usa se vuelva más optimista y crea una atmósfera festiva.

Aceite de inspiración II

⅓ parte de jacinto
⅓ parte de ámbar gris
⅓ parte de vainilla

¿Necesitas una musa mística? ¿Alguien que te inspire cuando sientes que están bloqueando tu creatividad? Usa este aceite cuando enfrentes un trabajo que parezca abrumador.

Aceite de instigación

¼ parte de pimienta inglesa
¼ parte de vainilla
¼ parte de naranja
¼ parte de clavo

Este aceite ayuda a causar que otros se motiven para empezar nuevos proyectos. También ayuda al logro de empresas difíciles. Este aceite tiene cualidades leves de mando y coerción que tienen efectos positivos, pero usa con precaución.

Aceite de Juan el conquistador

½ parte de almizcle blanco
¼ parte de arrayán brabántico
¼ parte de sándalo
Verbena, unas cuantas gotas
Pachuli, unas cuantas gotas

Mantén una raíz de Jalapa en la botella maestra. Este aceite te hace imparable y te permite lograr lo que sea. Es un fuerte aceite de la buena suerte y es muy efectivo cuando se apuesta. Frota tus palmas con el aceite antes de dedicarte a juegos de azar. Para obtener dinero, amor y salud, unge una vela verde con Aceite de Juan el conquistador y enciéndela hasta que se acabe por completo. Este ritual funciona mejor si comienzas el domingo y repites todos los días durante siete días.

Aceite de jyoti

½ parte de galangal
½ parte de pachuli
Semillas de nasturtium (en polvo)

Emplea mientras tratas de superar el maleficio de un enemigo y para tener ganancias financieras. Purifica y protege cuando se rocía o se frota en la casa.

Aceite de la abundancia

⅛ parte de abeto
⅛ parte de mirra
⅛ parte de pachuli
⅛ parte de casia
⅛ parte de naranja
⅛ parte de clavo
⅛ parte de jengibre
⅛ parte de frankincienso

Para atraer plenitud y riquezas de todos tipos.

Aceite de la prosperidad

⅓ parte de frankincienso
⅓ parte de sándalo
⅓ parte de mirra
Se añaden bayas de pimienta inglesa a la botella

Este aceite está diseñado para atraer dinero en efectivo.

Aceite de la prosperidad II

¼ parte de aceite de fragancia de almendra
¼ parte de madreselva
¼ parte de arrayán brabántico
¼ parte de menta

Emplea este aceite para ungir tu cartera o bolsa.

Aceite de la prosperidad III

⅓ parte de aceite de fragancia de almendra
⅓ parte de bergamota
⅓ parte de pino

Trae abundancia, riqueza y éxito en cualquier empresa que desees.

Aceite de la prosperidad IV

¾ partes de heliotropo
⅛ parte de canela
⅛ parte de laurel

Este aceite atrae riquezas y abundancia en todos los niveles.

Aceite del Buda dorado

⅛ parte de fankincienso

½ parte de heliotropo

¼ parte de canela

⅛ parte de laurel

Emplea para ayudarte en hechizos de prosperidad. Cuando mezcles los aceites, concéntrate en confianza y éxito.

Aceite del chamán

⅓ parte de hierba Luisa

⅔ parte de rosa

Cedro, unas cuantas gotas

Emplea para ayudarte en hechizos de prosperidad. Cuando mezclas estas fragancias, concéntrate en la confianza y el éxito. Emplea al trabajar con magia chamánica.

Aceite del cuerno de la abundancia

½ parte de flor de manzano

¼ parte de cereza

⅛ parte de vainilla

⅛ parte de lima

Vetiver, unas cuantas gotas

Frota en la frente y el cuerpo para obligar a que suceda un cambio de fortuna. Este aceite ayuda al practicante a superar la pobreza y le trae gran riqueza y prestigio.

Aceite del cuerno de la abundancia (cornucopia)

½ parte de vainilla

⅛ parte de anís

⅛ parte de chabacano

⅛ parte de durazno

⅛ parte de naranja

Para gran riqueza y otras recompensas y estima, lleva un diseño conocido como el Segundo Pentáculo de Júpiter contigo en todo momento. Éste es uno de los muchos sellos mágicos de Salomón que se pueden encontrar en La Clave Mayor del Rey Salomón. El diseño es "apropiado para lograr gloria, honores, dignidades, riquezas y todo tipo de bien, junto con gran tranquilidad de mente". También se emplea para descubrir tesoros y alejar los Espíritus que presiden sobre ellos. Unge el talismán todos los domingos para que su poder mantenga la potencia. Protégelo al mantenerlo limpio con una tela blanca limpia.

Aceite del dinero

¼ parte de frankincienso

⅛ parte de heliotropo

⅛ parte de laurel

⅛ parte de naranja

⅛ parte de canela

¼ parte de sándalo

Para emplear en cualquier situación financiera para aumentar la fortuna. Emplea para ungir velas verdes para traer dinero a la casa.

Aceite del dinero y la suerte

¼ de onza de aceite de oliva

⅓ parte de nuez moscada

¼ parte de musgo de roble

¼ parte de bergamota

9 gotas de tierra

9 gotas de tonka

6 gotas de clavo

8 semillas de eneldo

Atrae dinero y suerte. Es importante que esta receta se siga en el orden de la lista. Asegúrate de tener tu mente en el lugar correcto cuando formules esta mezcla.

Aceite de imán del dinero

½ parte de pachuli

¼ parte de pino

¼ parte de laurel

Emplea para ayudarte en hechizos de prosperidad. Cuando mezcles los aceites, concéntrate en confianza y éxito.

Aceite de los tres reyes

½ parte de frankincienso

¼ parte de rosa

⅛ parte de mirra

⅛ parte de canela

Muchos talentos, dotes y favores pueden llegar a quien emplea este perfume. Aplícalo a las sienes para sabiduría, a la garganta para que puedas hablar con bondad y verdad, y a las muñecas para que las manos sean útiles para quienes tienen necesidad.

Aceite de más dinero

¼ parte de aceite de la prosperidad (página 157)
¼ parte de aceite para atraer el dinero (página 164)
¼ parte de aceite para abrir caminos (página 184)
¼ parte de aceite de éxito (página 168)

Éste es un aceite de todo propósito para usar cuando se busca trabajo, al apostar o al tomar decisiones sobre compras importantes. Empléalo para ungir tus palmas antes de trabajar o de una entrevista de trabajo. También unta tus tarjetas de crédito, boletos de lotería, etc. Trata de pensar en usos para él que te produzcan dinero. Y pon una gota del aceite en cada carta de negocios que envíes.

Aceite de neblina de dinero

¼ parte de frankincienso
¼ parte de flor de naranja
¼ parte de sándalo
$1/16$ parte de vetiver
$1/16$ parte de laurel
Nuez moscada, unas cuantas gotas

Frota en tu cartera para atraer cantidades fantásticas de dinero y proteger el efectivo que tengas a la mano.

Aceite de nueve frutas hindúes

Cantidades iguales de lo siguiente:

Sandía
Cereza
Naranja
Coco
Vainilla
Fresa
Almendra
Manzana
Kiwi (o Lima)

Este aceite produce contactos, prosperidad, armonía y nuevas asociaciones.

Aceite de pentáculos

¼ parté de sándalo
¼ parte de ámbar
¼ parte de clavo
¼ parte de loto

En el tarot, los pentáculos representan el plano material, dinero, posesiones y situaciones de satisfacción. Este aceite representa la riqueza de la Tierra. Emplea este aceite para obtener tesoros poco comunes y riqueza.

Aceite de prosperidad del tesoro de la caverna

½ parte de Sándalo
½ parte de Mirra
Pimienta inglesa, unas cuantas gotas
Canela, unas cuantas gotas

No es tanto un aceite para atraer dinero, pero ayuda al portador a tener un sentido de bienestar y salud. También disminuye la ansiedad por el dinero y el estilo de vida de uno.

Aceite del rey Salomón

⅓ parte de sello de Salomón
⅓ parte de hisopo
⅓ parte de rosa

Crea sabiduría e intuición. Hace que el usuario sea más psíquico que antes. Atrae la riqueza. Emplea en un ritual en que se pida que entren en acción tus facultades.

Aceite del rey Salomón II

Sello de Salomón (unas cuantas gotas) o hierba (1 o 2 hojas)
½ parte de rosa
½ parte de frankincienso

Esta mezcla es para lograr la sabiduría que tiene como resultado una mejoría de la riqueza.

Aceite de sígueme chico

½ parte de jazmín
½ parte de rosa
Vainilla, unas cuantas gotas
Pedazo de coral
Brillo de oro

La versión tradicional de este producto también contiene un pedazo de coral y brillo de oro. La favorecían las prostitutas de Nueva Orleans para asegurar que ganaran mucho dinero mediante el aprecio de sus pasiones.

Aceite de sígueme chico II

½ parte de jazmín
½ parte de opio

¡Un gran aceite para usar si trabajas por propinas!

Aceite de sueño de millonario

⅓ parte de sándalo
⅓ parte de arrayán brabántico
⅓ parte de canela
Durazno, unas cuantas gotas

Si deseas ser el bueno, y estás dispuesto a dar los pasos necesarios para lograr esa meta, comienza con el siguiente cántico de prosperidad cada mañana y úntate las sienes con una gota de aceite.

Para plata y oro, ahora rezo,
Envíame lo que necesito, no tardes,
Más y más, ahora pido,
Por esta recompensa, haré lo mejor.
Pilas de dinero a mis pies,
¡Ah!, sea bendita, es muy dulce —Lady Rhea.

Aceite de tiempos fáciles

⅔ partes de lila
⅓ parte de clavo
Pedazo de billete de dólar cortado en pedazos en la botella maestra.

Ayudará a quien lo usa a lograr todo lo que desea con más facilidad, sea dinero, bienes materiales, afecto o _____?

Aceite dominante

⅛ parte de pachuli
⅛ parte de mirra
¾ partes de sándalo

El aceite dominante se unta en innumerables monedas, que luego se dejan bajo la luz de la Luna Llena como declaración de que se requiere dinero.

Aceite Goona-Goona

⅓ parte de nuez moscada
⅓ parte de orris
⅓ parte de rosa
Pachuli, unas cuantas gotas

Emplea para crear una atmósfera de confianza y comprensión, para reducir tensiones cuando trates con personas difíciles. También es bueno para quienes trabajan en situaciones de venta al menudeo.

Aceite lluvias de oro

¼ parte de laurel
¼ parte de sándalo
¼ parte de frankincienso
¼ parte de mirra
Canela, unas cuantas gotas
Benjuí, unas cuantas gotas

Emplea cuando se desea riqueza a largo plazo.

Aceite no tiene Hanna

½ parte de rosa
½ parte de gardenia
Un seguro abierto en una botella

Se emplea para evitar que quien lo usa pierda cosas, en especial amor o dinero.

Aceite no tiene Hanna II

¼ parte de flor de manzana
¼ parte de sándalo
¼ parte de canela

Esta fórmula de vudú de Nueva Orleans para la suerte ha estado entre nosotros por un tiempo muy largo.

Aceite oro y plata

½ parte de madreselva
½ parte de jazmín
Coco, unas cuantas gotas

Emplea como perfume de diario para atraer alegría y emoción a tu hogar y a tu vida.

Aceite para atraer el dinero

¼ parte de pachuli

¼ parte de cedro

¼ parte de vetiver

¼ parte de jengibre

Éste es un aceite clásico para atraer dinero a ti.

Aceite para atraer el dinero II

½ parte de madreselva

¼ parte de jacinto

¼ parte de loto

Sándalo, unas cuantas gotas

Frota en el interior de tu cartera todos los días y unge las cuatro esquinas de todos los billetes que poseas una vez a la semana.

Aceite para atraer el dinero III

⅓ parte de mejorana

⅓ parte de limón

⅓ parte de eucalipto

Los gitanos enrollan sus billetes en lugar de mantenerlos planos. Se cree que es bueno untar el billete externo con este aceite para atraer el efectivo.

Aceite para cobrar deudas

¾ partes de arrayán brabántico

⅛ parte de vetiver

⅛ parte de chabacano

Para que te devuelvan la ayuda quienes has ayudado antes.

Aceite para llamar a la abundancia

⅓ parte de manzanilla

⅓ parte de cedro

⅓ parte de pachuli

Clavo, unas cuantas gotas

Puedes emplear este aceite para ungir velas. Coloca una pequeña cantidad en la esquina derecha de billetes y ponlos en tu cartera. O mantén una piedra ungida con el aceite para atraer abundancia a tu vida.

Aceite persuasivo

4 onzas de base clara

Añade partes iguales de lo siguiente:

Verbena

Jazmín

Rosa

Lila

Mirra

Lavanda

Violeta

Madreselva

Gana poder para ti. Emplea este aceite para cambiar las cosas de manera que estén a tu favor. Obligará a otros a darte lo que deseas. Para inducir a alguien a pagarte el dinero que te debe, escribe el nombre del deudor y la cantidad de dinero que se debe en una hoja de pergamino. Colócala bajo una vela púrpura, la cual habrás preparado con Aceite Persuasivo. Prende la vela durante 15 minutos todos los días hasta que se pague la deuda.

Aceite shi shi

⅓ parte de clavo

⅓ parte de laurel

⅓ parte de Angélica

Atrae riqueza y supera pobreza. Se supone que trabaja con gran rapidez. Muy útil para quienes necesitan un golpe de suerte. Unge una vela verde y enciéndela siete noches durante quince minutos. También puedes ungir un billete de dólar y mantenerlo doblado en tu cartera.

Aceite shi shi II

¾ partes de clavel

¼ parte de menta

Produce resultados rápidos en hechizos para superar la pobreza o aumentar la riqueza; también puede ayudar en descruces o atraer cosas a ti.

Aceite vigorizador

¼ parte de toronja

¼ parte de mandarina

¼ parte de tangerina
¼ parte de geranio

Para aumentar tu fuerza y resistencia tanto en el aspecto emocional como físico. Ayuda a sacar, concentrar y ampliar tus mejores cualidades.

Aceite yo puedo, tú no
¼ parte de palma de Cristo
¼ parte de rosa
⅛ parte de magnolia
⅛ parte de narciso
⅛ parte de flor de manzana
⅛ parte de glicina

Emplea este aceite cuando un enemigo trata de "disminuirte" en alguna forma (quitarte el trabajo, pareja o que está esparciendo chismes sobre ti, etc.). Rocía este aceite en un objeto que deba tocar. Después de que se prepare el amuleto, no dediques ningún pensamiento o energía más en el problema. Se resolverá en su momento en una forma que es para tu ventaja y beneficio.

Bouquet de bergamota y menta
½ parte de limón
½ parte de limoncillo
Menta, unas cuantas gotas

La bergamota tiene una fragancia a menta y limón, y se emplea en dinero y aceites de prosperidad. Existe una enorme cantidad de versiones sintetizadas que no se deberían emplear. En lugar de eso, haz este bouquet.

Bouquet de musgo de roble
¾ partes de vetiver
¼ parte de canela

Usa para atraer dinero. Diluye y usa en ti o frota en el dinero antes de gastarlo.

Bouquet tonka
Benjuí
Unas cuantas gotas de tintura de vainilla (extracto)

Se ha empleado por largo tiempo para crear vainilla artificial, que se vendió en todas partes en Estados Unidos hasta que se determinó que era un riesgo de salud. Este aroma cálido y parecido a la vainilla se puede incluir en recetas de dinero. Trata de crear tu propio aroma con la receta anterior.

Trabajo y asuntos de finanzas

Aceite Arabka Soudagar

¾ partes de frankincienso

¼ parte de tonka

Lágrima de frankincienso en la botella

Emplea siempre que el negocio es malo. Se dice que trae suerte y ganancia financiera.

Aceite como quieras

⅓ parte de flor de naranjo

⅓ parte de almizcle

⅓ parte de canela

Emplea esto para tener éxito en casi cualquier empresa. Se formuló para superar las objeciones de otros a tus planes. Aplícalo a las puntas de los dedos, plantas de los pies y garganta justo antes de que presentes ideas o planes, y otros estarán dispuestos a aceptar tus propuestas.

Aceite de chango macho

¼ parte de frankincienso

¼ parte de aceite de fragancia de coco

⅓ parte de almizcle

¼ parte de canela

⅛ parte de flor de manzana (opcional)

Una fragancia tonificante diseñada en especial para atraer salud. Esta mezcla se creó en honor al poderoso dios de la Santería, Chango. Sus especialidades son negocios, baile, romance y finanzas.

Aceite de empoderamiento

½ onza de aceite portador (escoge uno de la lista de aceites portadores)
1 pizca de albahaca morada
1 pizca de mirra
1 pizca de canela

Pon las hierbas en el aceite portador y dejar reposar en un lugar oscuro durante dos semanas empezando la Luna Nueva. Agita todos los días. En la Luna Llena, cuela con filtro para café a una botella transparente. Coloca las hierbas en una composta en el jardín. Diseñado para fomentar el empoderamiento personal.

Aceite de entrevistas de trabajo

½ parte de ylang ylang
½ parte de lavanda
Rosa, 2 a 3 gotas

Ponte para las entrevistas para tranquilizarte y hacer una impresión favorable.

Aceite de éxito

¾ partes de bouquet de bergamota y menta
⅛ parte de albahaca
⅛ parte de pachuli
1 pizca de canela molida

Unge las manos, la caja registradora, las tarjetas de presentación, o la puerta del frente del negocio para aumentar el flujo de efectivo.

Aceite de éxito II

¼ parte de naranja
¼ parte de vainilla
¼ parte de durazno
¼ parte de rosa
Pimienta inglesa, unas cuantas gotas

El Dios de la Victoria debe sonreír a cualquiera que frote este aceite en billetes, monedas y recipientes de dinero. Úsalo como perfume de manera que tus proyectos en todas las áreas de tu vida prosperen, florezcan y den fruto.

Aceite de éxito en los negocios

¾ partes de bouquet de bergamota y menta
⅛ parte de albahaca

⅛ parte de pachuli
1 pizca de canela molida

Mezcla los aceites, luego añade la pizca de canela. Unge las manos, la caja registradora, las tarjetas de presentación o la puerta del frente del lugar de trabajo para aumentar el flujo de dinero.

Aceite de la memoria

¼ parte de clavo
¼ parte de cilantro
¼ parte de romero
¼ parte de salvia

Para aumentar la concentración, la claridad y la retención.

Aceite de la pantera negra

½ parte de orris
¼ parte de vainilla
⅛ parte de clavo
⅛ parte de lavanda

Otorga confianza en tus habilidades. Este aceite es bueno en particular para vendedores.

Aceite del camino a la riqueza

¾ partes de bouquet de tonka
¼ parte de vetiver

Usa para atraer riqueza en todas las formas. También unge velas y enciéndelas mientras visualizas la abundancia que buscas.

Aceite del camino a la riqueza II

⅓ parte de jazmín
⅓ parte de vainilla
⅓ parte de loto
Frankincienso, 3 gotas
Nuez moscada, 3 gotas
Pimienta inglesa, 3 gotas
Canela, 3 gotas

Este aceite se usa para atraer riquezas, en especial cuando se usa en juegos de bingo, en la pista de carreras o mientras te permites cualquier juego de azar.

Aceite del dulce éxito

Emplea partes iguales de los siguientes aceites:

Flor de naranjo
Jazmín
Frankincienso
Arrayán brabántico
Gardenia
Laurel
Sándalo
Nuez moscada

Para ayudarte a que se haga el trabajo y tener éxito en cualquier empresa que desees.

Aceite de los nueve misterios

⅔ partes de naranja
⅓ parte de violeta
Gaulteria, unas cuantas gotas

Excelente para superar todos los problemas domésticos y de negocios. Rocía alrededor de una empresa o casa como bendición. Quema como incienso de bendición o atracción, o unta velas con el aceite para producir un cambio rápido en la fortuna.

Aceite de poción para el empleo

Partes iguales de todos:

Sándalo
Pachuli
Clavo
Frankincienso
Nuez moscada

Unge muñecas, palmas de manos y pies antes de una entrevista. *No es para consumo interno.*

Aceite de trabajo

⅓ parte de heliotropo
⅓ parte de jacinto
⅓ parte de pachuli
Canela, unas cuantas gotas

Un aceite para ungirse en forma personal o ritual empleado para acelerar el proceso de búsqueda de trabajo y asegurar su éxito.

Aceite de Wall Street

½ parte de sándalo
¼ parte de almizcle
⅛ parte de vetiver
⅛ parte de rosa

Este aceite es para ayudar a posibles inversionistas a lograr sus sueños. Te ayuda a tomar las decisiones correctas.

Aceite flama del deseo

⅓ parte de canela
⅓ parte de galangal
⅓ parte de laurel

Emplea para volverte irresistible o para hacer que alguien desee lo que sea. Bueno para un vendedor.

Aceite gitano de oro

½ parte de almizcle
½ parte de lirio del valle
Magnolia, unas cuantas gotas
Madreselva, unas cuantas gotas

Ayuda a fomentar el trabajo continuo para trabajadores independientes o para remediar problemas de empleo.

Aceite gotas de memoria

¼ parte de romero
¼ parte de vainilla
¼ parte de canela
¼ parte de clavo
Miel, unas cuantas gotas

Mejora los procesos mentales. Maravilloso para estudiantes y personas que trabajan con una gran población. Puede ayudarte a recordar nombres, número y ubicaciones.

Aceite hindú azul

½ parte de sándalo
⅛ parte de canela
⅛ parte de benjuí

⅛ parte de lavanda
⅛ parte de flor de naranjo

Ayuda con el flujo de efectivo.

Aceite Ju Ju

¼ parte de mirra
¼ parte de mimosa
¼ parte de jazmín
¼ parte de pachuli

Un aceite en extremo poderoso empleado para cruzar enemigos y descruzar clientes. Un artículo muy protector. Además, cuando se usa, hará que la persona sea atrayente, encantadora y seductora. Es un aceite protector que ayuda a proteger de maldiciones a quien lo usa.

Aceite maestro

½ parte de arrayán brabántico
½ parte de almizcle
Unos cuantos granos de polvo de sangre de draco

El aceite de un hombre para amor y suerte. Aceite popular de conjuros en todos los asuntos de amor, también produce suerte y poder. Unge una vela café con una gota o dos del aceite. O frota el aceite en las palmas de tus manos cuando vayas a importantes reuniones de negocios o en cualquier otra situación donde debas ser dueño de ti mismo y tener confianza.

Aceite Nuada

¼ parte de frankincienso
⅛ parte de canela
½ parte de jazmín
⅛ parte de lirio del valle
Clavo, unas cuantas gotas
Rosa, unas cuantas gotas
Tira de corteza de sauce en la botella (opcional)

Se emplea para venerar o invocar al Dios. Se emplea en magia de dinero para producir prosperidad. Este aceite es una mezcla solar para todo propósito con la vieja energía celta.

Aceite para arreglar al jefe

10 gotas de almizcle

Chile en polvo, una pizca

Tabaco, una pizca

Papel periódico pulverizado

Suficiente aceite para cubrir (yo uso girasol)

Deja que el frasco repose en un lugar oscuro durante siete días. Agita cada tercer día. Cuela. Rocía en la oficina de tu jefe en el trabajo y tu propia área de trabajo para hacer que te deje trabajar en paz. Ayuda a detener el acoso y, cuando se utiliza en la vida privada, causará que otros traten a quien lo usa con más consideración.

Aceite para asegurar un trabajo

¼ parte de heliotropo

¼ parte de almizcle

¼ parte de pachuli

¼ parte de ámbar gris

Algalia, unas cuantas gotas

Desarrollado en especial para llegar a una respuesta final de los esfuerzos por obtener empleo. Se emplea en la solicitud o currículum para asegurar una entrevista. Cuando se usa como aceite personal para la entrevista, puede tener como resultado una oferta de empleo.

Aceite pirámide del empleo

¼ parte de madreselva

¼ parte de gardenia

¼ parte de almizcle

5 gotas de canela

Este aceite está diseñado para encontrar un trabajo nuevo o tener un ascenso. También es maravilloso para trabajadores independientes y autónomos que buscan trabajo, clientes, socios de negocios, contactos, etcétera.

Suerte y aspectos legales

Aceite afortunado

⅓ parte de albahaca
⅓ parte de arrayán brabántico
⅓ parte de verbena

Este aceite te ayuda a convertir la mala suerte en buena. Asegúrate de usarlo cuando salgas para cualquier juego de azar. También se puede usar como perfume de todos los días.

Aceite afortunado II

½ parte de aceite de oliva
¼ parte de mirra
¼ parte de jazmín

Unge los pies antes de ponerte los zapatos.

Aceite afortunado III

⅓ parte de tomillo
⅓ parte de anís
⅓ parte de menta
Aceite de oliva, unas cuantas gotas

Añade una ramita de menta a la botella para efectividad extra.

Aceite chino de la suerte

⅓ parte de flor de naranjo
⅓ parte de jazmín
⅓ parte de ylang ylang
Aceite de perfume Rain, unas cuantas gotas (opcional)

El aceite chino de la suerte es una mezcla favorita para mejorar suerte, riqueza y armonía.

Aceite de atracción

½ parte de lavanda

¼ parte de arrayán brabántico

⅛ parte de rosa

⅛ parte de limón

Almendra, unas cuantas gotas

Para atraer lo que sea hacia ti.

Aceite de atracción II

½ parte de naranja

¼ parte de frankincienso

⅛ parte de laurel

⅛ parte de mirra

Una fuerza poderosa para atraer dinero, suerte o amor a quien lo usa como un perfume.

Aceite de buena suerte

1 cucharada de ajenjo seco

3 cucharaditas de nuez moscada molida

½ cucharadita de raíz de mandrágora en polvo

13 gotas de aceite de fragancia de pino

¼ de taza de aceite de oliva

Trae buena suerte, en especial en cualquier trabajo psíquico, viaje astral o adivinación.

Aceite de Elegua

¼ parte de madreselva

¼ parte de aceite de fragancia de coco

¼ parte de canela

⅛ parte de sándalo

⅛ parte de vetiver

Elegua es el gobernante de nuestros caminos en la vida. Es el cuidador de las llaves a las puertas del destino. Abre caminos y da gran éxito cuando está justificado. Es un protector de tu camino. Si tu camino está cerrado, entonces emplea este aceite en velas blancas para abrir tu camino o decirte por qué está cerrado de manera que puedas aprender la lección y crezcas por tu experiencia.

Aceite de favores especiales

¼ parte de lima
¼ parte de clavel
¼ parte de gardenia
¼ parte de gaulteria

Atrae espíritus de la naturaleza amistosos. Unge el altar o la habitación para tener la mejor suerte y éxito.

Aceite de juez amistoso

½ parte de clavel
¼ parte de anís
¼ parte de canela

Emplea cuando te enfrentes a cortes y abogados. Añade al agua del baño durante tres días antes de una cita en la corte. Frota en brazos, pecho y garganta la fecha del juicio. Frota en dedos antes de firmar papeles legales.

Aceite de Juan el conquistador

½ parte de violeta
½ parte de lavanda
3 gotas de junípero
3 gotas de heliotropo

Produce resultados favorables en todos tus proyectos.

Aceite de juez justo

Hoja de violeta en la botella
¼ parte de mirra
¼ parte de pachuli
½ parte de palo santo

Se usa en la corte cuando la justicia está en equilibrio y se necesita algo que incline la balanza a tu favor.

Aceite de juez justo II

¼ parte de pachuli
¼ parte de sándalo
¼ parte de jacinto
¼ parte de sangre de draco

Otra preparación para proteger contra resultados negativos en casos de corte. Se dice que garantiza favor, compasión e imparcialidad desde el banquillo del juez.

Aceite de la corte

Aceite portador de aceite de cártamo
¾ partes de bergamota
¼ parte de pimienta inglesa
Pedazo de raíz de Juan el conquistador

Se cree que te lleva por los procedimientos legales con serenidad y de vuelta al mundo libre cuando se concluyen. Aceite para ungir puro; sólo para uso externo.

Aceite de la dama de la suerte

½ parte de frangipani
½ parte de almizcle
Vainilla, unas cuantas gotas
Clavel, unas cuantas gotas
Canela, unas cuantas gotas

Para que la buena suerte te sonría en las cartas, los números o los caballos, asegúrate de que el dinero que apuestes se frote con este aceite antes de hacer la apuesta. También se puede emplear como perfume o frotarse en el dorso de las manos cuando se participa en juegos de azar.

Aceite del afortunado

¼ parte de vainilla
¼ parte de canela
¼ parte de fresa
¼ parte de sandía

Favorito entre los jugadores que creen que atrae vibraciones favorables. Se emplea para ungir raíces de Juan el conquistador del Sur, se dice que 7 gotas una vez a la semana los mantiene sanos y activos.

Aceite de la madama

½ parte de jazmín
¼ parte de durazno
¼ parte de rosa

El trabajo de la madama es corregir todo, proporcionar protección, evitar todo daño y proporcionar riqueza y buena suerte en el hogar. El Espíritu de Madama es un feroz protector de todos los que están bajo su cargo.

Aceite de la mano amiga

½ parte de vainilla

¼ parte de gaulteria

⅛ parte de jazmín

⅛ parte de adelfa

Narciso, unas cuantas gotas

Emplea en circunstancias de corte. Traerá paz a un matrimonio tormentoso o ayudará en cualquier tipo de problemas domésticos o del hogar.

Aceite de la raíz de la suerte

⅓ parte de canela

⅓ parte de benjuí

⅓ parte de vetiver

Raíz de vetiver, completa.

Éste es un aceite afortunado que es efectivo en especial cuando se añade a una bolsa de hechizos herbal.

Aceite de la vela de deseos de siete nudos

⅓ parte de lila

⅓ parte de vainilla

⅓ parte de lirio del valle

Este aceite es para hacer que los deseos se hagan realidad. Se creó para las velas que tienen siete nudos o bolas con el fin de hacer un deseo específico en cada nudo. Para usar, unge cada nudo con este aceite, enciende la vela, deja que se consuma un nudo, luego apágala. Repite esta acción todos los días o noches hasta que se termine tu vela.

Aceite de la vida afortunada

½ parte de canela

¼ parte de manzanilla

¼ parte de peonia

Añade un tonka a cada botella

Para ganar el favor de las Hadas y para darte ayuda en cualquier juego de azar.

Aceite del caso en la corte

½ parte de jacinto
½ parte de lirio del valle
Lavanda, unas cuantas gotas

Esta mezcla está diseñada para proteger al usuario contra la ira de la corte y lograr una sentencia que sea favorable. Se emplea como aceite para ungir para velas o se emplea como perfume.

Aceite del día en la corte

⅓ parte de canela
⅓ parte de anís
⅓ parte de sándalo
Pétalos de clavel, en botella maestra
Raíz de galangal, en botella maestra

Para asegurar una audiencia justa e imparcial.

Aceite del éxito

2 partes de sándalo en polvo
2 partes de cincoenrama
2 partes de gotas de frankincienso
1 parte de canela en polvo
1 parte de cáscara de limón rayada o flores de limón

Usa 2 cucharadas de esta mezcla en 2 onzas de aceite.

Opcional: Añade un pequeño pedazo de raíz de Juan el conquistador a cada botella de aceite que hagas. Trae suerte en cualquier empresa que desees. Deja que la raíz quede en infusión durante dos semanas empezando con la Luna Nueva. En la Luna Llena cuélalo y pon en una botella limpia usando filtro de café. Conserva en un lugar fresco y oscuro.

Aceite del imán afortunado

½ parte de canela
½ parte de lavanda
Magnetita en la botella

Excelente aceite general para desarrollar la buena suerte y cambiar mala suerte en buena.

Aceite del nueve afortunado (misterio del nueve)

Cantidades iguales de todos:

Almizcle

Bergamota

Malva rosa

Cítrico (naranja, limón)

Sándalo

Pimienta inglesa

Frankincienso

Verbena

Mirra

Bendice tu negocio o casa para superar problemas domésticos o de negocios. También funciona como atrayente. O unge velas con el aceite para lograr el éxito, para causar un cambio firme en la fortuna.

Aceite del número afortunado

½ parte de flor de naranjo

½ parte de almizcle

Cuando compres boletos de lotería, escojas una carta de bingo o elijas un número de cualquier tipo para propósitos de apuestas, unge las puntas de los dedos de ambas manos antes de escoger el boleto, la carta o el número.

Aceite del tesoro del dragón

⅛ parte de clavo

⅛ parte de pachuli

½ parte de frankincienso

⅛ parte de pino

⅛ parte de bergamota

Te ayuda a encontrar oportunidades y recursos.

Aceite del trece afortunado

½ parte de aceite de fragancia de coco

¼ parte de aceite de fragancia de almendra

¼ parte de sándalo

Elimina todas las implicaciones desfavorables del trece con este aceite. También elimina lo negativo y acentúa los aspectos positivos de tu vida.

Aceite de magnetita

¼ parte de canela
¼ parte de rosa
½ parte de malva rosa
Una magnetita en la botella maestra con limaduras de hierro.

Similar al aceite imán, esta mezcla atrae todo tipo de buena suerte a quien lo usa.

Aceite de oro para suerte en el bingo

⅓ parte de jazmín
⅓ parte de ámbar gris
⅓ parte de naranja

Aplica este aceite en todos los amuletos de la suerte que desees llevar.

Aceite de suerte en el trabajo

¼ parte de madreselva
¼ parte de jazmín
⅛ parte de ámbar
$1/16$ parte de clavo
$1/16$ parte de pimienta inglesa
Canela, unas cuantas gotas

Te ayuda a estar en el lugar correcto en el momento correcto cuando se trata de empleo.

Aceite de suerte en la lotería

¼ parte de flor de naranjo
¼ parte de rosa
¼ parte de jazmín
¼ parte de almizcle

Un aroma preparado en forma especial para ungir boletos para aumentar su probabilidad de ganar.

Aceite de suerte en los negocios

⅓ parte de madreselva
⅓ parte de almizcle oscuro
⅓ parte de flor de naranjo

Coloca una vela verde cerca de la entrada a tu tienda, úngela con el aceite y enciende durante las horas de actividad.

Aceite de suerte rápida

½ parte de aceite de pachuli

¼ parte de clavel

¼ parte de mimosa

Emplea para convertir mala suerte en buena con rapidez.

Aceite de suerte rápida II

½ parte de pachuli

½ parte de rosa

Junípero, unas cuantas gotas

Emplea para ayudarte en hechizos de prosperidad. Cuando mezcles estos aceites, concéntrate en confianza y éxito.

Aceite de tiempos felices

⅓ parte de naranja

⅓ parte de vainilla

⅓ parte de violeta

Cambia la suerte e invierte circunstancias desafortunadas. También ayuda a eliminar la pobreza.

Aceite especial #20

⅓ parte de gardenia

⅓ parte de jazmín

⅓ parte de lirio del valle

Cuando tu suerte en verdad "apesta", ¡necesitas aceite especial #20!

Aceite hoodoo del juez justo

½ parte de clavel

¼ parte de anís

¼ parte de canela

Emplea 2 cucharadas de esta mezcla en 2 onzas de aceite portador. Añade un pedazo de raíz de galangal a cada botella. Pon un poco en el agua del baño antes de cualquier confrontación. También emplea como perfume en tus puntos de pulso. Lleva una raíz de galangal, raíz de serpentaria o tabaco indio en una pequeña bolsa ungida con el aceite. Da este aceite mayor fuerza con aceite van van. Yo también llevaría castaño de indias preparado con aceite van van.

Aceite imán

½ parte de rosa

¼ parte de frankincienso

⅛ parte de mirra

⅛ parte de canela

Añade limaduras de hierro y un pequeño imán a la botella.

Para ungir imanes o usar para desarrollar la buena suerte y cambiar la mala suerte en buena.

Aceite jockey club

½ parte de bergamota

¼ parte de aceite de fragancia de coco

⅛ parte de clavo

⅛ parte de ylang ylang

Brezo, unas cuantas gotas

Se emplea para ungir talismanes de la suerte o cartas antes de enviarlas por correo. También se emplea para descruzar.

Aceite místico de buena suerte

¼ parte de Juan el conquistador

¼ parte de galangal

¼ parte de canela

¼ parte de cebolla albarrana

Una mezcla muy espiritual que te ayuda a recibir sueños proféticos.

Aceite para abrir caminos

⅓ parte de sándalo

⅓ parte de madreselva

⅓ parte de vainilla

Gardenia, unas cuantas gotas

Este aceite elimina problemas y obstáculos en tu camino. Abre el camino al éxito y mejora tu suerte en asuntos cotidianos. Un buen aceite estándar para tener a la mano.

Aceite para abrir caminos II

⅓ parte de sándalo

⅓ parte de madreselva

⅓ parte de vainilla

Clavel, unas cuantas gotas

La meta de este aceite es ser objetivo y proporcionar un milagro o suerte extra cuando se necesita.

Aceite para ganar en la corte

⅓ parte de frankincienso

⅓ parte de heliotropo

⅓ parte de almizcle

Facilita tu camino a través del sistema de justicia usando este aceite como perfume siempre que consultes abogados o vayas a la corte ante el juez o el jurado.

Aceite para ganarse al jurado

½ parte de Hortensia

¼ parte de Juan el conquistador

¼ parte de galangal

Asafétida, sólo una pizca

Un aceite tradicional para rociar en los pies de un juez o en el estrado del jurado para ayudar en un caso de corte. Unge una vela púrpura con esto para ayudar en problemas de leyes.

Aceite para ganarse al jurado II

¼ parte de frankincienso

¼ parte de canela

¼ parte de mirra

¼ parte de benjuí

Heliotropo, unas cuantas gotas

Cuando enfrentes procedimientos legales, puede ser ventajoso tener una copia del Salmo 20 con tinta de Sangre de Paloma en papel pergamino. Lleva el talismán a la corte todos los días, ungiendo las esquinas con esta mezcla antes de que empiece el juicio para girar las ruedas de la justicia a tu favor.

Aceite para mantenerse alejado de la ley (espantapolicía)

A 2 onzas de aceite portador añade el contenido de una cápsula de vitamina E y partes iguales de las siguientes hierbas:

Anís

Sangre de draco

Palos de orozuz (no el dulce)

Polvo de cuerno de venado

Deja reposar durante varias semanas y agita todos los días. Cuela en paño de queso y embotella. Te ayuda a volverte invisible para la ley.

Aceite para salir de la cárcel

¼ parte de sangre de draco

½ parte de aceite de fragancia de coco

¼ parte de nuez moscada

Haz que la persona que trabaja contigo ponga este aceite en todo el papeleo que se debe firmar. Servirá sólo un pequeño toquecito en el dedo y luego tocar todo el papeleo.

Aceite rojo de la suerte rápida

¼ parte de canela

¾ partes de vainilla

Gaulteria, unas cuantas gotas

Para traer suerte a cualquier situación; funciona en extremo bien en cambiar mala suerte por buena con gran rapidez.

Aceite van van

¼ parte de vainilla

¼ parte de vetiver

½ parte de limón

Rosa, unas cuantas gotas

Trae suerte (sea en amor o dinero) con rapidez para cualquier trabajo.

Aceite van van II

¼ de taza de aceite de oliva

1 onza de limoncillo

Pizca de sal

Emplea para ungir velas, entradas y amuletos para poder extra. Deja que el limoncillo se impregne en el aceite de oliva durante seis semanas. Agita cada tercer día. Cuela con filtro de café y pon en una botella de vidrio limpia, etiqueta y guarda en un lugar oscuro.

Aceite van van III

¾ partes de vainilla

¼ parte de rosa

Aceite de fragancia de almendra, unas cuantas gotas

Hay muchos, muchos usos para este aceite. Unge amuletos, sellos o talismanes con él para aumentar sus poderes. Aplica en las velas para más potencia, en particular las Velas de Deseos de Siete Nudos, bajo la cual has colocado tu deseo secreto escrito en papel pergamino. Si se emplea en brazos y hombros, el aceite atrae interés y amor. Para descruce, emplea 7 gotas en el baño durante siete días consecutivos.

Apuestas

Aceite de Argel

⅓ parte de vainilla

⅓ parte de pachuli

⅓ parte de canela

Para atraer romance, y suerte en las apuestas.

Aceite de Chipre

¾ partes de vainilla

¼ parte de canela

Frankincienso, unas cuantas gotas

Frota en las manos antes de jugar para suerte y para garantizar que ganes. También produce otras ganancias financieras. Es muy efectivo cuando tus manos en verdad entran en contacto con los materiales de juego (dados, cartas, etcétera).

Aceite de hierbas

½ parte de albahaca

½ parte de orégano

¼ parte de salvia

⅛ parte de tomillo

⅛ parte de limón

Trae buena suerte en el juego y aumenta la memoria de cualquiera que lo use. También es común usarlo como aceite de salud.

Aceite de la fortuna

¼ parte de frankincienso

¼ parte de limón

½ parte de lavanda

Hierba de limón, unas cuantas gotas

El aceite de la fortuna es bueno en especial para ungir amuletos de la suerte, y velas amarillas y anaranjadas de la suerte. También se dice que dispersa las energías de la suerte a tu favor cuando se frota en las palmas de las manos antes de tomar parte en juegos de azar. Una práctica puertorriqueña común es comprar un boleto de lotería y colocarlo bajo un candelero que tenga una vela amarilla que no gotee ungida con este aceite. Las velas se deben sostener en la mano y ungirse de la mitad de la vela hacia arriba y luego de la mitad hacia la base, ya que esto hace referencia en forma simbólica al deseo de suerte del Cielo y a las energías que se manifiestan en la Tierra.

Aceite de la prosperidad

¼ parte de sándalo

¼ parte de loto

¼ parte de almizcle oscuro

¼ parte de clavel

Loto, unas cuantas gotas

Muy similar al aceite del camino a la riqueza. Atrae y da suerte y éxito en tratos de negocios y en juegos de apuestas.

Aceite de la suerte del jugador

½ parte de canela

¼ parte de clavel

¼ parte de anís

Coloca un pequeño pedazo de raíz de Juan el conquistador en cada botella de aceite. Unge amuletos diseñados para traer suerte en los juegos. O frótalo en las palmas antes de jugar. Unge cada esquina de tu carta de bingo antes de que empiece el juego. Unge tus zapatos antes de ir a la pista de carreras.

Aceite del círculo de ganadores

¼ parte de vainilla

¼ parte de almizcle

¼ parte de gardenia

¼ parte de narciso

Este aceite se diseñó para algo más que sólo los juegos del apostador ocasional. Esta mezcla es para la persona que tiene un sueño de hacer las cosas a su manera y pegarle en grande.

Aceite del jugador

½ parte de lirio del valle

¼ parte de sándalo

⅛ parte de mimosa

⅛ parte de canela

Rosa, unas cuantas gotas

Emplea para ayudarte en hechizos de prosperidad. Cuando mezcles estos aceites, concéntrate en confianza y éxito.

Aceite del sueño benéfico

¾ partes de lavanda

¼ parte de ylang ylang

Almizcle, unas cuantas gotas

Este aceite está diseñado para ayudarte a jugar a la lotería. Coloca 7 gotas en un recipiente lleno de agua y colócalo en la mesa de noche antes de que vayas a dormir. Pide a tus Guías o Guías Espirituales que te ayuden a encontrar números afortunados mientras duermes.

Aceite del talismán de la suerte del jugador

½ parte de rosa

¼ parte de clavel

¼ parte de chabacano

Emplea una botella de una onza o más grande cuando mezcles este aceite, ya que necesitarás espacio extra para añadir estos ingredientes adicionales: flores de caléndula, raíz de vetiver, flores de manzanilla, brillo de oro, una moneda de centavo, una pizca de limaduras de hierro y un billete de dólar de papel (opcional). Frota en manos y usa para ungir todos los talismanes de la suerte.

Aceite de matorrales de Jamaica

⅓ parte de pachuli

⅓ parte de vetiver

⅓ parte de limón

Jazmín, unas cuantas gotas

Puede ayudar a quien lo usa en cualquier juego o inversión. Atrae la buena suerte en todas las áreas de la vida. Emplea con cuidado.

Aceite de tres cuchillos

Igual que el aceite de tres jotas.

Aceite de tres jotas

¼ parte de galangal

¼ parte de vetiver

¼ parte de pachuli

¼ parte de cardamomo

Unge las palmas, la frente y una vela con este aceite antes de cualquier aventura de juego.

Aceite de tres jotas II

⅓ parte de clavo

⅓ parte de vetiver

⅓ parte de canela

El más afortunado de todos los aceites para buena suerte. Los jugadores de Nueva Orleans siempre lo frotan en sus manos antes de abrir un mazo.

Aceite diez platas

⅓ parte de clavo

⅓ parte de pino

⅓ parte de lila

½ onza de aceite portador

Para atraer lo que uno necesita, también bueno para jugadores; para causar un aumento en el salario.

Aceite gitano de oro

½ parte de orris

¼ parte de frankincienso

⅛ parte de vetiver

⅛ parte de sándalo

Bergamota, unas cuantas gotas

Brillo de oro

Para suerte firme en finanzas o juego.

Aceite haitiano de jugador

⅓ parte de pachuli
⅓ parte de limón
⅓ parte de jazmín

Emplea para terminar incluso con un torrente de la peor suerte. Muy apropiado para ungir talismanes, sellos, bolsas Wanga (empleadas en Vudú), cartas de juego, etcétera.

Aceite haitiano de jugador II

¾ partes de jazmín
¼ parte de vainilla
3 gotas de fresa

Los practicantes haitianos de vudú tienen la reputación de poseer grandes poderes en lo que se refiere a la suerte de jugador, y este aceite invoca esa suerte.

Aceite loco

¼ parte de pimiento (el ají de cayena funciona bien)
¼ parte de cristales de amoniaco
¼ parte de cilantro
¼ parte de pino

Trae suerte y éxito a quien lo usa. Limpia los caminos al éxito. Usa con moderación, ya que se puede usar para embrujar a otros llevándolos a la demencia. Emplea en talismanes, títeres, velas, etc. *No* te lo pongas.

Aceite seguro que ganarás

⅓ parte de vetiver
⅓ parte de loto
⅓ parte de almizcle

Frota en las manos antes de jugar a las cartas, dados o ruleta, o unge tu carta de bingo, boleto de lotería o cualquier otro accesorio de juego para inclinar la suerte a tu favor.

Perfume del círculo de ganadores

¼ parte de sándalo
¼ parte de orris
¼ parte de pimienta inglesa
¼ parte de almizcle
Genciana

A veces a esta mezcla se le llama sólo aceite del ganador. Esta mezcla ayuda a conseguir riquezas en aventuras de juego.

Dioses y diosas

En las religiones paganas modernas, la gente se siente atraída hacia muchos dioses antiguos. Aunque ésta de ninguna manera es una lista completa, es un buen lugar para empezar. Otros dioses y diosas se encuentran regados por todo el libro, de acuerdo a sus poderes.

Aceite de amor de Ishtar

¼ parte de semilla de ajonjolí

¾ partes de sándalo

Para invocar o venerar a la diosa, o para trabajar con las cualidades de amor y guerra combinados.

Aceite de Anubis

¼ parte de canela

¼ parte de Juan el conquistador del Sur

¼ parte de cedro

¼ parte de orris

Mirra, unas cuantas gotas

Para invocar o venerar al dios egipcio del inframundo; para deshacerse de cosas indeseadas. También para protección de compañeros caninos, su lugar y sus pertenencias; ayuda en cualquier actividad que implique viaje al inframundo.

Aceite de Arianrhod

⅓ parte de cedro

⅓ parte de semilla de uva

⅓ parte de madreselva

Brillo de plata

Calienta todos los ingredientes (excepto el brillo) en un sartén esmaltado a fuego bajo. Permite que se enfríe: añade el brillo y pon en una botella transparente bonita. Arianrhod es la diosa galesa de la reencarnación y la diosa de los cielos astrales. Emplea este aceite para ungir tu tercer ojo cuando viajas en el Reino Astral.

Aceite de Artemisa

¼ parte de limón
¼ parte de rosa
⅛ parte de violeta
⅛ parte de narciso
¼ parte de ylang ylang
Clavel, unas cuantas gotas

Para venerar o invocar a la diosa. Se emplea para lograr metas, y para suerte en los deportes, en especial para atletas mujeres.

Aceite de Astarté

¼ parte de sándalo
¼ parte de rosa
⅛ parte de naranja
⅛ parte de jazmín

Invocar o venerar la diosa fenicia. Para trabajos de fertilidad, amor o guerra.

Aceite de Atenea

¼ parte de madreselva
¼ parte de clavel
¼ parte de flor de naranja
¼ parte de almizcle

Para invocar o adorar a la diosa fenicia. Emplea para civilizar una situación y para lograr metas.

Aceite de Baphomet

½ parte de vetiver
¼ parte de ciprés
¼ parte de pachuli

Frota este aceite de hechizos-rituales en artículos relacionados con Baphomet.

Aceite de Blodeuwedd

⅓ parte de lirio del valle
⅓ parte de violeta
⅓ parte de madreselva
Hierba bálsamo de Melisa en la botella

Invocar o venerar a la diosa. Emplea para civilizar una situación y para lograr metas.

Aceite de Cerridwen

¼ parte de sándalo

¼ parte de rosa

⅛ parte de jazmín

⅛ parte de naranja

⅛ parte de pachuli

⅛ parte de algalia

Alcanfor, unas cuantas gotas

Para invocar o venerar a la diosa. Este aceite induce inspiración, ayuda en el cambio de forma y en conseguir conocimiento oculto.

Aceite de Dana

½ parte de sangre de draco

½ parte de verbena

Dana es el principio de nacimiento e inicios, de generación y fertilidad. Dana es la causa inicial, ella estuvo antes que todo lo demás. Como aspecto de la Gran Madre, abarca luz y oscuridad, dar y recibir. Emplea este aceite para ayudar a eliminar desacuerdos y devolver el equilibrio a tu vida.

Aceite de Deméter

½ parte de mirra

¼ parte de vetiver

¼ parte de bouquet de musgo de roble

Unge velas u otros artículos para atraer el dinero y para la terminación con éxito de tus protecciones y sueños. También usa cuando plantas, cuidas, cosechas o trabajas con hierbas y plantas para asegurar una producción fructífera. Te ayuda a sintonizarte con las energías de la Tierra.

Aceite de Diana

Cantidades iguales de todos:

Nuez moscada

Benjuí

Vainilla

Pachuli

Canela

Vetiver

Mirra
Laurel

Invocar o venerar a la diosa; se emplea en el logro de metas. Es un buen aceite ritual lunar y general. También es bueno para cualquiera que trabaje con animales.

Aceite de Elegua

¼ parte de madreselva
¼ parte de coco
¼ parte de canela
⅛ parte de sándalo
⅛ parte de vetiver

Elegua es el gobernante de nuestros caminos en la vida. Es el cuidador de las llaves a las puertas del destino. Abre caminos y da gran éxito cuando está justificado. Es un protector de tu camino. Si tu camino está cerrado, entonces emplea este aceite en velas blancas para abrir tu camino o decirte por qué está cerrado de manera que puedas aprender la lección y crezcas por tu experiencia.

Aceite de Hécate

¾ partes de mirra
¼ parte de ciprés
Pachuli, unas cuantas gotas
1 hoja seca de menta

Mezcla los aceites esenciales en una base de aceite de ajonjolí. Añade la hoja seca de menta a la mezcla. Usa durante rituales de magia defensiva. También usa durante la Luna Menguante en honor a Hécate, la diosa del cuarto menguante.

Aceite de Hécate II

⅛ parte de rosa
¼ parte de mirra
½ parte de pachuli
⅛ parte de loto

Emplea para venerar o invocar a la diosa, o para trabajar con cualquiera de sus atributos.

Aceite de Hécate III

½ parte de vetiver
½ parte de jazmín
Mirra, unas cuantas gotas

Es la madre del inframundo, diosa de magia y misterio. Invoca sus poderes para consejo y sabiduría juiciosa. Cuando existe un problema que es demasiado difícil para que lo manejes, pide su guía y protección de daños.

Aceite de Heka

¼ parte de almizcle
¼ parte de mirra
⅛ parte de olíbano
⅛ parte de benjuí
⅛ parte de bálsamo de gilead
⅛ parte de casia
Loto, unas cuantas gotas

Emplea para invocar o venerar el aspecto mágico y sagrado de la diosa Hécate.

Aceite de Hermes

⅓ parte de lavanda
⅓ parte de lentisco
⅓ parte de canela

Emplea para invocar o venerar al dios. Ayuda al desarrollo de la concentración y la creatividad.

Aceite de Hermes II

½ parte de sándalo
¼ parte de canela
¼ parte de rosa

Otros nombres para Hermes son Mercurio, Tot, Ganesha, Elegua y Eshu. Es el dios de los comerciantes y las nuevas invenciones.

Aceite de Horus

⅓ parte de frankincienso
⅓ parte de mirra
⅓ parte de heliotropo

Loto, unas cuantas gotas

Naranja, unas cuantas gotas

Se emplea para invocar o venerar al dios; trae cualidades de cambio radical.

Aceite de Ishtar

¼ parte de sándalo

¼ parte de rosa

¼ parte de naranja

¼ parte de jazmín

Usa en honor a la diosa durante los rituales.

Aceite de Isis

¼ parte de loto

¼ parte de ciprés

¼ parte de frankincienso

¼ parte de malva rosa

Ayuda a aumentar la determinación, la fuerza de voluntad y la habilidad para concentrarse.

Aceite de Isis II

¼ parte de loto

¼ parte de frangipani

¼ parte de almizcle

¼ parte de aceite de fragancia de narciso negro

El propósito de este aceite es invocar a la diosa Isis en el Círculo.

Aceite de Jezabel

⅓ parte de ylang ylang

⅓ parte de jazmín

⅓ parte de rosa

Pétalos de rosa, en la botella

Jaspe rojo, en la botella

Lo emplea una mujer para controlar a un hombre. Puede causar que la gente te ofrezca lo que necesitas.

Aceite de Jezabel II

⅓ parte de frankincienso

⅓ parte de frangipani

⅓ parte de heliotropo

Una fórmula secreta empleada por mujeres que desean hacer lo que quieren con cualquier hombre, ya que puede causar que los hombres cumplan sus caprichos sin preguntas.

Aceite de Jezabel (haz lo que digo o domador de hombres)

¼ parte de palma de Cristo

¼ parte de bergamota

¼ parte de flor de jengibre

Almizcle oscuro, unas cuantas gotas

Como el aceite de Jezabel II, las mujeres usan este aceite para asegurar que los hombres hagan sus caprichos.

Aceite de Kali Ma

⅓ parte de pachuli

⅓ parte de almizcle

⅓ parte de ámbar

O

⅓ parte de loto

⅓ parte de pachuli

⅓ parte de almizcle

Ingredientes opcionales (se pueden añadir pequeñas pizcas a las botellas individuales): tierra de cementerio, granos del paraíso, pimienta negra, sangre de draco, unas cuantas gotas de vino tinto y azufre.

Se conoce a la diosa Kali Ma como la "asesina de demonios". Haz peticiones a Kali Ma en tiempos de peligro, cuando todos los demás intentos de protección no han tenido resultado. Te defenderá contra todo daño y aplastará al mal en tu vida y en quienes se oponen enérgicamente a tu habilidad para vivir con libertad. Es la gran madre de la sabiduría y la destructora del ego. Se dice que acabará con aquellos cuyo ego se opone al tuyo en forma injusta.

Aceite de Lilith

⅓ parte de lirio del valle

⅓ parte de jazmín

⅓ parte de loto

Se emplea para invocar o venerar a la diosa, o patear el trasero a tu enemigo desde aquí hasta el día del juicio.

Aceite de la cazadora oscura

½ parte de jazmín
¼ parte de verbena
¼ parte de sangre de draco

Emplea para ayudarte en hechizos vinculantes.

Aceite de la diosa del mal

Limaduras de hierro
22 gotas de galangal
Pizca de crin de caballo negro
2 onzas de aceite portador

Deja que repose de una Luna Nueva a la siguiente (alrededor de 28 días). Cuela y embotella. Protege a quien lo usa de todos los hechizos malos y le permite lanzar maleficios a otros; emplea en un muñeco vudú para malas intenciones.

Aceite de la estrella del mar

⅓ parte de rosa
⅓ parte de lirio del valle
¼ parte de ámbar gris

Para honrar e invocar a la diosa del mar, Afrodita.

Aceite de la Strega

½ parte de vetiver
¼ parte de junípero
¼ parte de lavanda
Miel, unas cuantas gotas

Este antiguo aceite surge de una auténtica receta italiana y se emplea en brujería. Representa el poder y la fuerza matriarcales.

Aceite del dios con cuernos

¼ parte de frankincienso
¼ parte de canela
⅛ parte de laurel
⅛ parte de romero
¼ parte de almizcle

Usa para invocar y venerar al Dios con Cuernos.

Aceite del hombre verde

¼ parte de cedro

¼ parte de hierba de limón

¼ parte de abeto

⅛ parte de pachuli

⅛ parte de vetiver

Canela, unas cuantas gotas

Naranja, unas cuantas gotas

Para invocar y trabajar con el señor del bosque.

Aceite del oráculo egipcio

⅛ parte de acacia

¼ parte de sándalo

¼ parte de pachuli

⅛ parte de canela

Auténtica receta de 2,000 años de antigüedad muy típica de su tiempo. Se emplea para elevar las vibraciones.

Aceite de los ritos de Isis

½ parte de rosa

¼ parte de alcanfor

¼ parte de jacinto azul

Tintura de mirra, unas cuantas gotas

Mezcla los aceites de rosa, alcanfor y jacinto azul durante la Luna Menguante. Embotella y guarda hasta que termine de menguar la Luna. En ese momento añade la mirra.

Aceite de los siete poderes africanos

Cantidades iguales de todo:

Rosa

Orris

Frankincienso

Vetiver

Laurel

Lavanda

Limón

Mezcla tradicional de vudú; invoca las siete fuerzas arquetípicas de la mitología africana.

Aceite del poder de Merlín

½ parte de sangre de draco
¼ parte de vainilla
¼ parte de jengibre

Para estimular tus poderes mágicos y protección en todas tus actividades mágicas.

Aceite del señor del bosque

¼ parte de pachuli
¼ parte de cedro
¼ parte de almizcle oscuro
¼ parte de violeta
Limoncillo, unas cuantas gotas
Sándalo, unas cuantas gotas

Para trabajar con el Señor Oscuro y la caza.

Aceite del templo egipcio

¼ parte de mirra
¼ parte de frankincienso
¼ parte de loto
⅛ parte de mimosa
⅛ parte de ámbar gris

Ésta es una mezcla exótica que se especializa en el uso como aceite para ungir o como incienso para practicantes de las artes mágicas egipcias.

Aceite de Merlín

¼ parte de vetiver
¼ parte de pino
¼ parte de bosque verde
¼ parte de bouquet de musgo de roble
Ciprés, 5 a 6 gotas
Malva rosa, 5 a 6 gotas
Clavo, 2 a 3 gotas

Para sabiduría y claridad cuando se trabaja en los reinos mágicos. Ayuda con comprensión y a trabajar con sigilos.

Aceite de Morrigan

½ parte de lavanda
¼ parte de ciprés
¼ parte de flor de manzana
Pizca de resina de sangre de Draco
1 baya de espino blanco

Se emplea para invocar o venerar a la diosa. Morrigan puede ayudarte en la batalla, derrotando enemigos, esfuerzos proféticos y la Luna Menguante y en magia de maleficios.

Aceite de Obeah

⅓ parte de jazmín
⅓ parte de violeta
⅓ parte de naranja
Gaulteria, unas cuantas gotas

Muy apreciado por hechiceros y practicantes de vudú, los cuales lo emplean en ritos y rituales mágicos. Para eliminar cualquier espíritu maligno, haz que la persona embrujada use un pedazo de raíz de lampazo en una bolsa colgada del cuello. Mientras colocas el collar en la persona, unge la coronilla de la cabeza con aceite de obeah y haz que el embrujado cuente de 50 a 1. Mientras el embrujado está contando hacia atrás, tú cuenta de 1 a 50 en el orden normal. Este hechizo disipará cualquier maldición y su efectividad debe durar 50 días, después de lo cual se debe repetir de ser necesario.

Aceite de Obitzu

⅓ parte de jazmín
⅓ parte de violeta
⅓ parte de hierba de limón

Emplea para alejar el mal. Este aceite de protección general se hace de acuerdo a una receta antigua y muy secreta. Emplea el aceite en un subritual dentro de un ritual importante de descruce para aumentar la eficacia.

Aceite de Oshun

½ parte de jazmín
¼ parte de rosa
¼ parte de flor de naranjo
5 gotas de canela
5 gotas de anís
(Se puede sustituir cualquiera de los aceites anteriores por madreselva)

El número cinco es el número sagrado de la diosa Oshun, la diosa de la santería del amor y el matrimonio. Es la Afrodita africana. Esta mezcla celebra belleza, placer y baile.

Aceite de Osiris

¼ parte de lavanda
¼ parte de limón
¼ parte de violeta
⅛ parte de orris
⅛ parte de cardamomo

Se emplea para venerar e invocar al dios. Trae suerte; ayuda a quienes tienen que ver con agricultura de cualquier tipo; mejora la comprensión de la resurrección y el renacimiento.

Aceite de Pan

⅔ partes de pachuli
⅓ parte de junípero
Pino, unas cuantas gotas
Bouquet de musgo de roble, unas cuantas gotas
Cedro, 2 a 4 gotas

Usa para que se infunda en ti el espíritu de Pan. Ideal para bailes mágicos o rituales, hacer música, cantar, etc. También para ponerse en sintonía con la Tierra.

Aceite de Pan y Astarté

¼ parte de arrayán brabántico
¼ parte de almizcle
¼ parte de rosa
¼ parte de ylang ylang

Aceite de fertilidad; perfecto para usar en tus ritos favoritos de primavera.

Aceite de Pomona

⅓ parte de frankincienso
⅓ parte de fresa
⅓ parte de cardamomo
Tangerina, unas cuantas gotas

Para invocar o venerar a la diosa de los cultivos. Ayuda a quien lo usa a ver que los planes lleguen a fructificar y proporcionará un sacerdote a cualquiera que invoque a esta diosa.

Aceite de protección egipcio

⅓ parte de ámbar

⅓ parte de algalia

⅓ parte de frankincienso

Junípero, unas cuantas gotas

Ámbar gris, unas cuantas gotas

Emplea esta mezcla para protección diaria, en especial cuando se hace magia que se refiera a Ra, el Dios Sol.

Aceite de Rhiannon

½ parte de sangre de Draco

½ parte de ruda

1 pizca de pimentón

Pieza de cuarzo rosa

Para trabajar con la diosa de las artes mágicas, aves y el inframundo.

Aceite de Sejmet

¼ parte de verbena

¼ parte de galangal

¼ parte de menta

¼ parte de ruda

Canela, unas cuantas gotas

Para venerar o invocar la diosa mientras protege a quien usa el aceite.

Santos y ángeles

La información de los santos no existiría si no fuera por la ayuda de la bruja más increíble, Lady Maeve Rhea y su libro, *El recetario encantado*, y la sorprendente tienda Magickal Realms (Enchanted Candle Shoppe Inc.) ¡Gracias y benditas sean sus vidas!

Estoy segura que has visto las velas de siete días, recubiertas de vidrio, con imágenes de santos que se venden en muchos supermercados y tiendas de botánica. Estas velas se pueden prender en honor de tu santo elegido, en una petición de ayuda y guía de él. Las siguientes recetas se pueden emplear para ungir la parte superior de estas velas. También se pueden emplear en incienso y colocarse en un altar junto a una imagen o estatua de un santo o añadirse a difusores en un altar o ponerse en cualquier vela o parte del cuerpo como aceite bendito.

Aceite de cuatro ángeles

Mezcla partes iguales de lo siguiente:

Miguel – canela
Rafael – clavel
Gabriel – lavanda
Uriel – almizcle

Este aceite se puede mezclar *para representar el poder* de los cuatro ángeles unidos, o los aceites se pueden utilizar en forma individual *para representar el poder* de ese ángel específico.

Aceite de fe, esperanza y caridad

⅓ parte de madreselva
⅓ parte de glicina
⅓ parte de lirio del valle

Estas tres diosas nos dan la luz que necesitamos cuando los tiempos parecen en verdad oscuros. Puedes llamarlas para cualquier propósito, en cualquier momento.

Aceite de la bendición del ángel

¼ parte de lavanda

¼ parte de rosa

¼ parte de ylang ylang

¼ parte de frangipani

Elimina las vibraciones y energías negativas y aumenta tu habilidad para atraer a ti lo que necesitas y deseas.

Aceite de la Candelaria

½ parte de jazmín

½ parte de gardenia

Fresa, 5 gotas

La candelaria es uno de los aspectos de la diosa de la santería, Oya. Es Nuestra Señora de la Conflagración. Es intensa en su expresión y a menudo se le ilustra sosteniendo una vela. Su fecha de nacimiento es el 2 de febrero, que también es el día santo de Wicca, la Candelaria, Imbolc o el Día de la Dama. Es el día que señala el calentamiento de la Tierra. En Brasil, su nombre es Yansa, y se le considera un adversario aterrador para todos los enemigos de sus seguidores. En Irlanda, es Brid, o Brígida, y es la diosa de la creatividad y de la fragua.

Puedes emplear este aceite para cualquier hechizo de fuego o para transformación y creatividad. Maravilloso en difusor o al quemarlo en incienso, y, por supuesto, es perfecto para ungir velas.

Aceite de la Madonna de Loreto

½ parte de magnolia

½ parte de frangipani

Cedro, 3 gotas

Esta diosa madre ayuda a todos los que se lo piden a encontrar una casa. Su imagen a menudo se ilustra en una de dos formas: como una virgen sin brazos o como una mujer sentada sobre una casa. Emplea su aceite en velas de la Madonna de Loreto de siete días. Si tienes un altar, unge este aceite en una figura pequeña de una casa, una fotografía o el dibujo de una.

Aceite de la madre océano

½ parte de ámbar gris

¼ parte de loto

⅛ parte de aceite de fragancia de opio

⅛ parte de lirio

Sándalo, unas cuantas gotas

Este aceite es para uso devocional para todas las deidades de agua. La diosa de la santería, Yemayá, es una diosa de agua y también se le conoce como la Virgen de Regla. El agua es un gran conductor psíquico. Muchos psíquicos pueden ver el futuro con un recipiente de agua en lugar de una bola de cristal. Este aceite es para abrir tu intuición psíquica, y ayudará a que aproveches un proceso similar, en especial si te sientes atraído hacia este aspecto de la Gran Madre.

Aceite del brillo del ángel

¾ partes de bergamota
¼ parte de flor de naranjo
Rosa, unas cuantas gotas
Canela, unas cuantas gotas

Luces brillantes y energía en tu vida. Funciona mejor en velas amarillas. Prepara esta mezcla vertiendo los aceites en una botella de 10 onzas y luego añadiendo aceite vegetal orgánico para llenar. Unta el tercer ojo, el sacro y el plexo solar. Vierte unas gotas en la palma de tus manos e inhala profundamente. También puedes usar en el baño.

Aceite del ángel guardián

½ parte de rosa
½ parte de lila
Vainilla, 10 gotas

Puedes ungirte con este aceite durante periodos de oración, durante meditación para guía y en momentos de tensión cuando necesites algo para tranquilizarte.

Aceite del gran poder

½ parte de madreselva
½ parte de lirio del valle
Rosa, 3 gotas

El nombre significa "Gran Poder". Este aceite es para superar grandes problemas, a menudo para eliminar maldiciones, maleficios y expulsiones.

Aceite del juez de justicia (juez justo)

¼ parte de rosa
¼ parte de clavel
¼ parte de lirio del valle
⅛ parte de alcanfor
⅛ parte de sándalo

En la santería, al Juez de Justicia a menudo se le llama Olofi, guardián de la Tierra, uno de los aspectos de Dios. Como se cree que Jesús es un guardián de la gente, se asoció a Olofi con la crucifixión, y así, las velas del Juez de Justicia tienen una imagen de la crucifixión en ellas. Él te protege de daños terrenales, imparte justicia a nuestros enemigos y se emplea como escudo de quienes hacen mal. A menudo se emplea en casos de corte injustos y triunfos para el que las tiene todas de perder. Emplea este aceite para hechizos de justicia, en especial en casos de corte.

Aceite del Sagrado Corazón

¾ partes de rosa

⅛ parte de limón

⅛ parte de heliotropo

El Sagrado Corazón es el Hijo de Dios milagroso y que cura todo (o en los sistemas de creencia paganos, el Dios Sol). La gente emplea esta mezcla para ayudar a curar enfermedad, sea física o del corazón y la mente. Un aceite maravilloso para ungir las piedras que llevas contigo.

Aceite de Mercedes

⅓ parte de frangipani

⅓ parte de ylang ylang

⅓ parte de ámbar gris

O

¼ parte de magnolia

¼ parte de lavanda

¼ parte de lirio del valle

¼ parte de lila

La Virgen de Mercedes se asocia con el dios de la santería, Obatala. Este dios padre calma y protege. Ayuda a aclarar la mente y agudiza los sentidos. Su contraparte femenina es Nuestra Señora de Mercedes. Es una Virgen Bendita y a menudo se invoca para proteger a la gente de la prisión y de otras situaciones desesperadas. Es una diosa de la misericordia y es compasiva con todos los que buscan ayuda. Aclara la mente cuando está ofuscada o confusa. Emplea este aceite para claridad en situaciones confusas y para misericordia en momentos de desesperación.

Aceite de nuestra señora de Fátima

½ parte de rosa

½ parte de sándalo

Nuestra Señora de Fátima es la Reina del Santo Rosario, Madre de la Paz. Es una hacedora de milagros y responde a quienes le oran con sincera devoción. Emplea este aceite en velas de Fátima de siete días, y unge todos los talismanes y cuentas de rosario para rezo y curación.

Aceite de nuestra señora del Monte Carmelo

⅓ parte de sándalo
⅓ parte de clavel
⅓ parte de lirio del valle

Nuestra Señora del Monte Carmelo es un aspecto de la diosa de la santería, Oya. Ella tiene grandes poderes para eliminar obstáculos y proteger de daño a todos los que la veneran. Este aceite es poderoso en particular como aceite para descruzar que se emplea en momentos de desesperación.

Aceite de nuestra señora de Lourdes

½ parte de rosa
½ parte de lirio del valle

Nuestra Señora de Lourdes es la diosa de una gruta milagrosa donde incontables peregrinos vienen a que los salven, a ser testigos de milagros y a que los curen de todas las calamidades que afectan el cuerpo y el alma. Este aceite se puede emplear para curación y para aliviar sufrimientos de todo tipo.

Aceite de nueve poderes africanos

Añade los siguientes aceites al aceite de los siete poderes africanos:

Vetiver: Oya – Santa Marta
Lavanda: Babalú Ayé – San Lázaro

Empléala como usarías el Aceite de los siete poderes africanos, para dar equilibrio a todos los aspectos de tu vida.

Aceite de san Alejo

⅓ parte de canela
⅓ parte de pimienta inglesa
⅓ parte de frankincienso

Se conoce a este santo por alejar todos los males, demonios y delincuentes. Invoca esta presencia para que te proteja de personas que te podrían causar daños. Por ejemplo, esta fórmula ayudará a desmentir chismes maliciosos, ocultarte de brabucones y te mantendrá seguro a ti y a tus seres queridos. También se puede emplear para limpieza y curación cuando alguien ya te ha dañado.

Aceite de san Antonio

½ parte de sándalo

¼ parte de ylang ylang

¼ parte de almizcle

Clavel, unas cuantas gotas

Pachuli, unas cuantas gotas

San Antonio es el hacedor de milagros. Si has perdido algo, puede ayudarte a encontrarlo. Restaura riqueza a los necesitados e intercede en nombre de los pobres en asuntos financieros y legales. Se le asocia con el dios de la santería, Elegua. San Antonio es el santo patrono del matrimonio y las cosas perdidas y también se le conoce por ayudar a animales enfermos. Unge una vela verde y pide guía para ayudar a un animal enfermo. Da un toque a parte de tu dinero de papel antes de que lo gastes para que vuelva a ti.

Aceite de san Cristóbal

½ parte de vainilla

½ parte de clavel

5 gotas de aceite de fragancia de opio

San Cristóbal es el santo patrono de los viajeros. Aunque la iglesia católica ya no reconoce a San Cristóbal como un santo canonizado, eso no impide que los practicantes de mucho tiempo invoquen su protección durante viajes, sea una ruta diaria o un viaje largo. Pon un toque en el tablero de tu auto. También puedes emplearlo en ti como protección contra cualquier peligro.

Aceite de san Elías

½ parte de heliotropo

¼ parte de flor de naranja

⅛ parte de sándalo

⅛ parte de vetiver

A san Elías se le llama Barón del Cementerio en la santería. Se invoca a este poderoso santo para la destrucción de enemigos. Se le llama durante momentos de necesidad, cuando abundan los peligros en la vida y está amenazado el bienestar. Elimina toda magia negra y las energías oscuras que proceden de un ataque psíquico, derrota a todos los enemigos y hace maravillas para poner todo en orden.

Puedes ungir este aceite en tu puerta del frente si sientes que factores ocultos te están atacando. O da un toque a un talismán y úsalo hasta que se resuelva el problema.

Aceite de san Expedito

¼ parte de pimienta inglesa

¼ parte de sándalo

¼ parte de madreselva

¼ parte de ámbar gris

Este aceite es para hacer avanzar las cosas y que ocurran con gran rapidez. También es para suerte general, en especial en juegos de azar. Se asocia a san Expedito con Elegua. Es muy popular en Nueva Orleans, donde los practicantes dejan ofrendas asociadas con el juego (como pequeños juegos de dados y de cartas para jugar) en su estatua. Emplea este aceite cuando necesites que algo suceda pronto. Es un gran aceite de complemento para cualquier hechizo.

Aceite de san Francisco de Asís

⅓ parte de sándalo

⅓ parte de flor de manzana

⅓ parte de almizcle

San Francisco de Asís es conocido por su amor a toda la humanidad y también se le asocia con el dios Orunla, quien gobierna la adivinación en el sistema de creencias de los santeros. Asumió una actitud de martirio y privación para exponer sus actos de bondad hacia otros. Recomiendo esta mezcla para curación de cualquier animal enfermo, mascota o ser amado humano. También es un gran aceite a usar para encontrar una nueva mascota. Pronto el animal que estás buscando podría tan sólo presentarse a tu puerta. Este aceite se puede emplear para trabajo de adivinación de cualquier tipo: tarot, lectura en bola de cristal o líquido, runas y demás.

Aceite de san José

½ parte de frankincienso

¼ parte de sándalo

¼ parte de lirio del valle

Aceite de oliva, unas cuantas gotas

San José fue la figura paterna de Jesús, el marido de María, y un simple carpintero. Es el hombre de familia original y enviará consejo a quienes estén teniendo problemas para mantener unida a la familia. También es bien conocido por ayudar a vender nuestra propiedad. Entierra una estatua de san José de cabeza en el patio trasero mientras tratas de vender tu casa. ¡Sugiero que unjas la estatua primero con el aceite! Luego, cuando se venda la propiedad, saca la estatua, límpiala y dale un lugar de honor en tu nueva casa.

Aceite de san Judas

⅓ parte de arrayán brabántico
⅓ parte de canela
⅓ parte de jazmín

San Judas es el santo de las causas imposibles. Cura lo incurable, otorga lo imposible y favorece a los necesitados. Todo lo que pide en pago es que hagas una nota pública de las oraciones que contesta. Es posible que hayas visto billetes de dólar pegados en las paredes con "Gracias, san Judas, por contestar mis plegarias" escrito en el dinero. O tal vez has visto agradecimientos públicos que ponen en tableros de noticias o avisos en el periódico, que ofrecen alabanza y agradecimiento. A menudo envío a mis clientes con este santo cuando me cuentan que ha fallado todo lo que han intentado. Unge velas verdes o blancas con el aceite.

Aceite de san Lázaro

½ parte de sándalo
¼ parte de almizcle
⅛ parte de lavanda
Vetiver, unas cuantas gotas
Pachuli, unas cuantas gotas

Se invoca a menudo a este santo y es muy querido por su trabajo en curar a los enfermos, dar dinero a los pobres, purificar heridas espirituales y físicas, y ser un gran protector de sus seguidores de daños espirituales. Se asocia a este santo con el dios de la santería, Babalú Ayé. Rige sobre todos los asuntos de salud, purificaciones y asuntos de riqueza. Emplea este aceite en una vela novena a San Lázaro de siete días o en cualquier vela de color amarillo, púrpura u oro.

Aceite de san Martín

½ parte de frankincienso
½ parte de rosa
Naranja, unas cuantas gotas

Éste es el primer santo americano negro. Es de Perú y nació en la pobreza, pero nunca la rechazó. En lugar de eso, la usó para ayudarse él y a muchos otros. Se le conoce como sanador de enfermos y uno de los primeros veterinarios. Unge este aceite en una vela novena a san Martín de siete días y pide su ayuda. También puedes emplear velas de color púrpura, blanco o verde.

Aceite de san Miguel

½ parte de almizcle
¼ parte de frangipani
¼ parte de clavel
Canela, unas cuantas gotas

San Miguel es un feroz protector de todo lo que es recto y bueno. Pero éste no es su único propósito. La siguiente es una práctica de meditación que Lady Rhea ha escrito para invocar la guía de san Miguel… o de cualquier ángel o guía.

Unge este aceite en tus sienes, en los lados del cuello, en el lado interior de tus muñecas y en las plantas de tus pies. Escoge una vela roja delgada y prepárala con el aceite. Colócala en una mesa baja de manera que quedes más o menos a nivel de los ojos con tu vela cuando estés sentado en el piso. Apaga todas las luces y siéntate con las piernas cruzadas, lo más cómodo que puedas en el piso. Inhala profundamente, sostén la respiración por al menos diez segundos y luego exhala. Repite esto varias veces hasta que estés relajado y la vela haya empezado a cambiar su imagen. Puede entrar y salir de tu visión. La vela puede parpadear en forma intensa. Llama a Miguel para que descienda y se comunique contigo. Pide su guía y vendrá a ti. Siente el resplandor que te rodea mientras su luz de guía envuelve tu ser. Escucha lo que tiene que decir. Tal vez no usará palabras, sino más bien te hará sentir algo en vez. Cuando ha pasado esta sensación, permite que la vela continúe ardiendo hasta que se termine como ofrenda para san Miguel.

Aceite de san Pedro
⅓ parte de frankincienso
⅓ parte de mirra
⅓ parte de sándalo

San Pedro es el cuidador de la entrada y de las llaves al Reino del Cielo. Se le otorgó el don de unir y separar, tiene los poderes para detener algo o hacer que algo sea libre. Este santo se asocia con Elegua, quien es el cuidador de las llaves que abren y cierran las puertas de la vida. Puedes invocar a san Pedro cuando deseas cerrar o abrir una puerta en tu vida. Por ejemplo, si deseas cerrar las puertas a la mala fortuna, unge una vela con este aceite y di: "¡Oh, san Pedro!, préstame tu llave de oro, abre el candado y libera toda suerte de bendiciones en mí". Emplea este aceite en todas las velas santas de siete días para san Pedro y Elegua.

Aceite de santa Ana
½ parte de rosa
¼ parte de violeta
⅛ parte de lavanda
⅛ parte de sándalo

Esta santa es la madre de María y abuela de Jesucristo. Es para todas las abuelas que desean hacer oraciones en nombre de sus nietos. También le rezamos a ella por ayuda en aprendizaje y educación, ya que fue una excelente maestra para su hija María. Unge velas de siete días para guía. Da un toque en libros, o en tu computadora, o en cualquier herramienta que empleas para educarte. Unge un amuleto para dar protección a un nieto.

Aceite de santa Bárbara

¼ parte de aceite de fragancia de coco

¼ parte de madreselva

¼ parte de canela

¼ parte de sándalo

A menudo se asocia a esta santa con el dios de la santería, Chango, y tienen muchas semejanzas. Él sostiene un hacha de dos filos; ella sostiene una espada de doble filo. Uno de los símbolos de él es una torre; a ella también se le ilustra a menudo con una torre. Ambos usan corona. A ella se le asocia con el rayo; él es el dios que envía rayos desde los cielos. Si tienes necesidad de protección en asuntos de negocios, es un aceite maravilloso con el cual trabajar.

Aceite de santa Clara

⅓ parte de rosa

⅓ parte de lila

⅓ parte de clavel

O

⅓ parte de clavel

⅓ parte de vainilla

⅓ parte de glicina

Muchas personas recurren a santa Clara cuando alguien que les importa está cegada por la ira o emociones profundas y esa persona no puede ver con claridad. Se le reza por sus habilidades para calmar maridos, esposas, niños y novias enojados. Trae paz y claridad a situaciones tensas. Éste es un aceite maravilloso con el cual hacer incienso o para usar en difusor, para infundir en tu casa cuando las emociones están desbocadas.

Aceite de santa Elena

⅓ parte de flor de manzana

⅓ parte de flor de naranjo

⅓ parte de durazno

A menudo se reza a santa Elena con el fin de ayudar a devolver enamorados descarriados. El dulce atractivo de estos productos florales intoxicadores es lo que hace que esta mezcla funcione tan bien. Ebria en el aroma del perfume, emplea tus poderes de seducción para hacer que tu amante vuelva. ¡Ningún hombre se puede resistir a la llamada de Elena! Unge velas rosas de figura viéndose una a otra con este aceite. Mantenlas prendidas quince minutos por día y poco a poco acércalas. Repite el proceso hasta que ambas velas terminen de quemarse y la vela masculina haya llegado a la vela femenina.

Aceite de santa Lucía

⅓ parte de lavanda
⅓ parte de gardenia
⅓ parte de rosa
Albahaca, unas cuantas gotas
Violeta, unas cuantas gotas

Santa Lucía es la santa patrona de Sicilia. Es una santa importante que resuelve todas las discusiones, cura todas las enfermedades que tienen que ver con los ojos y elimina el mal de ojo (un factor muy importante para algunos italianos). Da una buena cosecha y se encarga de que recibas justicia. Búscala para ayuda en problemas legales.

Aceite de santa Marta

¼ parte de gardenia
¼ parte de vetiver
¼ parte de clavel
¼ parte de ámbar gris

Santa Marta ayuda a que las parejas separadas se reconcilien. Una feroz protectora de sus seguidores, los escuda de daño y los defiende de ataques espirituales. Ayuda a encontrar dinero y trabajo para desempleados y necesitados. Este aceite se puede emplear para hacer regresar a un enamorado descarriado, derrotar a todos lo que te impidan llegar al éxito, ayuda a proporcionarte trabajo y, lo más importante, te da la fuerza para cambiar y para aceptar lo que no puedes cambiar.

Aceite de santa Teresa

¾ partes de rosa
¼ parte de lila

Santa Teresa hace grandes acciones en formas pequeñas y humildes para quienes están dedicados a ella. Se dice que si le haces una oración sincera, a veces justo antes de que te conteste, alguien te dará una rosa o una flor. Así sabes que tu respuesta está en camino. Emplea este aceite para producir pequeños milagros en tu vida, o en la de alguien más. Se le iguala en la santería con un aspecto de Oya. Los colores de velas son rosa y blanco.

Aceite de siete poderes africanos

Cantidades iguales de los siguientes:

Frankincienso: Olofi – juez justo
Coco: Chango – Santa Bárbara

Sándalo: Elegua – San Antonio
Magnolia: Obatala – Virgen de Mercedes
Canela: Oshun – Caridad del Cobre
Ámbar Gris: Yemayá – Virgen de la Regla
Loto: Orunla – San Francisco
Mirra: Ogun – San Juan Bautista

Vierte cada ingrediente con mucha lentitud o emplea un gotero, cuando mezcles este aceite. Es mejor mezclarlo por onza, o más, para que la medición sea correcta. Los famosos "Siete Poderes Africanos" son los siete orishas (deidades) que forman el panteón de la santería. Están disponibles velas novenas de siete días de diferentes colores con una imagen de los orishas en sus aspectos de santos pintadas en el vidrio. Cada poder abarca un área específica en la vida. Emplea esta mezcla para ungir cualquier grupo de velas de siete colores o una vela de los siete poderes africanos para traer equilibrio a tu vida.

Aceite de todos los santos

A dos onzas de aceite de base, añadir partes iguales:

Canela
Tonka
Pachuli
Vainilla
Lavanda
Gardenia
Vetiver

Unge velas en rituales para aumentar el éxito. Es un clásico inspirado en África y es un poderoso aceite para ungir para rituales de descruce, éxito en la curación y donde se desee la cooperación de los planos espirituales más altos. Cada una de las siete deidades está representada por un aceite herbal. Es a la vez amoroso y poderoso en el efecto que tiene cuando se emplea en velas blancas, amarillas o azules.

Aceite milagrosa

⅓ parte de loto
⅓ parte de rosa
⅓ parte de lirio

Milagrosa significa "Madre de Milagros". También se le conoce como la Virgen María. Si necesitas un milagro, reza a la Milagrosa y pide guía. Unge una vela azul o blanca con el aceite, y coloca tu petición bajo el candelero (seguridad primero).

Virgen de Guadalupe

½ parte de rosa
¼ parte de jazmín
¼ parte de vainilla
Clavel, unas cuantas gotas

La Virgen de Guadalupe, la Madre Bendita de México, responde a oraciones de su gente y sus seguidores. Se le considera una de las Madres Milagrosas del mundo y tiene millones de seguidores de muchas creencias diferentes. Es la apropiada para recurrir en tiempos de enfermedad, hambre y necesidad desesperada. Si sufres de dificultades financieras, pide su bendición cuando emplees su aceite. Unge este aceite en una vela novena de siete días de la Virgen de Guadalupe para recibir sus bendiciones. También servirán velas de color verde, azul y amarillo.

Lanzar maleficios, expulsiones y descruces

Las brujas de la antigüedad a menudo eran muy solicitadas por su habilidad para lanzar maleficios y maldecir a asesinos, violadores, pederastas y otros tipos repugnantes. Las brujas y las "trabajadoras con raíces" a menudo eran las únicas curanderas que se encontraban en los pueblos de la antigüedad. Era legendario su conocimiento de hierbas, raíces, minerales y otros recursos naturales. Emplea estos aceites cuando falle todo lo demás y se deba hacer justicia. Las maldiciones no necesitan ser acciones oscuras de villanos mágicos. Pueden ser la energía negativa común con que los vampiros psíquicos ordinarios nos bombardean todos los días. Aquí está una lista de aceites que deberán resolver el problema si debes hacer un poco de trabajo en el lado "oscuro".

Aceite amanso mi animal que se extravía

⅔ parte de menta
⅓ partes de clavo
Aceite de cebolla (opcional, se puede encontrar en algunas tiendas de botánica)

Esta preparación, que se origina en México, tiene el propósito de mantener en casa a un enamorado que le gusta vagar.

Aceite de acción rápida

⅓ parte de sangre de drago
⅓ parte de limón
⅓ parte de romero
Canela, unas cuantas gotas

Añade a cualquier otro aceite para acelerar sus efectos.

Aceite de Agarbatti Chandan

½ parte de lavanda
½ parte de hisopo

Para superar la adversidad, maldiciones y mala suerte.

Aceite de araña

½ parte de almizcle egipcio

¼ parte de malva rosa

¼ parte de rosa

Una esencia oscura empleada en trabajos de destrucción o atadura. Ayuda en situaciones que piden manipulación.

Aceite de artes negras

¼ parte de mirra

¼ parte de pachuli

⅛ parte de canela

⅛ parte de goma de lentisco

⅛ parte de galangal

⅛ parte de vetiver

Salvia, unas cuantas gotas

Aceite de cruce especial que se emplea para lanzar maldiciones a competidores odiados. *Emplea con extremo cuidado.*

Aceite de artes negras II

Un baño María

Aceite de semilla de uva o de oliva

2 cucharaditas de gordolobo

1 cucharadita de ajenjo

1 cucharada de pachuli

3 hojas de zarzamora

1 cucharadita de mandrágora

1 cucharada de resina de mirra

Tierra de panteón (opcional)

Pon agua en la parte de abajo del baño María y las hierbas con alrededor de una taza de aceite en la parte superior. Hierve el agua y deja que las hierbas estén en infusión en el aceite durante alrededor de diez minutos. Cuando el aceite esté bien perfumado con las hierbas, cuela bien y pon en una botella o frasco. Añade 9 gotas de alcohol al 95% (Everclear) a la infusión para conservarla. *Nota: Puedes emplear las instrucciones anteriores para hacer cualquier tipo de aceite de hierbas.*

Aceite de artes negras III

½ parte de pachuli
½ parte de aceite de fragancia de pimienta negra
Pizca de raíz de valeriana
Pizca de pelo de poodle negro
Pizca de semillas de mostaza negra
Pizca de heno
Pizca de gordolobo
Pizca de azufre en polvo
9 granos de pimienta entera

Mezcla en ½ onza de aceite portador, como el de almendra. Para todos los trabajos de maleficios, expulsiones y maldiciones. Funciona en extremo bien para liberarte de una persona o situación de la que no te puedes liberar de ninguna otra forma.

Aceite de bouquet de menta

¾ partes de rosa
¼ parte de menta
¼ parte de aceite de fragancia de rain

Un aceite para descruce de amor. También ayuda a cambiar nuestra suerte.

Aceite de cementerio y aceite de metida de pata

Hojas de pachuli
½ parte de gordolobo
½ parte de vetiver

Puedes emplear hierbas y polvo ordinarios con este aceite para crear "polvo de cementerio", una mezcla curativa máxima.

Aceite de confusión

A 2 onzas de aceite de base, añade el contenido de una cápsula de vitamina E, y:

½ parte de coco
¼ parte de lavanda
¼ parte de violeta
¼ parte de pimienta negra
2 gotas de ginseng

Ayudará a confundir a otros que están trabajando en contra de quien usa el aceite; ayuda para romper maleficios, funcionará mejor cuando un maleficio es "reciente", pero también funcionará en maldiciones más antiguas.

Aceite de confusión II

2 partes de hierba ruda

1 parte de granos del paraíso

Añade 2 cucharadas de este aceite a 2 onzas de aceite y pon en infusión durante unas cuantas semanas en un lugar oscuro o a fuego bajo durante alrededor de 1 hora. Luego enfría y cuela con paño de queso.

Aceite de confusión inflamatoria

1 parte de hierba ruda

1 parte de granos del paraíso

1 parte de semillas de amapola

1 parte de semillas de mostaza negra

4 gotas de aceite de pimiento

½ onza de aceite portador

Emplea para causar confusión entre enamorados que se están engañando. Detiene la infidelidad cuando se rocía en el altar o en una vela de figura que representa al que está descarriado.

Aceite de desamarre

¾ partes de durazno

¼ parte de pepino

Este aceite se creó para liberar a alguien que está amarrado a otro, o que es obsesivo respecto a algo que parece irracional. Emplea esta mezcla como aceite para ungir siempre que estés tenso respecto a tu situación determinada.

Aceite de descruce

⅓ parte de limón

⅓ parte de rosa

⅓ parte de lirio

Laurel, unas cuantas gotas

Libera a quien lo usa de mala suerte y maleficios.

Aceite de descruce II

¼ parte de cedro

¼ parte de clavo

½ parte de vetiver

Igual que arriba.

Aceite de descruce III

½ parte de rosa
¼ parte de laurel
¼ parte de clavo
Clavel, unas cuantas gotas

Es una mezcla de descruce muy poderosa que eliminará cualquier maleficio o hechizo.

Aceite de descruce IV

⅓ parte de sándalo
⅓ parte de hojas de pachuli
⅓ parte de mirra
Pizca de cincoenrama

Añade 2 cucharadas de este aceite a 2 onzas de aceite de oliva. Pon una pizca de sal bendita y 8 gotas de amoniaco doméstico a cada botella de 1 onza de aceite que se prepare. Agita antes de usar.

Aceite de descruce V

¼ parte de glicina
¼ parte de lila
¼ parte de verbena
¼ parte de malva rosa
Conserva una amatista en la botella maestra.

Este aceite elimina maleficios o hechizos.

Aceite de descruce VI

⅓ parte de rosa
⅓ parte de lirio del valle
⅓ parte de lavanda

Para eliminar todo tipo de maleficios, maldiciones y condiciones de cruce, añade nueve gotas al agua para bañarse durante nueve días consecutivos.

Aceite de descruce de siete días

⅓ parte de hisopo
⅓ parte de verbena
⅓ parte de pino
Albahaca, unas cuantas gotas
Clavo, unas cuantas gotas

Una excelente mezcla para vencer una maldición especialmente poderosa. Se debe rociar en la cabeza de la persona del maleficio durante siete días. (Yo pongo parte de la mezcla en una botella de champú.)

Aceite de diablo volador

Pimienta negra, una pizca

½ parte de aceite de sangre de drago

¼ parte de casia

¼ parte de pachuli

Un aceite especial de vudú para descruces que se emplea para vencer el poder de un poderoso Ouanga o maleficio. Muy confiable y se dice que trabaja muy rápido. *No es para ponerse en uno.*

Aceite de dominación

½ parte de pachuli

¼ parte de vetiver

⅛ parte de lima

⅛ parte de frankincienso

Conserva una pieza de raíz de cálamo aromático en la botella maestra. Emplea en todas las formas de dominación. Unge sellos, bolsas de hechizo, velas, etcétera.

Aceite de dominación II

½ parte de canela

¼ parte de pimienta inglesa

¼ parte de vainilla

Unge tu cuerpo con este aceite para lograr que otros hagan lo que deseas. Tendrás la habilidad de dominar una situación con poder y confianza.

Aceite de éxodo

2 onzas de base de cártamo

1 onza de pachuli

½ parte de mirra

½ parte de narciso

Conserva raíz de cinta de zapatos del Diablo en la botella maestra. Unge una vela blanca y prende para recibir ayuda del Espíritu Santo. Unge un muñeco que represente a la persona que deseas fuera de tu vida con el aceite para hacer que se marche. Escribe el nombre de la persona en una hoja blanca. También escribe lo siguiente: "Ambos vamos por nuestro bien superior por separado, en diferentes direcciones, mediante el poder divino". En un domingo, envuelve el muñeco en el papel. A partir de entonces, cada domingo saca el muñeco y úngelo de nuevo. Continúa hasta que tu némesis encuentre apropiado salir de tu vida.

Aceite de expulsión

½ parte de frankincienso
⅛ parte de romero
⅛ parte de laurel
⅛ parte de angélica
⅛ parte de albahaca

Para expulsar todo lo que no desees en tu vida.

Aceite de expulsión II

⅓ parte de clavel
⅓ parte de albahaca
⅓ parte de ruda

Si tienes visitantes indeseados de vez en cuando, y tu fría recepción no los ha desalentado, escribe sus nombres en un cuadro pequeño de papel pergamino. Unge cada esquina del papel con este aceite y entierra el amuleto en el camino a tu entrada. Quienes tienen sus nombres escritos en el talismán pronto cesarán en sus visitas molestas.

Aceite de expulsión y exorcismo

3 clavos enteros
2 dientes de ajo
¼ parte de albahaca mezclado con aceite portador

Funciona de maravillas en vecinos que te gustaría que se mudaran. Sólo frota algo del aceite en la perilla de su puerta. Si los vecinos son de naturaleza espiritual, coloca toques de aceite en todos los espejos de la casa. Deja que los dientes de ajo reposen en el aceite portador durante seis semanas. Agita la mezcla cada pocos días. Cuela con filtro de café y embotella tapando bien.

Aceite de inclinarse

½ parte de rosa
¼ parte de frankincienso
¼ parte de madreselva
Vetiver, unas cuantas gotas

Hace que otras personas obedezcan tus deseos. Emplea para romper cualquier maleficio y para ordenar a los espíritus malignos que vuelvan a quien los envió. Se dice que es en extremo potente.

Aceite de intenso muro de protección

⅓ parte de sangre de drago

⅓ parte de frankincienso

⅓ parte de mirra

Sal, unos cuantos granos en la botella

El elemento extra de fuego, o sangre de drago, te protegerá incluso de un ataque muy fuerte.

Aceite de intenso muro de protección II

⅓ parte de ámbar

⅓ parte de canela

⅓ parte de frankincienso

Aunque similar al aceite de protección, y que se emplea con los mismos objetivos, es una fórmula efectiva en particular para casos en que uno se siente demasiado presionado por otra persona.

Aceite de inversión

½ parte de eucalipto

½ parte de limoncillo

Sal de roca en la botella

Ayuda a invertir los efectos de un hechizo que has hecho por error o el que otro ha hecho contra ti. Emplea aceites esenciales para tener los mejores resultados.

Aceite de inversión II

⅓ parte de lavanda

⅓ parte de rosa

⅓ parte de canela

Este aceite puede proteger contra ataques y devolverlos a quien los envió.

Aceite de la más poderosa mano

½ parte de sándalo

⅛ parte de lirio del valle

⅛ parte de jazmín

⅛ parte de mimosa

⅛ parte de almizcle

Emplea este aceite contra las artes oscuras y para juicio contra quienes te harían daño.

Aceite de la verdad

Vial de 2 dracmas medicinales limpio color ámbar o cobalto

Aceite de almendra dulce

½ parte de hoja de violeta

¼ parte de limón

¼ parte de palo santo

1 gota de heliotropo

1 gota de pachuli

Añade los aceites esenciales a la botella y gírala con suavidad con el fin de que se mezclen. Añade cualquier cristal (asegúrate de que estén limpios) y luego añade tu aceite de base para llenar la botella.

Aceite del diablo del infierno

¾ partes de pimiento

¼ parte de mostaza

Uno de los mejores aceites para hacer un maleficio contra alguien. Aplica en velas negras para fortalecer el poder del maleficio para causar daño. *Emplea con precaución. No es para ponerse en uno.*

Aceite del diablo negro

¼ parte de laurel

¼ parte de frangipani

¼ parte de lavanda

¼ parte de canela

Pizca de azúcar o sal

Mezclado con azúcar y sal para impedir que un hombre o mujer casado flirtee. Se debe rociar con cuidado en su ropa interior cuando duerman.

Aceite de magus

⅓ parte de limón

⅓ parte de naranja

⅓ parte de frankincienso

Sándalo, unas cuantas gotas

Vetiver, unas cuantas gotas

Para protección y poder. Unge una vela púrpura con esta mezcla.

Aceite de mal de ojo

⅔ partes de clavo
⅓ parte de ciclamen

Existen diferentes variedades de este aceite: el mal de ojo negro se emplea para alejar el mal y romper maleficios, purificar un altar o para cualquier ritual de maldición; el mal de ojo verde se emplea para ganancia financiera y éxito en cualquier actividad; el mal de ojo púrpura aumenta los poderes de clarividencia y hace que quien lo utiliza tenga más profundidad psíquica; el mal de ojo rojo se emplea para atraer parejas potenciales para matrimonio y nuevos enamorados.

Aceite de maldición del druida

⅛ parte de eneldo
¼ parte de galangal
¼ parte de anís
¼ parte de mirra
Hisopo, unas cuantas gotas

Para ganar por mucho en cualquier competencia y ganar poder sobre otros, sin importar el propósito.

Aceite de mando intenso

¼ parte de sangre de drago
¼ parte de frankincienso
¼ parte de mirra
¼ parte de canela

Obligará a otros a hacer lo que desees sin preguntas. Usa con cuidado.

Aceite de Mogra (Jeque)

⅓ parte de guisante de olor

Luego partes iguales de cada uno:

Jazmín
Loto
Narciso
Rosa
Naranja
Heliotropo
Almizcle, unas cuantas gotas

Una auténtica mezcla antigua persa que se emplea para ordenar a otros hacer tu voluntad.

Aceite de ojo de murciélago

⅓ parte de mirra
⅓ parte de sangre de drago
⅓ parte de arrayán brabántico

Emplea con un ojo real de murciélago cuando trabajes con espíritus malignos para hacer un maleficio contra alguien que te ha ofendido; muy peligroso para el operador. *Emplea con cuidado.*

Aceite de persuasión

⅓ parte de amaro
⅓ parte de lavanda
⅓ parte de pino
3 Raíces de cálamo aromático o usar hojas de caléndula en la botella maestra.

Opcional: Rueda una vela en mezcla de Artemisa o nuez moscada y unge la vela en el hechizo. Usa cerca de la persona de la que deseas que te diga la verdad. No tienen posibilidad alguna de mentir.

Aceite de pie caliente

Chile en polvo, una pizca
½ parte de sándalo rojo
Pimienta negra, una pizca
½ parte de canela
Pizca de azufre

Este aceite se utiliza con un enemigo incómodo. No daña permanentemente y sólo causa sufrimiento temporal.

Aceite de protección de dragón

¼ parte de ámbar
¼ parte de almizcle oscuro (se puede sustituir con almizcle simple)
¼ parte de ruda
¼ parte de almendra

Mezcla los aceites, luego añade 1 pizca de sal de mar, 1 o 2 pedazos pequeños de resina de sangre de drago y un pedazo pequeño de ámbar. Usa como aceite personal para fortalecer tus poderes y convocar el poder, protección y sabiduría del dragón.

Aceite de purificación

½ parte de frankincienso
½ parte de mirra
Sándalo, unas cuantas gotas

Este aceite se puede poner en difusor o en uno para ayudar a mantener lejos la negatividad y las malas influencias. Mezcla muy agradable para trabajo de círculo.

Aceite de purificación II

¾ partes de rosa
¼ parte de romero
Frankincienso, unas cuantas gotas

Este aceite purifica un objeto, lugar o persona.

Aceite de raíz

½ parte de Juan el conquistador
½ parte de galangal
Aceite de Adán y Eva, 8 gotas

Una mezcla de uso general para romper maleficios.

Aceite de sangre de dragón

½ parte de almizcle
½ parte de mirra
Resina de sangre de drago (opcional), unos cuantos granos

Este aceite es para eliminar magia maligna y oscura.

Aceite de sangre de murciélago

¾ partes de magnolia
¼ parte de menta

Emplea en la práctica de la magia negra para causar desavenencias, tensión y caos; se emplea en fetiches vudú.

Aceite de separación

⅓ parte de vetiver

⅓ parte de sándalo

⅓ parte de pimienta negra

Clavo, unas cuantas gotas

Causa que una pareja o sociedad se separe. Emplea para liberarte de una mala situación.

Aceite de serbal

½ parte de palma de cristo

¼ parte de verbena

¼ parte de pino

Pocas gotas de frankincienso

Hierba de san Juan en la botella maestra.

2 onzas de aceite portador

Aunque se usa fundamentalmente para romper un maleficio, esta mezcla se puede emplear para expulsiones o para reflejar y devolver la magia. El aceite se fortalece cuando se emplea durante la Luna Menguante.

Aceite de Tipareth

¼ parte de pino

¼ parte de mirra

¼ parte de sangre de drago

¼ parte de pachuli

Se puede emplear para propósitos buenos o malos, ya sea para romper o para lanzar una maldición o un maleficio. También puede atraer buena fortuna o salud solar.

Aceite de traiciones

¼ parte de mirra

¼ parte de mimosa

¼ parte de jazmín

¼ parte de pachuli

Clavo, unas cuantas gotas

Una mezcla mágica que abarca las disciplinas de diferentes tradiciones de magia popular. El aceite de traiciones se creó para devolver cualquier magia negativa y deshacer la maldición de un practicante adversario.

Aceite espanta muerta

½ parte de menta
½ parte de lavanda

Si estás experimentando la presencia de un fantasma, intenta esta mezcla. Se deshace de magia negativa, que muchos creen que se produce por espíritus malignos, demonios o fantasmas maléficos que están condenados a vagar por la Tierra. Las propiedades limpiadoras de la combinación de menta y lavanda son formidables.

Aceite Excalibur

¼ parte de limón
⅛ parte de naranja
⅛ parte de tomillo
⅛ parte de jengibre
⅛ parte de malva rosa
¼ parte de lavanda

Obligará a otros a hacer lo que desees sin preguntas. Emplea con cuidado.

Aceite grisgrís

½ cucharadita de sándalo
½ cucharadita de laurel
Asafétida, una pizca
Semilla de eneldo, una pizca
¼ de cucharadita de aceite de descruce
2 cucharaditas de tintura de benjuí

Una receta de vudú para poder de todo uso. Emplea en cualquier situación en que se necesite energía extra.

Aceite haz lo que digo

⅓ parte de pachuli
⅓ parte de almizcle
⅓ parte de loto

Para autocontrol, autonomía y confianza en uno mismo, se debe usar este aceite todos los días. Imparte seguridad de que otros se inclinarán a la voluntad de quien lo usa sin siquiera darse cuenta de que están bajo el hechizo de otro.

Aceite hindú

Ver aceite van van en la página 186.

Aceite maleficio X

⅓ parte de sándalo

⅓ parte de pachuli

⅓ parte de mirra

Pocas pizcas de cincoenrama

2 onzas de aceite de oliva

1 pizca de sal

16 gotas de amoniaco

Combina los ingredientes secos y muele para hacer un polvo fino. Mézclalos todos muy bien. Añade 2 cucharadas de polvo al aceite y mezcla. Añade sal y mezcla. Añade amoniaco y agita bien. Divide el contenido en botellas oscuras de 1 onza para almacenar. Emplea la restante mezcla de hierbas como incienso en combinación con el aceite si lo deseas.

Aceite no descarriarse más

Mezcla 2 partes de nardo

1 parte de flores de lavanda

1 parte de yerba mate

2 cucharadas a 2 onzas de aceite portador

Opcional: Se pone un pequeño pedazo de raíz de magnolia en cada botella que se haga de aceite

Se dice que hace que un amante o marido sea fiel. Emplea en el agua para bañarse de tu pareja, unge en las suelas de los zapatos de tu enamorado o rocía en las sábanas de la cama.

Aceite para acabar mal de ojo

½ parte de lavanda

¼ parte de frankincienso

⅛ parte de rosa

⅛ parte de ruda

Esta fórmula trae suerte cuando uno está convencido de que una fuerza destructiva ha descendido a su casa o persona.

Aceite para callar (tapa boca)

⅓ parte de vetiver

⅓ parte de pachuli

⅓ parte de laurel

Aceite de lima, 3 gotas

Es una gran mezcla que detiene chismes, personas que atacan por la espalda y que murmuran hechizos maliciosos en tu contra.

Aceite para conquistar la gloria

¼ parte de sándalo

¼ parte de arrayán brabántico

¼ parte de tonka

¼ parte de naranja

Para ganar por mucho en cualquier competencia y ganar poder sobre otros, sin importar el propósito.

Aceite para conquistar la gloria II

¼ parte de sándalo

¼ parte de arrayán brabántico

¼ parte de tonka

¼ parte de naranja

Para ganar poder sobre otros, escribe sus nombres en pergamino y coloca el papel bajo una vela púrpura que hayas ungido con el aceite. Enciende la vela y repite este pequeño cántico siete veces con rapidez:

(Nombre), (Nombre), haz lo que digo,
Porque sé qué es mejor para ti.
(Nombre), (Nombre), esto rezo,
Sígueme a Tombuctú.

Aceite para controlar

¼ parte de clavo

¾ partes de vetiver

1 parte de raíz de cálamo aromático en la botella maestra.

Conserva un pedazo de raíz de orozuz en una botella maestra para las energías que esta mezcla necesita. Emplea para ungir todos los artículos de hechizo.

Aceite para controlar II

⅓ parte de clavo

⅓ parte de vetiver

⅓ parte de estoraque

Útil en particular en rituales de amor. Emplea en una vela roja de figura masculina. También efectivo cuando se mezcla con hierbas para rellenar muñecos de vudú.

Aceite para controlar III

2 cucharadas de cálamo aromático

2 onzas de aceite de oliva

Pon tres gotas de este aceite en el zapato de otro. Para tener mejor control sobre una situación o persona, escribe la situación o el nombre de la persona en una hoja, coloca la hoja bajo una vela púrpura en que se aplicó este aceite. Enciende todos los días hasta que se consuma la vela y se habrá establecido tu dominio de la situación o persona.

Aceite para cruces

Mezcla partes iguales:

Ajenjo

Mastuerzo

Pon 2 cucharadas de la mezcla en 2 onzas de aceite de oliva. Puedes añadir un pedazo pequeño de raíz de hiedra a cada botella de aceite para aumentar su poder. Emplea en velas o amuletos en rituales diseñados para hacer un maleficio a otro.

Aceite para eliminar mal de ojo

½ parte de clavel

½ parte de sándalo

Mirra, unas cuantas gotas

Poderoso para vencer los efectos negativos de las maldiciones más horribles. Para todos los que tengan una condición cruzada, frota en sienes todos los días hasta que mejore la situación.

Aceite para el mal de ojo

⅓ parte de rosa
⅓ parte de heliotropo
⅓ parte de almizcle

Se emplea para eliminar un maleficio o maldición, o para causar "mal de ojo" a alguien. Ayuda a quien lo usa a evitar el mal cuando se frota en las manos durante siete días; la protección puede durar hasta un año.

Aceite para escapar

⅓ parte de cedro
⅓ parte de ciprés
⅓ parte de romero

Para lograr que lo que sea se vaya o para salir de una situación negativa, sin importar cuál. Cuando se emplea en un muñeco para representar una persona, alejará a esa persona de tu vida.

Aceite para exorcismo

Toma cantidades iguales de estos aceites:

Hisopo
Clavo
Lavanda
Para controlar
Conserva hierba hisopo en la botella maestra.

Emplea para purgar y expulsar cualquier energía maligna o negativa en un lugar o que rodea a una persona.

Aceite para exorcismo II

¼ parte de aceite curativo
¼ parte de aceite de bendición
¼ parte de sándalo
⅛ parte de bergamota
⅛ parte de mirra
Frankincienso, unas cuantas gotas
Hierba Luisa, unas cuantas gotas

Emplea igual que arriba.

Aceite para expulsar el mal

   ⅓ parte de lila
   ⅓ parte de rosa
   ⅓ parte de aceite de fragancia de ámbar gris

Es una fragancia de tono profundo diseñada para expulsar al mal por su puro poder de su integridad, más que por hacerte oler abrumador como hacen muchas mezclas para expulsar el mal. Este aceite repele la negatividad mediante gracia, sutilidad y luz positiva.

Aceite para infieles

   ⅓ parte de piperita
   ⅓ parte de rosa
   ⅓ parte de nuez moscada

Rocía en una pareja infiel para impedirle divertirse en otra parte. Por otro lado, si lo usas tú, podría alentar a tu pareja a ser infiel, si ése es tu deseo.

Aceite para renunciar

   ½ parte de nuez moscada
   ½ parte de canela
   ½ onza de chabacano

Causará que un cónyuge del sexo opuesto deje en paz a quien lo usa y se puede emplear para impedir que otros hagan maleficios a quien lo usa.

Aceite para revelar la verdad

   ¼ parte de pachuli
   ¼ parte de madreselva
   ¼ parte de salvia
   ¼ parte de bálsamo de gilead

Este aceite ayuda a eliminar el velo de engaños e ilusiones de manera que se pueda conocer la verdad.

Aceite para romper hechizos

   ½ parte de lavanda
   ½ parte de rosa
   Piperita, unas cuantas gotas
   Naranja, unas cuantas gotas

Para romper un hechizo, sea tuyo o de alguien más.

Aceite para romper maldiciones

¾ partes de sándalo
⅛ parte de laurel
⅛ parte de bergamota

Unge una vela negra y prende por siete noches durante la Luna Menguante para ayudarte a romper una maldición.

Aceite para romper el amor

⅓ parte de vetiver
⅓ parte de pachuli
⅓ parte de limoncillo

Para arruinar cualquier aventura amorosa o matrimonio. Se emplea en un hechizo contra nuestra propia pareja para causar una separación si se desea, o para deshacerse de atención indeseada.

Aceite para tejer hechizos

½ parte de sangre de drago
¼ parte de mirra
⅛ parte de pino

Para confirmar y anclar los trabajos mágicos.

Aceite Pentatruck

¼ parte de mirra
¼ parte de laurel
¼ parte de clavo
¼ parte de canela

Una mezcla de descruce y de protección de Nueva Orleans.

Aceite perdido y lejos

½ parte de aceite de fragancia de muérdago
¼ parte de orris
¼ parte de salvia

Una de las recetas más poderosas para deshacerse de una persona indeseable o de un enemigo.

Aceite yo puedo, tú no

¼ parte de palma de cristo

¼ parte de rosa

⅛ parte de magnolia

⅛ parte de narciso

⅛ parte de flor de manzana

⅛ parte de glicina

Emplea este aceite cuando un enemigo trata de "disminuirte" en alguna forma (quitarte el trabajo, pareja o que está esparciendo chismes sobre ti, etc.). Rocía este aceite en un objeto que deba tocar. Después de que se prepare el amuleto, no dediques ningún pensamiento o energía más en el problema. Se resolverá en su momento en una forma que es para tu ventaja y beneficio.

Aceite yuza yuza

½ parte de mirra

½ parte de ciprés

Una temida mezcla mística de aceite que se emplea para llamar a los espíritus de los muertos. Muy peligrosa. Nunca uses por broma. También para causar maleficios.

Doble XX (aceite de maldiciones)

Aceite de limón

Además de todos los demás restos de botellas agotadas de fórmulas mezcladas

Confunde a los enemigos. Usa detrás de las rodillas y los tobillos y en el lado interno de los codos. Emplea en todas las reuniones de negocios con personas poco éticas; inclinará la situación a tu favor.

Gotas para mirar de lado

⅛ parte de clavo

⅛ parte de pimienta inglesa

¼ parte de gordolobo

¼ parte de salvia

Hierba genciana en la botella.

Ayudará a quien lo usa a descubrir si una pareja ha sido infiel.

Perfume de mandrágora

⅓ parte de galangal

⅓ parte de hisopo

⅓ parte de eneldo

Orozuz, unas cuantas gotas

Almizcle, unas cuantas gotas

Un pedazo de mandrágora en la botella

Combina una fórmula de maleficio con una de protección. Rara vez se emplea, excepto en manos de los muy experimentados, ya que tiende a ser muy reversible. Los ingredientes invocan elementales y se debe emplear con extrema precaución.

Perfume de brea (no para usar)

½ parte de melaza

¼ parte de ricino

¼ parte de aguarrás

Pizca de aloe feroz

Creosota en la botella

Diseñado en especial para causar conflictos. Emplea sólo cuando desees causar problemas a otros. Una mezcla que roza lo muy negativo. *Piénsalo con cuidado antes de usarlo.*

Perfume jockey club

¼ parte de canela

¼ parte de clavel

¼ parte de clavo

¼ parte de laurel

Pedazo de piel curtida en la botella

Un fuerte destructor de maleficios. Se emplea sólo con fines de descruce. Se puede depender de él para proteger contra todas acciones malvadas.

La madre Luna

Éstas son las trece Lunas Llenas. Cada una tiene un nombre tradicional.

Luna del lobo – Enero
Luna de la tormenta – Febrero
Luna casta – Marzo
Luna de las semillas – Abril
Luna de la liebre – Mayo
Luna de la diada – Junio
Luna azul – variable

Luna de la hidromiel – Julio
Luna de las hierbas – Agosto
Luna de la cebada – Septiembre
Luna de la sangre - Octubre
Luna de la nieve – Noviembre
Luna del roble – Diciembre

Emplea para trabajos de Luna Llena, cargas, empoderamientos, invocaciones, finalizaciones, logros de metas y para honrar a la Madre Diosa. Unge velas, emplea para baños rituales cuando te preparas para el ritual y unge a los miembros conforme entran al Círculo.

Enero: Aceite de luna llena del lobo
¾ partes de Almizcle
¼ parte de Mimosa

Febrero: Aceite de luna llena de la nieve o la tormenta
¼ parte de glicina
¼ parte de heliotropo
¼ parte de mirra
¼ parte de salvia

Marzo: Aceite de luna llena casta o del gusano
¾ partes de madreselva
¼ parte de flor de manzana

Abril: Aceite de la luna llena rosada o de las semillas

½ parte de pino
⅛ parte de laurel
⅛ parte de bergamota
¼ parte de pachuli

Mayo: Aceite de la luna llena de las flores o de la liebre

¾ partes de sándalo
¼ parte de rosa

Junio: Aceite de la luna llena de la fresa o de la diada

½ parte de lavanda
½ parte de lirio del valle

Julio: Aceite de la luna llena del venado o de la hidromiel

¾ partes de frankincienso
¼ parte de orris

Agosto: Aceite de la luna llena del maíz verde o de las hierbas

½ parte de frankincienso
½ parte de heliotropo

Septiembre: Aceite de la luna llena de la cosecha o de la cebada

¾ partes de gardenia
¼ parte de bergamota

Octubre: Aceite de la luna llena de los cazadores o de la sangre

⅓ parte de fresa
⅓ parte de cereza
⅓ parte de flor de manzano

Noviembre: Aceite de la luna llena del castor o de la nieve

¼ parte de cedro
⅛ parte de jacinto
⅛ parte de menta
¼ parte de limón
¼ parte de narciso

Diciembre: Aceite de la luna llena fría o del roble

¼ parte de pachuli

¼ parte de geranio

¼ parte de frankincienso

¼ parte de mirra

Unas cuantas gotas de lila

Aceite de Luna azul (segunda luna llena en un mes)

¾ partes de lavanda

¼ parte de sándalo

Unas cuantas gotas de Romero

Sabbats y rituales

Son ocho las fiestas religiosas paganas, o Sabbats, que se celebran cada año. La palabra "Sabbat" procede de la palabra francesa *s'ebattre*, que significa regocijarse, retozar y deleitarse. Es exactamente para lo que son esos días, la celebración gozosa de la vida y la naturaleza. Los Sabbats están determinados por la naturaleza, no por la gente. Recuerda, se combinaron las fechas de nacimiento de Washington y de Lincoln, y luego se pasaron al lunes. No se puede ser más arbitrario. Los ocho Sabbats están determinados por la Tierra y el Sol, y por la energía natural que se crea por la relación entre ellos. Esto los convierte en fiestas religiosas por completo naturales, donde las energías naturales están en su punto alto y bajo. Eran fechas importantes para nuestros ancestros, los cuales las empleaban para ayudar a determinar cuándo plantar y cosechar.

Por lo tanto, ¿qué son esos Sabbats?

Una vez al año en el Hemisferio Norte tenemos la noche más larga del año, acompañada por el día más corto. A este día lo llamamos Solsticio de Invierno. En el punto opuesto exacto de la Rueda del Año, tenemos el día más largo del año y la noche más corta. A esto se le llama Solsticio de Verano. Cada primavera, llega un día en que las horas entre la salida y la puesta del sol son exactamente las mismas horas entre la puesta y la salida del Sol. A esto se le llama Equinoccio Vernal. Cada otoño hay otro día en que las horas de oscuridad y de luz de día están en equilibrio con exactitud. A esto se le llama Equinoccio Autumnal. A estos cuatro días se les conoce como "días de cambio de estación", ya que dividen al año en cuatro secciones iguales. Para los paganos, también se les conoce como Sabbats Menores.

Las otras cuatro fiestas religiosas se definen con las cuatro primeras. Estos días son la bisección, o el punto medio, de las otras cuatro fiestas religiosas. Algunos consideran que estos Sabbats son las cuatro fiestas religiosas más importantes, ya que representan puntos de cambio en las estaciones. Entre el Solsticio de Invierno y el Equinoccio Vernal está Imbolc. Entre el Equinoccio Vernal y el Solsticio de Verano está Beltane. Entre el Solsticio de Verano y el Equinoccio Autumnal está Lughnasadh (Lammas). Entre el Equinoccio Autumnal y el Solsticio de Invierno está Samhain (la Noche de Brujas). Samhain también es el cambio del año y se le considera el más importante y poderoso de todos los Sabbats.

Los siguientes aceites pueden ayudarte en todo, desde ungir velas hasta mezclar con incienso y ungir individuos conforme entran al Círculo. Algunos de los aceites son para rituales que puedes llevar a cabo en cualquier momento del año, para consagración de herramientas y para poner en un atomizador para atraer cierta energía a una habitación.

Aceite de abramelin

1 parte de mirra
½ parte de canela
½ parte de galangal
¼ del aceite de oliva más fino

Este aceite, que se emplea para ungir, se hace de acuerdo a la receta en la traducción de Mathers de *La magia sagrada de Abramelin el mago*: una parte de mirra, ½ parte de canela, ½ parte de galangal y la mitad del peso total en el mejor aceite de oliva. Aunque muchas personas hacen este aceite con aceites esenciales, que son muy convenientes, los aceites esenciales pueden concentrar demasiado ciertos aspectos de las hierbas y dejar fuera otros. Este aceite se hace con las grandes púas de corteza de canela, lágrimas de mirra y raíz de galangal en rebanadas. Los ingredientes se aplastan (¡un proceso sucio!) y se maceran en el aceite durante un mes para que tome todas las complejidades de las hierbas empleadas. Entonces se permite a las hierbas asentarse, dejando su aroma en el aceite. Este aceite no quemará tu piel como pueden hacerlo los aceites que se preparan con aceite esencial de canela.

Aceite de altar

½ parte de frankincienso
¼ parte de mirra
Cedro, unas cuantas gotas

Unge el altar con este aceite a intervalos regulares y pide a tu deidad que lo cuide.

Aceite de altar II

½ parte de frankincienso
¼ parte de mirra
⅛ parte de galangal
⅛ parte de verbena
Ámbar gris, unas cuantas gotas

Unge tu altar una vez a la semana, en especial el domingo u otro día santo. Coloca en un plato abierto en una habitación para aumentar la espiritualidad, pedir la ayuda de espíritus positivos y crear una atmósfera bendita.

Aceite de ambrosía

½ parte de madreselva
¼ parte de coco
¼ parte de hibisco
Canela, unas cuantas gotas

Ésta es una mezcla especial para Sabbats. Perfecta para las fiestas religiosas de Mitad del Verano y Lammas.

Aceite de Beltane

½ parte de lirio del valle
¼ parte de violeta
¼ parte de madreselva
Pizca de bálsamo de Melisa

Mezcla en la botella. Unge el altar y las velas para las celebraciones de Beltane.

Aceite de Beltane II

⅓ parte de rosa
⅓ parte de sangre de drago
⅓ parte de cilantro

Usar en el gran Sabbat de beltane (primero de mayo).

Aceite de bouquet árabe

¼ parte de sándalo
¼ parte de almizcle
¼ parte de mirra
¼ parte de pimienta inglesa

Aceite especial diseñado para purificar el espíritu antes de invocar a los espíritus buenos. Este aceite también protegerá contra maleficios.

Aceite de bruja

3 cucharadas de miel
6 gotas de madreselva
13 gotas de sangre de drago
3 gotas de pachuli
¼ de taza de aceite de girasol

Mezcla todos los ingredientes en una noche de Luna Llena y emplea el aceite para ungir velas para todo tipo de magia, adivinación, comunicación con espíritus e invocaciones.

Aceite de círculo

½ parte de frankincienso
¼ parte de mirra
¼ parte de benjuí

4 gotas de cada uno de los siguientes:

Sándalo

Canela

Rosa

Verbena

Laurel

Bergamota, un par de gotas, no más.

Usa cuando crees un espacio sagrado para tus operaciones de magia.

Aceite de consagración

¼ parte de limón

¼ parte de vetiver

¼ parte de vainilla

¼ parte de rosa

Emplea para consagrar instrumentos mágicos y velas.

Aceite de consagración II

⅓ parte de aceite de frankincienso

⅓ parte de aceite de mirra

⅓ parte de aceite de canela

Una hoja de laurel

½ onza de aceite portador

Para la consagración de armas e instrumentos mágicos.

Aceite de consagración de talismanes

2 partes de frankincienso

1 parte de ciprés

1 parte de hojas de fresno

1 parte de valeriana

1 pizca de alumbre

1 parte de tabaco

1 pizca de asafétida

2 onzas de aceite de oliva

Deja que hierbas y aceites reposen en el aceite de oliva durante dos semanas, agitando cada tercer día. Cuela en la botella y usa. Recomendado, ¡aunque no huele bien!

Aceite de dios

¼ parte de almizcle

¼ parte de pachuli

⅛ parte de ámbar gris

⅛ parte de canela

⅛ parte de frankincienso

⅛ parte de cedro

Aceite de rosa, sólo unas cuantas gotas

Añade una piedra de ámbar a la botella

Para invocar el lado masculino de tu ser espiritual para trabajos mágicos.

Aceite de Esbat

¼ parte de menta

¾ partes de verbena

Mezcla partes iguales y emplea durante rituales y hechizos en la Luna Llena.

Aceite de Esbat II

¼ parte de frankincienso

¼ parte de rosa

¼ parte de limón

¼ parte de jazmín

Este aceite general para ungir se puede emplear para tus velas de torre de vigilancia, así como aceite para el círculo y para ti como ayuda para personalizarte para los dioses.

Aceite de hadas de la mitad del verano

½ parte de rosa

¼ parte de manzanilla

¼ parte de lavanda

3 pétalos de margarita

3 pizcas de verbena

3 pizcas de flor de saúco

Para la magia que traen las noches de verano. Maravilloso para la adivinación.

Aceite de Imbolc

⅓ parte de lavanda
⅓ parte de eneldo
⅓ parte de romero

Emplea aceites esenciales mezclados con el aceite portador de tu elección. Usa este aceite en el círculo y para ungir velas para ritual. Usa durante el tiempo de bendición y de dar carga a las semillas (2 de febrero).

Aceite de Imbolc II

Cantidades iguales de todos:

Jazmín
Rosa
Manzanilla
Limón
Lavanda

Para usar en el gran Sabbat de Imbolc y Candelaria (2 de febrero).

Aceite de iniciación

½ parte de frankincienso
½ parte de mirra
Sándalo, unas cuantas gotas

Para trabajos de iniciación y consagración, ceremonias y Esbats. Emplea para ceremonias de iniciación mística y también para aumentar tu conciencia del reino espiritual.

Aceite de iniciación de la suma sacerdotisa

¼ parte de gardenia
¼ parte de loto
¼ parte de narciso
¼ parte de ylang ylang

Se puede añadir una gota de alcanfor, si se desea, para fortalecer las propiedades lunares. Este aceite es específico para la iniciación muy especial de una sacerdotisa de tercer grado en la tradición Wicca.

Aceite de la Biblia

½ parte de hisopo
½ parte de frankincienso

Para éxito en los rituales, unge todas las velas en el altar con aceite de la Biblia, excepto las negras.

Aceite de la brisa de verano

⅛ parte de flor de naranjo
¾ partes de naranja dulce
⅛ parte de manzanilla
Rosa, unas cuantas gotas
Lavanda, unas cuantas gotas

Emplea sólo aceites esenciales en esta mezcla. Ayuda a producir una vibración más alta de energía en ti o en tu medio ambiente. Excelente en un difusor de habitación, o pon una gota en bolas de algodón y coloca en la habitación.

Aceite de la Candelaria o de Brígida

½ parte de aceite de fragancia de almendra
¼ parte de salvia
¼ parte de sangre de drago

Para usar en el gran Sabbat de la Candelaria o para trabajar o invocar a la diosa Brid; para trabajos de fertilidad, amor o guerra.

Aceite de la Diosa

½ parte de rosa
¼ parte de nardo
⅛ parte de limón
⅛ parte de palmarosa
Ámbar gris, unas cuantas gotas

Haz el aceite en una fase de Luna Menguante y deja que repose trece noches. Invoca y venera a la Diosa.

Aceite de la Diosa II

⅓ parte de limón
⅓ parte de jazmín
⅓ parte de alcanfor
Unos cuantos granos de sal de mar

Invocar o venerar a la Diosa.

Aceite de la Diosa de la Primavera

⅓ parte de nardo
⅓ parte de sándalo
⅓ parte de mirra

Un aceite muy joven y de aroma fragante para trabajar con el aspecto de doncella de la Diosa.

Perfume de la Diosa del Sol

⅓ parte de canela
⅓ parte de hierba luisa
⅓ parte de ylang ylang

Emplea esta mezcla como ofrenda en honor a la diosa y para liberar la energía del Dios Sol con el fin de asegurar una cosecha abundante.

Aceite de la espiritualidad

½ parte de sándalo
¼ parte de cedro
¼ parte de frankincienso
¼ de taza de aceite portador

Mezcla los aceites y añade un pequeño pedazo de sándalo, cedro o lágrima de frankincienso y cualquiera de los siguientes: calcita, diamante, lepidolita o sugilita. Usa antes de todo trabajo y ritual espiritual. Asegúrate de visualizar tu meta antes de usar el aceite.

Aceite de la Luna Nueva

⅓ parte de jazmín
⅓ parte de manzanilla
⅓ parte de pachuli
Sándalo, 2-3 gotas

Para trabajar con las energías de la Luna Oscura.

Aceite de la Luna Oscura

½ parte de jazmín
¼ parte de manzanilla
¼ parte de pachuli
Sándalo, una gota o dos

Para trabajar con las energías de la Luna Nueva.

Aceite de la mitad del verano

¼ parte de lavanda

¼ parte de romero

¼ parte de rosa

¼ parte de girasol

Una pizca de brillo de oro

Una mezcla para ayudar a celebrar el día más largo del año, el solsticio de verano.

Aceite de la mitad del verano II

⅓ parte de frankincienso

⅓ parte de naranja

⅓ parte de pachuli

Canela, 2-3 gotas

Para usar durante la celebración de la fiesta del solsticio de verano.

Aceite de la mitad del verano III

½ parte de flor de naranjo

¼ parte de cedro

¼ parte de sándalo

Canela, unas cuantas gotas

Palmarosa, unas cuantas gotas

Clavo, 3 gotas

El tiempo para disfrutar los primeros frutos de la generosidad de la estación. Un momento para pedir abundancia; también por magia de fertilidad.

Aceite del amor propio

¼ parte de nardo

¼ parte de rosa blanca

¼ parte de geranio

¼ parte de rosa

Palmarosa, unas cuantas gotas.

Prepara y da poder al aceite antes del ritual; se emplea para aumentar la autoestima.

Aceite del arco druida

¼ parte de flor de manzana
¼ parte de vainilla
¼ parte de cereza
¼ parte de aceite de oliva

Para cualquier tipo de rito druida.

Aceite de la Rosacruz

½ parte de rosa
½ parte de loto

Un aceite ritual para todo propósito.

Aceite de la sacerdotisa

⅛ parte de violeta
⅛ parte de limón
¼ parte de madreselva
½ parte de lavanda
Lila, unas cuantas gotas

Aceite encantador que atrae las energías de la diosa y aumenta la autoconfianza y la autoestima.

Aceite de las lupercales

¼ parte de rosa
¼ parte de vainilla
¼ parte de durazno
¼ parte de jazmín
Tonka, unas cuantas gotas

Las lupercales son un festival romano de la fertilidad. Este aceite es para atraer fertilidad y abundancia, frivolidad y felicidad a tu vida.

Aceite de la suma sacerdotisa

½ parte de glicina
½ parte de rosa
Lavanda, unas cuantas gotas

Para iniciaciones y para usar dentro del círculo sagrado durante trabajo mágico.

Aceite del círculo mágico

⅓ parte de baya de junípero
⅓ parte de frankincienso
⅓ parte de sándalo
Romero, unas cuantas gotas
Nuez moscada, unas cuantas gotas

Para trabajo general de magia, en especial al trazar círculos.

Aceite del círculo sagrado

¾ partes de frankincienso
¼ parte de sándalo
Canela, 2-3 gotas

Unge tu cuerpo antes de rituales religiosos para estimular la espiritualidad. También unge a otros durante ritos místicos y religiosos de grupo.

Aceite del gran altar

½ parte de frankincienso
½ parte de rosa

Un buen aceite para todo propósito a usar al ungir tu altar u objetos sagrados.

Aceite del gran altar II

½ parte de aceite van van
½ parte de aceite de fragancia de almendra

Aplica al altar y a las velas este poderoso aceite. Quema sólo en un altar que se ha bendecido y vendrán buenos espíritus. Emplea el aceite para ungir cabezas durante servicios bautismales vudú. Atrae sólo buenos espíritus.

Aceite del gran altar III

¼ parte de frankincienso
¼ parte de vainilla
¼ parte de heliotropo
¼ parte de ylang ylang
Mirra, unas cuantas gotas

Este aceite se emplea para invitar buenos espíritus y guías angelicales a tu espacio sagrado.

Aceite del león dorado

⅓ parte de frankincienso

⅓ parte de petit grain

⅓ parte de lima

Naranja dulce, unas cuantas gotas.

Bueno para usar en Lammas o en agosto, ya que combina con las energías de leo y el Sol.

Aceite de los ritos místicos

¼ parte de juan el conquistador

¼ parte de galangal

¼ parte de canela

¼ parte de cebolla albarrana

Aceite general para Sabbat y ritual. Vibra en un poderoso nivel espiritual y mágico.

Aceite de Lammas

⅓ parte de lima

⅓ parte de canela

⅓ parte de sándalo

Clavo, unas cuantas gotas

Frankincienso, unas cuantas gotas

Mezcla bien y embotella. Emplea para rituales de Lughnasadh o Lammas.

Aceite de Lammas II

½ parte de frankincienso

¼ parte de albahaca

¼ parte de aceite portador de girasol

Pachuli, unas cuantas gotas

Para usar en el Gran Sabbat de Lammas (fiesta de la cosecha).

Aceite de limpieza de herramientas

⅛ parte de limoncillo

⅛ parte de aceite de fragancia de almendra

¼ parte de benjuí

½ parte de menta

Mezcla y emplea durante rituales de limpieza de herramientas.

Aceite de Litha

½ parte de Angélica
½ parte de verbena
Girasol, algunas gotas

Ayuda con actividades de adivinación y para ver más allá del velo de la noche de san Juan.

Aceite de Litha II

¼ parte de avellana
¼ parte de saúco
¼ parte de lavanda
¼ parte de romero

Mezcla en la botella. Emplea para ungir altar y velas. Emplea en la noche de san Juan.

Aceite de loban

½ parte de frankincienso
¼ parte de bergamota
⅛ parte de limón
⅛ parte de lila

Un poderoso purificador para emplear antes y después de un ritual.

Aceite del poder

¾ partes de naranja
⅛ parte de jengibre
⅛ parte de pino

Para llenarte con poder adicional durante rituales potentes, unge con aceite de poder.

Aceite del poder del círculo de piedras

¼ parte de romero
½ parte de frankincienso
¼ parte de vetiver

Emplea esta mezcla para expulsiones y para protección de peligro físico y espiritual.

Aceite del poder mágico

¼ parte de sangre de drago

¼ parte de jengibre

¼ parte de tangerina

¼ parte de pimienta inglesa

Frankincienso, unas cuantas gotas

Vainilla, unas cuantas gotas

Unge tu cuerpo antes de los rituales religiosos para estimular la espiritualidad. También, unge a otros durante rituales místicos de grupo.

Colonia del sacerdote de la Luna

¼ parte de hierba luisa o lima

½ parte de cilantro

¼ parte de alcanfor o mirra

Aumentar la mirra produce un perfume más oscuro; aumentar el alcanfor uno más claro y más aromático. Este aceite está diseñado para ayudar a los hombres con cualquier magia de la Luna.

Aceite del Samhain

½ parte de pino

¼ parte de frankincienso

¼ parte de pachuli

Lavanda, unas cuantas gotas

Para usar en el Gran Sabbat de Samhain (día de brujas).

Aceite del solsticio de invierno

½ parte de pino

¼ parte de frankincienso

¼ parte de mirra

Usa esta mezcla durante la celebración y festividad del solsticio de invierno.

Aceite del solsticio de verano

½ parte de lavanda

½ parte de romero

Pino, 2-3 gotas

Este aceite es para usar en el día más largo del año, el momento en que el Sol es más fuerte. Es un momento para pedir abundancia y de hacer magia de fertilidad de manera que la cosecha sea buena.

Aceite del templo

½ parte de frankincienso
¼ parte de romero
⅛ parte de laurel
⅛ parte de sándalo

Usa durante ritos religiosos, los diseñados para fomentar la espiritualidad, y los trabajos del templo.

Aceite del tiempo de la primavera

¾ partes de limón
¼ parte de bergamota
Arrayán brabántico, unas cuantas gotas

Mezcla brillante, alegre e inspiradora, excelente para trabajar con el festival del renacimiento de la Madre Tierra después de la muerte del invierno.

Aceite de Lugh

½ parte de heliotropo
½ parte de aceite de girasol
1 piedra citrina
1 pieza de oro, como una cadena, pedazo de joyería o raspaduras de oro (obtén de un joyero)

Emplea en rituales de Lughnasadh o Lammas o cuando invoques a Lugh.

Aceite de Lugh II

Partes iguales de todos:

9 gotas de lima
9 gotas de rosa
9 gotas de malva rosa
9 gotas de lavanda
6 gotas de sándalo
6 gotas de sangre de drago

Mezcla bien y embotella. Emplea en rituales de Lughnasadh o Lammas o cuando invoques a Lugh.

Aceite de Lughnasadh

½ parte de menta
½ parte de sauco
Abeto, unas gotas
Avellana, unas gotas

Mezcla bien y embotella. Emplea en rituales de Lughnasadh o Lammas.

Aceite de Luna Creciente

¼ parte de lavanda
¼ parte de rosa
¼ parte de pachuli
¼ parte de sándalo

Para trabajar con la Luna Menguante cuando está tres cuartas partes llena. Un excelente momento para hechizos y rituales de manifestación. ¡Me encanta este aceite!

Aceite de Luna Llena

¾ partes de gardenia
¼ parte de loto
Jazmín, unas cuantas gotas

Ayuda para hacer preparaciones, bendecir artículos y hacer deseos y peticiones durante este tiempo de generación y emergencia.

Aceite de Luna Llena II

½ parte de jazmín
¼ parte de rosa
¼ parte de sándalo
Limón, unas cuantas gotas
Añade una piedra lunar a la botella

Ayuda a hacer que cualquier proyecto que necesita crecer rinda frutos, como amor, fertilidad y empresas financieras.

Aceite de Luna Llena III

⅔ partes de sándalo
⅓ parte de limón
Rosa, unas cuantas gotas

Otro aceite para invocar los poderes de la Luna cuando está redonda.

Aceite de Luna Llena IV

½ parte de jazmín
½ parte de sándalo

Igual que la anterior.

Aceite de Luna Llena V

½ parte de sándalo
¼ parte de vainilla
⅓ parte de jazmín
Rosa, sólo unas cuantas gotas

Mezcla antes de la Luna Llena. Carga en un recipiente o vial transparente bajo la luz de la Luna Llena. Emplea para ungir velas o a ti mismo para rituales de Luna Llena o sólo cuando sientas que necesitas la energía de la Luna.

Aceite de Mabon

⅓ parte de romero
⅓ parte de frankincienso
⅓ parte de flor de manzana
Manzanilla, unas cuantas gotas

Usa durante la celebración de la fiesta de otoño.

Aceite de Mabon II

⅓ parte de pino
⅓ parte de sándalo
⅓ parte de jengibre
Limón, unas cuantas gotas

Un aroma inspirado en árboles que recuerdan las majestuosas cualidades de una cosecha de otoño.

Aceite de Mabon o equinoccio de otoño

¼ parte de sándalo
¼ parte de pino
¼ parte de pimienta inglesa
¼ parte de nuez moscada
Almizcle, unas cuantas gotas
Canela, unas cuantas gotas

Se emplea para celebrar Mabon, la estación del otoño y las celebraciones de la cosecha. Trae amor, belleza, recompensa y muchas bendiciones de la estación de la cosecha para tu hogar.

Aceite de Macha (Lughnasadh)

½ parte de semilla de uva

½ parte de maíz

1 pedazo pequeño de obsidiana

1 pequeña pluma de cuervo

Emplea en rituales de Lughnasadh o Lammas o cuando invoques a Macha.

Aceite de Ostara

⅓ parte de jazmín

⅓ parte de geranio

⅓ parte de pachuli

Junípero, unas cuantas gotas

Se usa para celebrar el equinoccio vernal, donde la luz y el día están en equilibrio.

Aceite de Ostara II

Partes iguales de todos:

Almendra

Pachuli

Saúco

Lavanda

Violeta

Este aceite es maravilloso para tener en un difusor y celebrar el festival del renacimiento de la Tierra después de la muerte del invierno.

Aceite de Ostara III

½ parte de vetiver

⅛ parte de geranio

⅛ parte de ylang ylang

¼ parte de rosa

Se usa para celebrar el equinoccio vernal, donde la luz y el día están en equilibrio.

Aceite de Ostara IV

½ parte de palo santo

¼ parte de geranio

⅛ parte de manzanilla
⅛ parte de mirra
Cedro, unas cuantas gotas
Laurel, unas cuantas gotas

Otro aceite para usar en el Gran Sabbat del equinoccio vernal.

Aceite de perfume para velas

⅓ parte de jazmín
⅓ parte de canela
⅓ parte de pachuli
Aceite de oliva

Se emplea para poner a flotar pábilos. Por lo general no es más que aceite de oliva perfumado. Más para decoración que para propósitos de ritual, pero los aceites tienden a atraer amor, curación y fuerzas positivas.

Aceite de poder de lo antiguo

¼ parte de frankincienso
¼ parte de mirra
⅛ parte de sándalo
⅛ parte de verbena
⅛ parte de aceite de fragancia de muérdago
⅛ parte de aceite de fragancia de mandrágora (opcional)
Pedazo de mandrágora en la botella maestra

Auténtica mezcla druida antigua para aumentar el poder en cualquier trabajo.

Aceite de purificación

½ parte de frankincienso
½ parte de mirra
Sándalo, unas cuantas gotas

Este aceite se puede poner en un difusor o ponerse en uno, para ayudar a alejar la negatividad y las malas influencias. Mezcla muy agradable para el trabajo del círculo.

Aceite de Sabbat

½ parte de frankincienso

¼ parte de mirra

¼ parte de sándalo

Naranja, unas cuantas gotas

Limón, unas cuantas gotas

Añade a una base de aceite de oliva y usa en las celebraciones de Sabbat.

Aceite de Sabbat II

½ parte de frankincienso

¼ parte de mirra

¼ parte de pimienta inglesa

Clavo, unas cuantas gotas

Este aceite puede ayudar a "preparar el escenario" en el área ritual conforme entran los participantes.

Aceite de Sabbat III

1 cucharadita de frankincienso, en polvo

1 cucharadita de mirra, en polvo

1 cucharadita de benjuí, en polvo

Añade ¼ de taza de aceite de oliva. Calienta poco a poco en una flama viva hasta que los polvos se hayan derretido en el aceite. Enfría y aplica con moderación para los Sabbats.

Aceite de sirenas

⅓ parte de loto

⅓ parte de ámbar gris

⅓ parte de clavel

Aceite de fragancia rain, unas cuantas gotas (opcional)

Las sirenas pueden ser amigas y enemigas de la humanidad. Cuando son tus amigas, pueden ser protectoras feroces y poderosas. Este aceite se puede emplear para ungir la torre de vigilancia en ritual y conjurar a las sirenas para proteger y guiar tu círculo.

Aceite de todo propósito para bendiciones y ungir el altar

⅓ parte de sándalo

⅓ parte de mirra

⅓ parte de frankincienso

Clavo, unas cuantas gotas

Se emplea para ungir el altar y las herramientas del altar.

Aceite de unción

¼ parte de pachuli

¼ parte de canela

⅛ parte de verbena

Bendice velas con este aceite antes de que se empleen en una ceremonia. Se dice que magnetiza la vela o que le da más fuerza oculta. Se pueden usar para limpiar un altar o una habitación de veneración. Para éxito: emplea en velas, añade a incienso o al agua para bañarse. Aplica en bolsas de conjuro.

Aceite de unción II

¼ parte de sándalo

¼ parte de cedro

¼ parte de naranja

¼ parte de limón

Emplea para propósitos de unción ritual general.

Aceite de unción III

⅛ parte de romero

⅛ parte de frankincienso

⅛ parte de menta

⅛ parte de sándalo

Canela, unas cuantas gotas

Emplea para propósitos de unción ritual general.

Aceite de unción IV

½ parte de rosa
¼ parte de canela
⅛ parte de naranja
⅛ parte de lavanda

En general, se puede emplear cualquier aceite para ungir, ya que ungir tan sólo significa frotar con aceite o aplicar aceite en especial para consagración.

Aceite de untar del Rey Sol

½ parte de frankincienso
½ parte de sándalo
3 pizcas de azafrán o aceite de girasol

Concentrándote en el Sol, frota el aceite en la persona o prenda que representa el Sol. Esta mezcla invoca la energía benéfica en el receptor.

Aceite de verano

¼ parte de verbena
⅛ parte de bálsamo de gilead
½ parte de ylang ylang
⅛ parte de magnolia

Mezcla para usar en ritos de verano, trabajo de hechizos y rituales.

Aceite de vudú

¼ parte de mirra
¼ parte de pachuli
¼ parte de galangal
¼ parte de jazmín
Limón, unas cuantas gotas

Es una mezcla de aceite estándar para cualquier ritual o trabajo vudú.

Aceite de Wicca

½ parte de frankincienso

⅛ parte de mirra

⅛ parte de sándalo

$1/16$ parte de naranja

$1/16$ parte de limón

Mezcla diseñada para rituales e iniciaciones de Wicca.

Aceite de yule

½ parte de aceite de girasol

Almizcle, unas cuantas gotas

Aceite de ajonjolí, unas cuantas gotas

½ parte de romero

Mezcla en la botella. Unge el altar y las velas.

Aceite de yule II

¼ parte de pino

¼ parte de abeto

¼ parte de aceite de fragancia de almendra

1 palito de canela

¼ parte de almizcle

4 clavos

Paz, armonía, amor, adivinación, un planeta más sano y mayor felicidad.

Aceite de yule III

¼ parte de canela

¼ parte de clavo

⅛ parte de mandarina

⅛ parte de pino

¼ parte de frankincienso

¼ parte de mirra

Otro aceite para usar durante la celebración de la fiesta del solsticio de invierno.

Aceite de yule IV

¼ parte de pimienta inglesa

⅛ parte de cedro

⅛ parte de naranja

¼ parte de vainilla

⅛ parte de gotas de frankincienso

⅛ parte de sándalo

Laurel, unas cuantas gotas

Añade hoja de laurel, gotas de frankincienso y brillo de oro a las botellas individuales (opcional) antes de añadir el aceite. Este aceite es para celebrar esta gloriosa estación del nacimiento del Sol.

Aceite Dios en el interior

⅓ parte de ciprés

⅓ parte de almizcle y rosa

⅓ parte de vainilla

Para trabajar con el aspecto masculino divino en el trabajo de hechizos.

Aceite Diosa en el interior

½ parte de sándalo

¼ parte de alcanfor

¼ parte de limón

Para ayudarte a ponerte en contacto con tu diosa interna.

Aceite enoquiano

¼ parte de frankincienso

¼ parte de rosa

¼ parte de hisopo

¼ parte de mirra

Para invocar las entidades enoquianas, o para visitar a los Aethyrs.

Aceite general para ungir

½ parte de frankincienso
¼ parte de cedro
⅛ parte de sándalo
⅛ parte de mirra

Un aceite general para ungir a usar en velas, herramienta, altar y en ti mismo cuando lleves a cabo trabajo mágico.

Aceite hoodoo

⅓ parte de miel
3 semillas de calabaza secas
⅓ parte de aceite de rosa
½ parte de aceite de pachuli
Madreselva, unas cuantas gotas

Cuando la Luna está llena, moler las semillas de calabaza, empleando molcajete y mano. Mezcla todos los ingredientes a la luz de una vela blanca nueva. Embotella y conserva en un lugar oscuro. Se emplea para rituales.

Aceite Luna negra

¼ parte de vainilla
¼ parte de cálamo aromático
½ parte de orquídea
Unas cuantas semillas de amapola

Un aroma hermoso, oscuro y misterioso. Es mejor hacerlo con aceites de fragancia de un vendedor respetable. Prepara durante una Luna Menguante.

Aceite lunar

½ parte de sándalo
¼ parte de alcanfor
¼ parte de limón

Aceite para todo propósito para celebrar a la luna en todas sus fases durante el año.

Aceite para conjuros

½ parte de mirra

¼ parte de pachuli

⅛ parte de galangal

⅛ parte de jazmín

Limón, unas cuantas gotas

Emplea para ungir velas para trabajo general; da más poder a cualquier operación, en especial para hacer bolsas de conjuros.

Aceite para la oscuridad de la luna

½ parte de mirra

⅛ parte de canela

¼ parte de aceite de fragancia de reina de la noche

⅛ parte de rosa

Mezcla, embotella y agita bien. Emplea en trabajo de hechizos en la Luna Llena para ponerte en contacto con ancestros y con los muertos.

Aceite para todo propósito

¾ partes de palma de Cristo (aceite de ricino)

⅛ parte de heliotropo

⅛ parte de loto

⅛ parte de madreselva

⅛ parte de vetiver, almizcle blanco o musgo de roble

Estos aceites mezclados son muy poderosos. Cuando no estés seguro de qué aceite es el más apropiado para tu intención, puedes usar este aceite.

Sin embargo, necesitas concentrarte en un propósito específico si lo empleas de esta manera. Emplea como aroma en un anillo de luz o para ungir velas.

Da una sensación agradable a una habitación.

Bueno para consagrar herramientas de ritual, velas, altares y habitaciones de trabajo.

Aceite para ungir de sangre de bruja

¼ de onza de artemisa (polvo de ajenjo)

¼ de onza de raíz de valeriana (entera de ser posible)

¼ de onza de hierba verbena

¼ de onza de polvo de raíz de rubia

½ de onza de raíz de mandrágora (nuez blanca)

½ litro de aceite de oliva

9 gotas de musgo de roble

7 gotas de saúco

10 gotas de esencia de pino

5 gotas de manzanilla

2 gotas de miel o savia dulce

1 pizca de sal de mar blanca

Cuando la emplea sólo un sumo sacerdote, no añadas la verbena; cuando la emplea sólo una suma sacerdotisa, no añadas el musgo de roble.

Es difícil hacer esta receta en pequeñas cantidades. La mayoría de las personas encuentra la receta completa del todo satisfactoria para uso general, por ejemplo, en un aspecto ritual de diosa o dios para influir en tus hechizos. Representa un maravilloso regalo para la iniciación.

Aplicación para velas

1 gota de rosa

1 gota de vainilla

1 parte de vetiver

3 partes de limón

Mezcla tradicional empleada para aplicar en velas antes de cualquier tipo de servicio o rito.

Aceite sagrado

Aceite de oliva como aceite portador

½ parte de lirio del valle

½ parte de rosa

Cruz en la botella

Aceite especial que se emplea sólo para bendecir velas antes de que se usen en un ritual vudú. Muy atrayente.

Aceite sagrado II

½ parte de rosa

¼ parte de frankincienso

¼ parte de flor de naranjo

Aceite de oliva, unas cuantas gotas

Aceite especial para bendecir altares, velas, talismanes y personas.

Aceite tetragrámaton

⅓ parte de arrayán

⅓ parte de cedro

⅓ parte de frankincienso

Para cualquier trabajo o actividad ceremonial de magia goécica.

Perfume de la sacerdotisa de la Luna

¼ parte de aceite de fragancia de reina de la noche

½ parte de rosa

¼ parte de hierba Luisa

Este aceite está diseñado para ayudar a las mujeres con cualquier magia de la Luna.

Aceites planetarios

Los siete planetas sagrados (los cinco planetas visibles, más el Sol y la Luna) se relacionan con los días de la semana y también con las horas planetarias dentro de los días. Los siete planetas sagrados también se asociaban con los antiguos dioses y diosas. El uso de estos planetas y sus horas tiene una antigua historia en la brujería y el paganismo. Estos aceites ayudan a invocar los poderes y las características del poder planetario individual. Puedes emplear estos aceites para ungir velas o usarlos como aroma personal para ayudar a trasmitir el poder de las deidades representadas por los planetas. También se pueden combinar con aceites zodiacales cuando trabajas en un hechizo basado en la astrología.

Aceite del Sol – Sol, Apolo, domingo; rige a Leo

Aceite de Mercurio – Mercurio, Hermes, Wotan; miércoles; rige a Géminis y Virgo

Aceite de Venus – Venus, Freya; viernes; rige a Tauro y Libra

Aceite de la Tierra – Terra, Gaia, Tierra; nuestra Madre

Aceite de la Luna (se encuentra en la sección de Sabbat) – Luna, Artemisa; lunes; rige a Cáncer

Aceite de Marte – Marte, Twi; rige a Aries; rige en conjunto a Escorpio

Aceite de Júpiter – Júpiter, Zeus, Thor; jueves; rige a Sagitario; rige en conjunto a Piscis

Aceite de Saturno – Saturno, Cronos; sábado; rige a Capricornio; rige en conjunto a Acuario

Aceite de Urano – Urania; rige en conjunto a Acuario

Aceite de Neptuno – Neptuno, Poseidón; rige en conjunto a Piscis

Aceite de Plutón – Plutón, Hades; rige en conjunto a Escorpio

Perfume de la madre Tierra

⅓ parte de almizcle

⅓ parte de pachuli

⅓ parte de rosa

Mezcla en partes iguales, embotella y agita bien. Una mezcla deliciosa para ayudarte a trabajar con la madre Tierra.

Aceite del amanecer de la Tierra

½ parte de vetiver

½ parte de rosa

¼ parte de vainilla

¼ parte de ciprés

Para ayudar a atraer los elementales y las energías de la Tierra.

Aceite de la Tierra

½ parte de pachuli

½ parte de ciprés

Usa para invocar los poderes de la Tierra para atraer dinero, prosperidad, abundancia, estabilidad y creación.

Aceite de la Tierra II (elemental)

1 gota de pachuli

¼ parte de pino

½ parte de magnolia

¼ parte de madreselva

La Tierra es un reino de fertilidad, riqueza, abundancia y estabilidad.

Aceite de la Tierra III

⅓ parte de sándalo

2 gotas de vetiver

⅓ parte de mirra

⅓ parte de pachuli

2 gotas de madreselva

Crea este aceite añadiendo los ingredientes en el orden en que están en la lista.

Aceite de Júpiter (planetario)

¾ partes de bouquet de musgo de roble

¼ parte de clavo

Bouquet tonka, unas cuantas gotas

Ponte para riqueza, prosperidad, ayuda en asuntos legales y para todas las demás influencias jupiterianas.

Aceite de Júpiter II

¼ parte de hisopo
⅛ parte de clavo
⅛ parte de nuez moscada
⅛ parte de sándalo
⅛ parte de palo santo
Almendra amarga, unas cuantas gotas

Igual que el planetario, para atraer las cualidades de ese planeta. Puede traer buena fortuna y causar que la gente se vuelva generosa contigo. Aumenta la jovialidad.

Aceite de Júpiter III

¾ partes de sándalo
¼ parte de anís
Almendra, unas cuantas gotas

Entre los dioses grecorromanos, Júpiter representa las virtudes supremas de juicio y voluntad. Hacen este aceite quienes desean conseguir riquezas, protección de todos los peligros terrenales, alcanzar honores y gloria, y lograr tranquilidad mental.

Aceite del Sol

½ parte de frankincienso
¼ parte de canela
⅛ parte de petit grain
⅛ parte de romero

Este aceite trae prosperidad y bienestar general, y posiciones de alto nivel como puestos ejecutivos y de gobierno civil. Una mezcla maravillosa para ayudar en nuevas empresas, publicidad notoriedad, honores y autoestima, finanzas y curación.

Aceite del Sol II

1 cucharadita de canela molida
1 cucharadita de bayas de junípero machacadas
1 hoja de laurel estrujada
Una pizca pequeña de azafrán genuino

Coloca los ingredientes en baño María y calienta a flama baja en ¼ de taza de aceite de base. Cuela y usa para curación, vitalidad, fuerza, promociones y todas las influencias solares.

Aceite del Sol (planetario)

½ parte de frankincienso
¼ parte de mirra
¼ parte de ámbar

Para atraer las cualidades del planeta o para venerar e invocar al dios; realza el placer, aumenta la comprensión de arte y música, presenta soluciones a problemas y escape de situaciones desfavorables.

Aceite de Marte

⅓ parte de jengibre
⅓ parte de canela
⅓ parte de algalia
Añade limaduras de hierro y sangre de drago a cada botella (opcional)

Este aceite gusta en particular a los hombres, ya que aumenta su energía, vitalidad y pasión. Tanto hombres como mujeres lo aplican con liberalidad en muñecas y manos cuando enfrentan cualquier enemigo. Lo favorecen los soldados que creen que lleva a honores militares. Para causar ruina, discordia y hostilidad entre nuestros enemigos, rocía en su casa o frótalo en su ropa.

Aceite de Marte (planetario)

½ parte de jengibre
½ parte de albahaca
Pimienta negra, una gota o dos

Usa para poder físico, deseo, energía mágica y todas las influencias marcianas.

Aceite de Mercurio (planetario)

½ parte de lavanda
½ parte de eucalipto
Menta, una gota o dos

Usa para atraer influencias mercuriales, como comunicación, inteligencia y viajes.

Aceite de Neptuno (planetario)

⅓ parte de ámbar gris
⅓ parte de loto
⅓ parte de pepino
Jacinto, unas cuantas gotas

Para atraer las cualidades del planeta o venerar e invocar al dios; para cambiar la fortuna, ayudar en política, para mandar a los elementales.

Aceite de Neptuno

⅓ parte de lirio del valle
⅓ parte de magnolia
⅓ parte de lavanda

En el pensamiento primitivo, Neptuno, era el dios del cielo (es decir, el dios de nubes y lluvia). Más adelante se convirtió en el dios del agua fresca y, por último, se le consideró como el dios del mar. Es él quien desata las tormentas, representando las pasiones del alma, en especial en su papel más extremo de destructor. Este aceite, cuando se emplea todos los días y se aplica en un círculo alrededor de la cintura del cuerpo, debe servir para calmar la turbulencia de esos trastornos en la vida, en particular cuando las turbulencias tienen como causa pasión o ira que se libera.

Aceite de Plutón

¾ partes de almizcle
⅛ parte de frankincienso
⅛ parte de jacinto

Este aceite produce transformación y metamorfosis.

Aceite de Plutón II

½ parte de ciprés
¼ parte de menta
⅛ parte de eucalipto
⅛ parte de mimosa

Para atraer las cualidades del planeta o para venerar e invocar al dios. Diseñado para actividades de guerra y política, para empresas financieras de amplios términos y especulación.

Aceite de Saturno

⅓ parte de pino
⅓ parte de pachuli
⅓ parte de mirra

Para atraer las cualidades del planeta o venerar e invocar al dios. Facilidad de aprendizaje y aprobar exámenes, traer tranquilidad al hogar.

Aceite de Urano

½ parte de almizcle
½ parte de sándalo
Rosa, 2 a 3 gotas

Para atraer las cualidades del planeta o para venerar e invocar al dios. Emplea en empresas mágicas y en especial cuando el mago desea ocultar sus intenciones para influir en la opinión pública.

Aceite de Urano II

½ parte de jara
¼ parte de almizcle
¼ parte de frankincienso

Urano, el hijo de Gaea, la diosa griega de la Tierra, solía esconder a sus hijos de la luz en los huecos de la Tierra. Si deseas esconder lo que sea, en especial información secreta, escribe el secreto en un pergamino que hayas remojado en este aceite y luego hayas secado. Quema el papel en la flama de una vela verde. El secreto no se revelará nunca a menos que tú lo descubras.

Aceite de Venus

⅓ parte de rosa
⅓ parte de gardenia
¼ parte de frangipani
¼ parte de glicina
⅛ parte de aceite de fragancia de diamantes blancos (opcional)

Para atraer las cualidades del planeta o para venerar o invocar a la diosa; para crear armonía y traer amor, encender la pasión en un enamorado o tranquilizar una discusión.

Aceite de Venus (Planetario)

⅓ parte de ylang ylang
⅓ parte de geranio
⅓ parte de cardamomo
Manzanilla, unas cuantas gotas

Usa para atraer amor y amistades, para fomentar la belleza y para otras influencias venusinas.

Aceite propio del Sol

¼ parte de sándalo

¼ parte de frankincienso

½ parte de naranja

Emplea cuando desees encontrar la confianza para conocer y seguir tu propio camino, sacar fuerza de tu interior y poder del universo.

Aceites zodiacales

Los aceites zodiacales se relacionan con los diversos signos del zodiaco y ayudan a simbolizar e invocar el tipo de actividades y características con que se asocia a los diversos signos del zodiaco. Puedes emplear estos aceites para ungir velas o ponértelos con aceites planetarios como aroma personal para ayudar a fortalecer características astrológicas débiles o para ayudar a fortalecer las características astrológicas fuertes. Estas fórmulas se emplean para atraer las cualidades de un signo astrológico particular y para influir en la gente que nació bajo ese signo.

Aceite de Aries – El carnero; 21 de marzo – 21 de abril; regido por Marte; elemento fuego.
Aceite de Tauro – El toro; 21 de abril – 21 de mayo; regido por Venus; elemento Tierra.
Aceite de Géminis – Los gemelos; 21 de mayo – 21 de junio; regido por Mercurio; elemento aire.
Aceite de Cáncer – El cangrejo; 21 de junio – 21 de julio; regido por la Luna, elemento agua.
Aceite de Leo – El león; 21 de julio – 21 de agosto; regido por el Sol; elemento fuego.
Aceite de Virgo – La virgen; 21 de agosto – 21 de septiembre; regido por Mercurio; elemento Tierra.
Aceite de Libra – La balanza; 21 de septiembre – 21 de octubre; regido por Venus; elemento aire.
Aceite de Escorpio – El escorpión; 21 de octubre – 21 de noviembre; regido por Plutón y Marte; elemento agua.
Aceite de Sagitario – El arquero; 21 de noviembre – 21 de diciembre; regido por Júpiter; elemento fuego.
Aceite de Capricornio – La cabra del mar; 21 de diciembre – 21 de enero; regido por Saturno; elemento Tierra.
Aceite de Acuario – El aguador; 21 de enero – 21 de febrero; regido por Urano y Saturno; elemento aire.
Aceite de Piscis – Los peces; 21 de febrero – 21 de marzo; regido por Neptuno y Júpiter; elemento agua.

Aceite del arquero
¾ partes de romero
¼ parte de musgo de roble
Clavo, unas cuantas gotas

Diseñado para uno de mis amigos de Sagitario. Creo que huele un poco raro, pero los sagitarios que lo han probado parecían disfrutarlo.

Aceite de Aries

¾ partes de frankincienso

⅛ parte de jengibre

⅛ parte de pimienta negra

Petit grain, 2 a 4 gotas

Ayuda en inicios, en atletismo y en competencias de destreza y suerte.

Aceite etéreo

⅓ parte de sándalo

⅓ parte de amaro

⅓ parte de lavanda

Ciprés, unas cuantas gotas

Cree éste con energías de Acuario y aire.

Aceite de Tauro

½ parte de bouquet de musgo de roble

¼ parte de cardamomo

¼ parte de ylang ylang

Usa como aceite personal para aumentar tus poderes.

Aceite de Géminis

¾ partes de lavanda

⅛ parte de menta

⅛ parte de limoncillo

Bouquet de guisante de olor, unas cuantas gotas

Ayuda a la rapidez de pensamiento, el ingenio y la energía; mejora la facilidad con ideas y aprendizaje; ayuda en tratos con miembros de la familia, en especial con hermanos.

Aceite de Cáncer (niños de la Luna)

¾ partes de palmarosa

⅛ parte de manzanilla

⅛ parte de milenrama

Ayuda en artes domésticas, humor, destrezas empresariales y éxito en los negocios, etcétera.

Aceite de Leo (planetario)

½ parte de petit grain
¼ parte de naranja
¼ parte de lima

Esta mezcla ayudará a que mantengas pensamientos activos y claros, además de que tengas entusiasmo en trabajar para ti.

Aceite de Leo

¼ parte de frankincienso
⅛ parte de almizcle
⅛ parte de rosa
⅛ parte de limón
⅛ parte de pachuli
Bálsamo de gilead, unas cuantas gotas

Mejora drama, magnetismo personal, individualidad, hedonismo.

Aceite de Virgo

½ parte de bouquet de musgo de roble
¼ parte de pachuli
Ciprés, unas cuantas gotas

Para actividades que se relacionen con trabajo o comida, poderes de análisis.

Aceite de Libra

½ parte de malva rosa
¼ parte de ylang ylang
¼ parte de palmarosa

Emplea para atraer o fortalecer una asociación deseada, para influir en un caso de corte, para causar comprensión y placer en la música.

Aceite de Libra II

½ parte de malva rosa
¼ parte de ylang ylang
¼ parte de palmarosa
Rosa, 2 a 3 gotas
Cardamomo, 2 a 3 gotas

Usa como aceite personal para aumentar tus poderes y ayudar a que se amen las artes.

Aceite de Escorpio

½ parte de pino
½ parte de cardamomo
Pimienta negra, unas cuantas gotas

Emplea en actividades de sexo, seguridad financiera y en trabajos de profunda espiritualidad y ocultismo.

Aceite de Sagitario

¾ partes de romero
¼ parte de bouquet de musgo de roble
Clavo, 2 a 3 gotas

Para causar generosidad, aumentar la comprensión de conceptos amplios, ayudar en viajes, en especial en viajes largos.

Aceite de Capricornio

¼ parte de valeriana
¼ parte de pino
¼ parte de ylang ylang
¼ parte de galangal
Glicina, unas cuantas gotas

Mejora la destreza política, la habilidad para manipular personas y eventos. Suerte con el dinero; respeto por otros.

Aceite de Acuario

¾ partes de lavanda

⅛ parte de ciprés

⅛ parte de pachuli

Fortalece las destrezas sociales, el sentimiento de comunidad, amistad, originalidad, espontaneidad y habilidad psíquica en grupos.

Aceite de Acuario II

½ parte de jazmín

¼ parte de lavanda

⅛ parte de pachuli

⅛ parte de vetiver

Emplea como aceite personal para aumentar tus poderes.

Aceite de Piscis

½ parte de ylang ylang

½ parte de sándalo

Jazmín, una gota o dos

Emplea como aceite personal para aumentar tus poderes.

Tercera parte

Todo sobre los aceites

Propiedades mágicas de aceites portadores para uso en hechizos, rituales y pociones

Los aceites portadores se emplean en la magia para hacer aceites con los cuales ungir, además de pociones para muchos hechizos y rituales.

Los aceites portadores, bases de aceite o aceites de base vegetal, tienen existencia propia y esto se encuentra "detrás" de los ingredientes adicionales para unirlos y darles más poder. También es posible "programar" aceites portadores sólo con intención; por ejemplo, mediante escribir los ingredientes adicionales o el propósito para el aceite en un papel y colocarlo bajo la botella de aceite durante un periodo de 24 horas.

Aunque por lo general los aceites portadores son seguros de usar en la piel, la poción podría ser o no segura, dependiendo de qué otros ingredientes se han añadido. Si se van a emplear en la piel, lleva a cabo primero una pequeña prueba de alergias. Por ejemplo, el aceite de germen de trigo es peligroso en particular para personas con alergia al trigo o al gluten.

Cuando unjas lo que sea, debes hacer una prueba en un área pequeña de un lugar discreto. Los aceites portadores siempre se deben comprar y almacenar en botellas oscuras para aumentar su vida útil.

Aceite de semilla de chabacano (*prunus armeniaca*)

El aceite de semilla de chabacano es muy rico y nutritivo, cálido y solidario.

Los chabacanos por tradición se han asociado con Venus, diosa de mujeres, poder y amor. El aceite de semilla de chabacano, como portador, da protección a las mujeres además de apoyar sus actividades, desde la menopausia hasta el parto.

Una poción de amor basada en aceite de semilla de chabacano tendrá un fuerte y poderoso aspecto protector. Se recomienda para pociones de amor, por ejemplo, para una virgen que busca su primer amor.

Sólo porque el aceite de semilla de chabacano tiene esencia de Venus, no significa que los hombres no lo puedan utilizar también para protección personal. Emplea este aceite para crear una mayor resonancia con el cosmos femenino en general, o cuando se necesite una base femenina de vibración en una poción o aceite para ungir.

El aceite de semilla de chabacano dura de seis a doce meses.

Aceite de aguacate (*persea americana o persea gratissima*)

Los árboles de aguacate proceden del bosque tropical de México y fueron importantes en la veneración inca, donde se les relacionó con todos los temas de procreación debido a su semejanza con el vientre embarazado de una mujer.

El aceite de aguacate es el aceite de la pasión y, por supuesto, una de las pasiones es el sexo. El aceite es muy espeso y denso, muy terrenal más que etéreo. Al emplearlo para pociones de amor o aceite de unción de amor, tendrá un fuerte impulso hacia la sexualidad física, pero también hacia la procreación. Así que a menos que eso sea lo que deseas, ten un poco de cuidado con este aceite.

Los aspectos de fecundidad, pasión y procreación pueden ser útiles en actividades de negocios y asuntos de dinero. En general, el aceite de aguacate puede ayudar a hacer que una idea sea realidad por completo.

Emplea en menos de tres meses.

Aceite de borraja (*aceite de borrago o borago officinalis*)

La borraja es una planta interesante que se ve adecuada para el médico brujo: peluda y con púas, pero con una sorprendente flor doble de cinco pétalos en color azul pálido a violeta.

Emplea este aceite como portador cuando se necesita aplicar una guía superior para descubrir la verdad sobre una situación o para superar un problema actual, incluyendo problemas legales y de relaciones. El Aceite de borraja traerá consigo una resonancia de valor, honestidad y alineación a una situación.

Una poción de amor que emplea aceite de borraja como portador se podría emplear en circunstancias en que haya confusión de otras personas, o donde asuntos como matrimonios previos o relaciones actuales están confundiendo el tema. Emplear aceite de borraja como portador impulsará cualquier tema con fuerza hacia su resolución, así que ten cuidado con lo que pidas. El poder del aceite de borraja no renuncia con facilidad.

El aceite de borraja no dura mucho más allá de tres meses, incluso en el refrigerador.

Aceite de onagra vespertina (*oenotheva fiennis*)

La planta de onagra vespertina procede de América, donde la comían y utilizaban los pueblos indígenas en muchas formas diferentes. Por ejemplo, las hojas se empleaban para hacer cataplasmas para heridas. La gente frotaba la planta en todo el cuerpo y los pies para enmascarar su aroma antes de cazar. El hecho de que esta planta tenga flores que "brillan en la oscuridad" y que todas las partes sean comestibles, de las raíces a las semillas, podría explicar su popularidad y alta posición como planta mágica.

En tiempos modernos, el aceite de onagra vespertina se vende como tratamiento para muchos males, incluyendo el fregadero de la cocina tapado. Esto ha diluido su campo de poder de alguna forma, así que ten cuidado cuando emplees este aceite como portador.

Las verdaderas propiedades mágicas de la onagra vespertina se encuentran en protección, escudo y también sustentar. Es un "amigo en la adversidad", con conexión a los niveles más elevados de la existencia. Abre sus flores a la noche y, así, se puede emplear con seguridad en pociones diseñadas para fortalecer la visión, las habilidades paranormales y la clarividencia mientras se mantiene uno seguro.

El aceite de onagra vespertina dura de tres a seis meses.

Aceite de semilla de uva (*vitis vinifera*)

En un tiempo se pensó que las uvas eran el alimento de los dioses. Como el vino se hace con uvas, ¡son muchos los que están vivos en la actualidad que estarán de acuerdo! Ese "espíritu" de la uva es fuerte en especial en sus semillas, donde se almacena toda la vida de la planta para propósitos futuros.

El aceite de semilla de uva es una base apropiada para aceites de unción espiritual para uno mismo, una estatua de una deidad u objetos con tendencia espiritual, o para hacer pociones que estén diseñadas para fortalecer o producir el desarrollo espiritual.

En las pociones de amor, emplear semilla de uva como aceite portador da una dimensión espiritual a toda la poción. La semilla de uva es muy neutral, esperando una huella que entonces se ampliará y se trasmitirá el mensaje en una dimensión espiritual. Esto, junto con su bajo precio, hace que el aceite de semilla de uva sea el aceite perfecto para todos los días y todos los propósitos.

Emplea en menos de tres a cuatro meses.

Aceite de jojoba (*simmondsia chinensis*)

El aceite de jojoba tiene una estructura cerosa y es el menos "aceitoso" de todos los portadores. Penetra a profundidad en la piel y lleva con él todo lo que transporta. ¡Su consistencia no grasosa lo hace una buena elección como aceite para ungir! La planta de jojoba procede del desierto de Sonora, donde proporciona un alimento muy necesario en un medio ambiente difícil.

El aceite de jojoba es un portador que se emplea en momentos en que necesitas perseverancia extra, estás tratando de superar adversidades, no deseas renunciar y estás prosperando a pesar de no estar del todo en el jardín del Edén.

Es poderoso contra dudas, depresión y renunciar demasiado pronto, éste es el aceite portador a usar cuando necesitas el "esfuerzo" extra en tu aceite para ungir o poción, para mantener la visión clara y concentrada, y continuar avanzando hasta que se termine.

El aceite portador de jojoba tiene una caducidad de nueve meses a un año debido a su naturaleza cerosa.

Aceite de oliva (*olea europaea*)

Llamado "Oro Líquido" por Homero, el aceite de oliva tiene una historia de al menos 6 000 años de servicio a la raza humana.

Se le vincula con salud enérgica, bienestar y placer por la vida, además de éxito y enorme prosperidad. Los árboles de olivo le sacan provecho a lo que la mayoría de los otros árboles podrían considerar un medio ambiente difícil. Son fuertes y conceden prosperidad práctica y buena salud a sus dueños.

El aceite de oliva es una elección muy apropiada para las pociones más dedicadas para dinero y éxito. También es un aceite portador de base muy poderoso para cosas que están diseñadas para causar un cambio real en el plano terrenal.

En los hechizos de amor, el aceite de oliva se emplea si se busca un marido o esposa rico o se desea una asociación basada en prosperidad y éxito terrenal.

Usa en menos de nueve meses a un año.

Aceite de semilla de durazno (*prunus persica*)

El duraznero procede de China, donde es uno de los árboles frutales domesticados más antiguos. Existen registros de durazneros que crecían hace al menos 6 000 años.

El duraznero no es de vida larga, pero se dice que su fruta otorga longevidad, que el árbol cedió en favor de trasmitir longevidad a través de su fruto a quienes lo comen. El duraznero también es muy hermoso, con flores blancas o rosas cuando florea. A diferencia de muchas plantas más mundanales, el duraznero es especial, exótico, tiene experiencia con la gente, siempre es una verdadera delicia y es una forma de elevar el ánimo en quienes lo experimentan.

El aceite de semilla de durazno es refinado y retiene la memoria de su largo linaje de servicio a la humanidad y a todas las demás criaturas que nutre.

El aceite de semilla de durazno se emplea en magia de energía para propósitos especiales. Ha demostrado ser un portador activo confiable y poderoso. Su conexión con la longevidad y la inmortalidad lo hace útil para aceites de unción angelicales y para magia de Hadas.

Cuando se emplea como portador para una poción de amor o aceite para ungir, el aceite de semilla de durazno traerá la esencia de una relación espiritual y de larga duración.

Emplea en menos de tres meses.

Aceite de almendra dulce (*prunus amygdalus*)

El árbol de almendra dulce, con su multitud de flores blancas, se consideraba un lugar donde se unirían los espíritus amistosos de la Tierra. Plantar uno se consideraba muy afortunado, lo que llevaba a prosperidad y a una existencia bendita.

La energía portadora del aceite de almendra dulce es de suave apoyo y bendición incondicional.

Se puede emplear para cualquier propósito ya que sólo tomará cualquier ingrediente que se añada y emitirá sus energías sin interponerse en el camino. Es un aceite muy apropiado para principiantes ya que es seguro y positivo, tanto en el aspecto físico como mágico.

Por esta razón a menudo se emplea en pociones y aceites de protección, y en hechizos para proteger niños y su inocencia.

Un hechizo de amor basado en aceite de almendra dulce como portador sería apropiado para un virgen, una persona joven o alguien que desee una relación sin restricciones y protectora en lugar de algo que sea enormemente apasionado. En la práctica, el aceite de almendra dulce es la primera elección entre quienes emplean la aromaterapia. Es rico en vitaminas y muchos otros elementos, todos los cuales son nutritivos y de apoyo.

Emplea en menos de nueve meses.

Aceite de girasol (*helianthus annuus*)

El maravilloso girasol es una de las plantas de más rápido crecimiento que existen. Es increíblemente abundante y, en su estación, es el rey del mundo de las flores.

Con el fin de lograr ese crecimiento, el girasol absorbe al Sol y lo hace parte de su propia estructura. Así, el aceite de sus semillas está impregnado de luz solar, poder y cualidades que dan vida.

La mayoría de las personas cocina con aceite de girasol y piensa que es demasiado "común" para usar como aceite para ungir con propósitos rituales, pero ése es un gran error.

Si deseas resultados superiores, crecimiento rápido y el poder del Sol como base de tu poción, dándole extra, extra poder, entonces el aceite de girasol es el aceite portador para ti.

Ni siquiera tengo que decirlo... ¿cómo puedes tener un aceite de prosperidad sin que el aceite de girasol participe en alguna forma? Este aceite dorado de luz de Sol es perfecto para los hechizos positivos de prosperidad y además funciona con rapidez.

Si empleas aceite de girasol como base para una poción de amor, ¡mejor ponte el cinturón de seguridad y los lentes para sol! No siempre es apropiado para todos. Para muchas personas, y por diversas razones, es tal vez más seguro ir con uno de los aceites portadores más suaves y de mayor protección.

El aceite de girasol dura un año si se le trata bien.

Aceite de germen de trigo (*triticum vulgare*)

Nota de Seguridad: Deben evitar el aceite de germen de trigo quienes tienen alergia a trigo o a gluten. Puede causar reacciones alérgicas incluso si no eres alérgico al gluten.

El aceite de germen de trigo, como está hecho de lo que al principio fue un abundante pasto que crecía silvestre, es un poderoso aceite curador natural y restaurador de la vida y la vitalidad en un nivel muy básico y primario.

Por supuesto, el trigo tiene un largo historial, en especial en los pueblos celtas, de ser algo que nutre y los alimenta, que les da el pan diario y mantiene viva a la familia.

Es un aceite apropiado para usar en pociones para curar y proteger todo lo que se relacione con temor y tensión, también traumas, abusos y lesiones accidentales.

En consecuencia, se puede emplear, por ejemplo, para pociones de amor donde se necesite ayuda extra, si alguien todavía sufre de corazón roto o si quedó traumado por relaciones amorosas anteriores.

Si no estás seguro, siempre haz primero una prueba en una pequeña área de la piel. Si eres sensible a él, todavía puedes usar este aceite para ungir con brocha mientras usas guantes.

Emplea en menos de tres meses.

Medidas de aceites esenciales comunes

1 gota = 0.05 ml

1 ml = 20 gotas

1 cucharadita = 5 ml

1 cucharadita = 100 gotas

1 cucharada = 15 ml

1 cucharada = 300 gotas

1 onza = 30 ml

1 onza = 600 gotas

Receta para la tintura de benjuí

Remoja 1 cucharada de benjuí en polvo en ¼ de taza de vodka de buena calidad o vinagre de sidra de manzana durante tres semanas. Cuela y conserva en una botella oscura de tapa hermética. Añade tintura de benjuí para preservar tus aceites.

Descripciones de aceites esenciales

El uso de los aceites esenciales

Muchas plantas contienen aceites esenciales que se pueden extraer de flores, hojas, raíces, corteza, semillas y cáscaras. Cada uno de estos aceites esenciales está muy concentrado y tiene propiedades curativas específicas. Por ejemplo, pueden ser relajantes, antiespasmódicos, antisépticos, calmantes, caloríficos o estimulantes. La calidad del aceite esencial depende de diversos factores: especie de planta, región, condición del suelo y el clima en que ha crecido la planta, hora del día en que se cosechó el material vegetal, el método empleado de extracción y el almacenamiento. Se cree que las plantas que se cultivan en forma orgánica o que se colectan en el campo producen los aceites esenciales de la más alta calidad.

Extraer los aceites esenciales se realiza utilizando diversos métodos, pero los mejores son destilación de vapor y prensado en frío. Evita los aceites sintéticos siempre que sea posible y los que se extraen con solventes químicos. En todos los casos, se necesitan cantidades muy grandes de materiales vegetales para extraer incluso las cantidades más pequeñas de aceite. Esto significa que los métodos de extracción requieren mucho trabajo y son costosos. En consecuencia, es mejor comprar aceites esenciales de fuentes respetables.

Aceites de calidad

Asegúrate de que tus aceites esenciales sean de alta calidad y puros. Lee las etiquetas: Cerciórate de que un aceite procede de la planta específica que indica el nombre del producto. Saber los nombres en latín de las plantas puede ser útil. Evita aceites mezclados y reconstituidos y aceites con aditivos sintéticos o químicos. Todo lo que tenga la etiqueta "aceite de fragancia" no es puro.

Efecto terapéutico: La investigación muestra que los beneficios aromáticos de los aceites esenciales tienen una gama de cualidades que fomentan la salud. También pueden reducir ansiedad y tensión, y mejorar en general el bienestar. Los aceites esenciales se emplean con lámparas de aromaterapia, inhalaciones de vapor, baños y masajes.

Dilución para uso: Los aceites esenciales están muy concentrados y se deben diluir con agua, extractos de plantas o aceites portadores antes de que se apliquen a la piel.

Aceites portadores: Los aceites portadores hacen exactamente lo que dicen. "Portan" el potente aceite esencial para usar en la piel. Son aceites grasos, de base vegetal... por lo general aceites de verduras, nueces o semillas, como los aceites de almendra dulce, semilla de chabacano, oliva y germen de trigo. Cada uno tiene su propio valor terapéutico que se añade al valor del aceite esencial. Emplea hasta 15 gotas de aceite esencial por onza de aceite portador. Prepara cantidades pequeñas según se necesite.

Otras bases: Existen varios extractos que funcionan bien como bases para diluir aceites esenciales que se pueden emplear de la misma manera que los aceites portadores. Por ejemplo, el hamamelis es astringente y combate la inflamación, la sábila es humectante y curativa para quemaduras, cortadas y piel irritada y el Agua de Rosas imparte su aroma y es antiséptica.

Creencias controversiales: En Europa, se acepta por lo general la ingestión de aceites esenciales, ante todo porque se hace bajo el cuidado de un médico. Pero los herbolarios estadunidenses son más conservadores: como los ingredientes activos en los aceites esenciales están muy concentrados, pueden ser peligrosos si se emplean en forma inapropiada o en exceso. Sólo deberías ingerir aceites esenciales de acuerdo al consejo y recomendación de un herbolario calificado.

Consejo extra: Almacena los aceites esenciales en botellas de vidrio opacas y etiquetadas con claridad en un lugar fresco y oscuro. Refrigera los aceites de cítricos. Almacenados en forma apropiada, la mayoría de los aceites esenciales durarán más de un año.

Aceites populares

Aceite de hoja de pimienta inglesa

El árbol de pimienta inglesa es nativo de México y las Indias Occidentales. Pariente del árbol del clavo, alcanza una altura de alrededor de 12 metros y tiene diminutas flores blancas que producen pequeñas bayas, que se secan y emplean como especia. El sabor cálido de las bayas recuerda a clavos, nuez moscada y canela. Como las bayas, el aceite esencial que se extrae de las hojas del árbol de pimienta inglesa tiene un olor un poco aromático. Tiene un poderoso y estimulante efecto en el cuerpo y en la mente. El aceite de hoja de pimienta inglesa calienta el cuerpo y fomenta la circulación cuando se añade a aceites de masaje y agua para bañarse, ayudando a aliviar dolor de calambres y distenciones musculares. Inhalar el aceite tiene un efecto benéfico en las infecciones del tracto respiratorio, ya que puede mitigar la tos y aclarar la mucosidad. Además, emplearlo como aceite de masaje puede aliviar calambres. El aroma cálido y aromático del aceite de hoja de pimienta inglesa puede levantar el ánimo y ayudar a superar fatiga y languidez.

Para depresión leve

El efecto estimulante y armonizador del aceite de hoja de pimienta inglesa puede ayudar a aliviar depresión leve, en especial cuando se mezcla con los reconfortantes aceites de lavanda y bergamota. Pon a prueba esta mezcla en una lámpara de aromaterapia:

3 gotas de aceite de hoja de pimienta inglesa
2 gotas de aceite de bergamota
2 gotas de aceite de palo santo
1 gota de aceite de lavanda

Efecto terapéutico: Los cariofilenos, eugenol metil éter y felandreno en el aceite de hoja de pimienta inglesa estimula la circulación y tiene efecto calentador y relajante en casos de fatiga física y mental. El aceite también ayuda a aliviar dolores de estómago y cólico intestinal. Además, el efecto fortalecedor del aceite de hoja de pimienta inglesa puede ayudar a la recuperación en enfermedades contagiosas.

Para dormir bien en la noche: Un baño que contenga aceite de hoja de pimienta inglesa puede tener efecto relajante y de equilibrio y puede ayudar a fomentar un sueño reparador. Mezcla 2 gotas de aceite de hoja de pimienta inglesa y de amaro, 3 gotas de aceite de lavanda y 2 onzas de aceite de jojoba. Mezcla bien; añade al agua para bañarse.

Para una piel más firme: Una loción que contenga aceite de hoja de pimienta inglesa puede ayudar a nutrir la piel y protegerla de resequedad. También tiene efecto de dar firmeza. Mezcla 3 gotas de aceite de hoja de pimienta inglesa en 2 onzas de loción. *Precaución: No emplear como loción facial.*

Para tos: Una inhalación de aceite de hoja de pimienta inglesa puede terminar con la tos y acelerar la recuperación en resfriados. Mezcla 2 gotas de aceites de hoja de pimienta inglesa, frankincienso y manzanilla. Agrégalos a un recipiente grande de agua hirviendo. Cubre tu cabeza con una toalla e inhala los vapores.

Para relajar la tensión muscular: Mezcla 2 gotas de aceites de hoja de pimienta inglesa y de junípero, 3 gotas de aceite de romero y 1 gota de aceite de canela en 4 onzas de aceite de almendra dulce. Frota con suavidad los músculos adoloridos.

Consejo extra: Una compresa con aceite de hoja de pimienta inglesa puede calmar dolores de cabeza. Mezcla 2 gotas en 2 litros de agua fría. Moja una tela en el líquido y pon la tela en la frente.

● **Ten Cuidado!** Asegúrate de diluir bien el aceite de hoja de pimienta inglesa y emplea sólo en cantidades muy pequeñas, ya que dosis grandes del aceite pueden causar irritación de la piel y de las membranas mucosas. Evita usar aceite de hoja de pimienta inglesa cerca de ojos, boca y nariz.

Aplicaciones

- El aceite de hoja de pimienta inglesa puede ser efectivo para aliviar dolor de dientes leve. Mezcla 1 gota del aceite en 1 cucharadita de vinagre de sidra y mezcla en un vaso de agua caliente. Emplea para enjuagarte la boca, pero no tragues nada del líquido. *Nota: Siempre consulta a tu dentista de inmediato en cualquier tipo de dolor de dientes.*
- Un baño con aceite de hoja de pimienta inglesa puede ayudar a mejorar tu circulación cuando tengas un resfriado fuerte. Mezcla 2 cucharadas de leche y 3 gotas de aceites de hoja de pimienta inglesa, tomillo, limón y romero. Llena la tina con agua caliente y añade la mezcla al agua para bañarte. Báñate 20 minutos y luego enjuágate en regadera con agua tibia. Este baño te ayudará a sentirte más fuerte y acelerará tu recuperación además de prevenir más infecciones.
- Para ayudar a mitigar calambres y dolor por gas, mezcla 2 gotas de aceite de hoja de pimienta inglesa y 3 gotas de aceite de lavanda en 2 onzas de aceite de almendra dulce. Mezcla bien los ingredientes y frota en el abdomen.

- El aceite de hoja de pimienta inglesa posee ligeras propiedades desinfectantes y se puede emplear para limpiar la casa y la ropa. Mezcla 3 gotas de aceite de hoja de pimienta inglesa, limón y pino en 4 litros de agua y mezcla bien. Emplea para trapear el piso o limpiar la cocina. También puedes añadir al agua de la lavadora.

Aceite de Angélica

La elegante planta conocida como *Angelica archangelica* recibió su nombre por su famoso hábito de florear en el día festivo de san Miguel Arcángel. Una planta alta, majestuosa y que se expande, se considera a Angélica una de las hierbas más potentes en el mundo botánico, una panacea para todos los males. De la misma manera, el aceite esencial de la hierba parece impartir rejuvenecimiento y fuerza a cualquiera que lo emplee. Extraído de las raíces frescas o de las semillas, el aceite de Angélica se obtiene con uno de dos métodos diferentes: destilación por vapor o extracción con solvente. Ambos están disponibles, pero es mejor emplear el aceite destilado para propósitos medicinales. Además, el aceite de la raíz es más fácil de conseguir y es más fuerte que el aceite de la semilla. Sin embargo, sin importar qué tipo utilices, el aceite de Angélica fortalece la circulación de la sangre y alivia enfermedades respiratorias, entre ellas tos, congestión y resfriados; calma molestias digestivas, como dolor de estómago, falta de apetito, calambres e indigestión, y fomenta la sudoración para aliviar fiebres. En un nivel emocional, su aroma balsámico y almizclado eleva el ánimo, calma la ansiedad y fomenta la relajación.

Para una vitalidad renovada

La fragancia del aceite de Angélica tiene un efecto estimulante que puede fomentar la fortaleza emocional e inspirar nueva fuerza para la vida diaria. Aromatiza cualquier habitación de la casa evaporando la siguiente mezcla en tu lámpara de aromaterapia:

3 gotas de angélica
2 gotas de albahaca
1 gota de jengibre

Efecto terapéutico: El aceite de Angélica contiene lactonas, ácidos, borneol, cumarinas y terpenos, como pineno. Estos compuestos dan al aceite su efecto fortalecedor en el cuerpo y la mente. El aceite también puede estimular al sistema inmune y proteger al cuerpo contra infecciones. Además, calma calambres menstruales e intestinales y alivia indigestión, hinchazón y gas. Como afloja la mucosidad y calma la tos, el aceite ayuda a aliviar síntomas que por lo general se asocian con resfriados, gripe y bronquitis.

Para dolores de cabeza: El efecto relajador y calmante del aceite de Angélica alivia con suavidad dolores de cabeza causados por exceder los límites mentales. Mezcla 1 gota de aceite de Angélica con 20 gotas de aceite de almendra dulce o de oliva. Da masaje con la mezcla en tu frente y sienes.

Para resfriados: Las inhalaciones con aceite de Angélica alivian los males respiratorios, como bronquitis, resfriados, gripe y congestión. El aceite también afloja la mucosidad y fomenta la expectoración, lo que ayuda a aliviar toses persistentes.

Para insomnio: El olor aromático del aceite de Angélica tiene un efecto muy benéfico en el sueño. Pon 1-2 gotas en la almohada para aliviar el insomnio y fomentar un sueño reparador.

Para fiebres: Si se añade al agua para bañarse, el aceite de Angélica fomenta la sudoración, lo que ayuda a reducir fiebres además de acelerar la eliminación de toxinas y desperdicios del cuerpo.

Para prevenir la gripe: El aceite de Angélica fomenta la inmunidad y puede ayudar a prevenir virus, entre ellos la gripe. Mezcla unas cuantas gotas del aceite en un recipiente de agua caliente. Pon una toalla sobre tu cabeza e inclínate sobre el recipiente, inhalando los vapores.

Para mareo por movimiento: Para ansiedad y náusea mientras se viaja, aplica una gota del aceite en un pañuelo o lleva en un vial para inhalar el aroma.

Consejo extra: Añade unas cuantas gotas del aceite a un humidificador o lámpara de aromaterapia. Ayuda a restaurar la vitalidad y el vigor después de una enfermedad.

Aplicaciones

- Para calambres intestinales, hinchazón y gas, toma un baño de asiento con aceite de Angélica para tranquilizar y relajar el tracto digestivo. Añade 1 gota de aceite de Angélica y 2 gotas de aceite de hinojo a una tina medio llena y remoja durante 20 minutos. Descansa al menos 30 minutos después con una botella de agua caliente en el abdomen.
- Masajes con aceite de Angélica pueden aliviar dolor de articulaciones y músculos por artritis y reumatismo. Combina 2 gotas de aceite de Angélica, 5 gotas de aceite de romero y 2 gotas de aceite de junípero con 1 onza de aceite de almendra dulce. Da masaje con la mezcla en las áreas afectadas empleando un movimiento circular suave.
- El aceite de Angélica afloja la mucosidad y calma toses que se deben a males respiratorios, entre ellos bronquitis. Añade 2 gotas del aceite a una olla de agua hirviendo, envuelve una toalla sobre tu cabeza e inhala los vapores.
- Para aliviar calambres menstruales, mezcla 3 gotas de aceite de Angélica en 1 onza de aceite de oliva. Da masaje con la mezcla en la parte baja del abdomen empleando movimientos circulares suaves. También puedes frotar la mezcla en el pecho para aliviar la tos o en la parte superior del abdomen para calambres intestinales.

Ten cuidado! Los componentes del aceite de Angélica pueden aumentar la sensibilidad de la piel a la luz. No uses el aceite antes de salir a la luz del sol ya que se pueden formar puntos de pigmento. El aceite de

Angélica también puede irritar la piel, así que sólo es apropiada para uso su forma diluida. Además, como las cantidades excesivas de aceite de Angélica pueden estimular en exceso el sistema nervioso, emplea el aceite sólo en cantidades muy pequeñas.

Aceite de anís

La planta de anís, nativa del cercano Oriente, en la actualidad se cultiva en regiones cálidas de todo el mundo. Las semillas café grisáceas de *Pimpinella anisum* eran muy apreciadas en la antigua Grecia como ayuda digestiva natural. Conocidas por su habilidad para reducir la hinchazón y la flatulencia, las semillas abordan con efectividad males nervioso-estomacales que están acompañados por náusea o vómito. También es de notar la habilidad de la planta para corregir el mal aliento. El aceite de anís, que se obtiene de las semillas, se puede emplear para calmar también el estómago. Además, el aceite puede tener un efecto regulador en todo el tracto digestivo... en especial en casos de cólico y diarrea. También se aprecia el aceite por su habilidad para curar dolores de cabeza y calambres menstruales, pero puede irritar la piel a menos que primero se diluya. Una forma preparada para inhalación del aceite de anís puede dar alivio a resfriados y bronquitis. Con su olor picante, que es similar al del orozuz, el aceite de anís es útil para reducir la fatiga mental y mejorar la concentración.

Para animar tu estado de ánimo

El aroma del aceite de anís tiene un efecto de elevar el ánimo y puede dar una atmósfera agradable a cualquier habitación. Prueba esta mezcla en tu lámpara de aromaterapia:

3 gotas de anís
2 gotas de mandarina
2 gotas de petit grain

Efecto terapéutico: Ácido anísico, cetona anísica, anetol y acetaldehído, los componentes clave del aceite de anís, son responsables de sus propiedades antiespasmódicas, expectorantes y digestivas. El aceite es efectivo en contrarrestar calambres menstruales y migrañas, y puede ser efectivo para aliviar cólicos, males nervioso-estomacales y mal aliento. Además, el Aceite de Anís es benéfico para manejar tos y otros males respiratorios.

Para calambres menstruales: Un baño tranquilizador con aceite de anís puede aliviar el dolor en la espalda y la parte baja del abdomen durante la menstruación. Añade 2 gotas de aceite de anís y 3 gotas de aceite de amaro al agua para bañarse. Remoja por alrededor de 20 minutos.

Para migrañas: Las propiedades antiespasmódicas y de alivio del dolor del aceite de anís pueden ayudar a aliviar migrañas. Mezcla 2 gotas de aceite de anís con 1 cucharadita de aceite de base. Frota la mezcla en tu frente y la nuca; luego descansa por un rato. Si lo prefieres, puedes aplicar 2 gotas de aceite de anís sin diluir en tu cabello. Asegúrate de lavarte bien las manos después de usar.

Para aliento fresco: El aceite de anís inhibe el crecimiento de bacterias, con lo que ayuda a prevenir el mal aliento y la inflamación de la encía. Para refrescar tu aliento, añade 1 gota de aceite de anís a ½ taza de agua caliente. Mezcla bien. Haz gárgaras con el enjuague, escupe y luego enjuaga con agua pura. ***Precaución: El aceite de anís puede causar irritación oral. Si sucede, no sigas usando.***

Para desintoxicar: El aceite de anís puede desintoxicar tu cuerpo poco a poco. Mezcla 2 gotas de aceites de anís, junípero y ciprés con 1 taza de sal de mar bien molida; luego restriega tu cuerpo húmedo con la mezcla antes de darte un baño de tina o de regadera.

Consejo extra: Inhalar aceite de anís puede proporcionar un alivio discreto a los síntomas de resfriado y ayudarte a respirar con más libertad. Añade 2 gotas de aceites de anís, eucalipto y menta a una cazuela con agua que hierve a fuego bajo.

Aplicaciones

- El aroma fresco y un poco picante del aceite de anís es útil en casos de náusea y vómito. Para hacer una compresa, añade 2 gotas de aceite de anís a un recipiente de agua caliente. Remoja una toalla o paño pequeño en el agua, exprime con suavidad y aplica al estómago. Si se desea, puedes añadir 1 gota de aceite de jengibre o de menta al agua.
- Para dolor de cólicos que ocurra de repente, una mezcla de aceite para masaje puede dar alivio. Mezcla 2 cucharadas de aceite de almendra dulce y 2 gotas de aceite de anís y de hinojo. Frota el aceite en tu abdomen, empleando movimientos circulares suaves. Esto ayudará a aliviar los calambres. Después, aplica una botella de agua caliente para fortalecer el efecto. Las inhalaciones regulares con aceite de anís pueden ser efectivas para aliviar bronquitis crónica además de otros problemas respiratorios. Añade 2 gotas de aceite de anís y 1 gota de aceite de manzanilla a un litro de agua en un recipiente. Pon una toalla sobre tu cabeza, inclínate hacia el recipiente e inhala profundamente los vapores durante 5 a 10 minutos. Haz esto todos los días hasta que se alivien tus síntomas.

Ten cuidado! No se recomienda aplicar el aceite de anís sin diluir directamente en la piel, ya que puede causar irritación y otras reacciones alérgicas. Asegúrate de mezclar bien el aceite con otros ingredientes antes de emplear, y lávate las manos bien después de usar. El aceite de anís no se debe usar por un periodo prolongado o si estás embarazada.

Aceite de albahaca

La albahaca (*Ocimum basilicum*) es una hierba nativa de África y Asia que se cultiva en Norte y Sudamérica, Europa y el Mediterráneo. El nombre procede de la palabra griega *basilokos*, que significa "real" y, en verdad, la albahaca en un tiempo fue un ingrediente muy importante en el aceite que se empleaba para ungir reyes. La albahaca también era una planta sagrada para los dioses hindúes Krishna y Vishnú, y se aplicaba mucho en la medicina ayurvédica tradicional de la India. Con destilación por vapor se extrae el aceite de la hierba y luego se utiliza en muchas preparaciones médicas. Cuando se inhala, alivia tos, enfisema, ataques de asma, bronquitis, congestión y resfriados. El aceite es efectivo para tratar náuseas, indigestión, estreñimiento y también gas. También se valora el aceite de albahaca como tónico para reducir estrés, tensión y fatiga mental. Además, los efectos estimulantes y el aroma picante de este aceite ayudan a aclarar la mente, aliviar dolores de cabeza, agudizar los sentidos, mejorar la concentración e incluso revivir a alguien de un desvanecimiento. Como el aceite de albahaca también ayuda a la circulación, puede estimular el flujo menstrual y también aliviar la incomodidad.

Para reducir la letargia

Al poseer efectos medicinales tanto sedantes como estimulantes, el aceite de albahaca se mezcla bien con aceite de bergamota o aceite de limón. Cuando se calienta la mezcla en una lámpara de aromaterapia, es una forma ideal de aligerar el estado de ánimo, combatir la fatiga mental, repeler la tensión nerviosa y aumentar la autoconfianza. Pon a prueba esta mezcla para un impulso extra al final de un día tenso.

> 4 gotas de albahaca
> 2 gotas de bergamota
> 2 gotas de limón

Efecto terapéutico: Los principales componentes del aceite de albahaca son metilcavicol, estragol, linalol, cineol, carifileno, ocimeno, pineno, eugenol y alcanfor. El aceite de albahaca es antiséptico para heridas e inflamaciones difíciles de curar. Sus propiedades antiespasmódicas ayudan a aliviar indigestión, tensión y dolor muscular. Cuando se inhala, la frescura picante da alivio a males respiratorios.

Para relajación: Una mezcla calmante de 4 gotas de aceite de albahaca y de aceite de bálsamo de Melisa en tu lámpara de aromaterapia calma y relaja todo el cuerpo e incluso puede bajar tu presión sanguínea. También ayuda a aliviar la tensión nerviosa y asegurar un sueño profundo y reparador.

Para dolor menstrual: Un agradable baño caliente con 2 gotas de aceites de albahaca y de junípero estimula el flujo menstrual para aliviar el dolor al inicio de tu periodo.

Para pies fríos: Las propiedades del aceite de albahaca ayudan a estimular el sistema circulatorio. Para hacer un remedio efectivo para extremidades frías, combina 3 gotas de aceites de albahaca y de jengibre en 8 litros de agua caliente. Al remojar con regularidad tus pies en esta mezcla, puedes ayudar a prevenir la desagradable sudoración y olor de pies.

Para resfriados: Para proteger tu sistema inmune mediante reducir el crecimiento bacteriano en el cuerpo, coloca 3 gotas de aceites de albahaca y menta y 5 gotas de aceite de eucalipto en una lámpara de aromaterapia.

Como repelente de insectos: Cuando se pone en una lámpara de aromaterapia, el aceite de albahaca puede ser muy efectivo para alejar insectos. Combina 3 gotas de aceites de albahaca, canela y clavo.

Consejo extra: Si se emplea con regularidad, un tónico para el cabello de 2 onzas de hamamelis y 3 gotas de aceites de albahaca y romero fomenta la circulación del cuero cabelludo, añade lustre al cabello y reduce la pérdida.

Aplicaciones

- Compresas con aceites de albahaca ayudan a tratar heridas de curación lenta: Mezcla 1 taza de agua tibia, 1 cucharada de vinagre de sidra, 1 gota de aceite de albahaca y 2 gotas de aceite de lavanda. Remoja gasa en la mezcla y ponla en la herida. Cubre la gasa con un vendaje para la noche. Cambia la compresa según se necesite.

- Para dolor de cabeza, el aroma picante del aceite de albahaca refresca y alivia la tensión. Pon 2 gotas de aceite de albahaca en un pañuelo e inhala profundamente el aroma. Asegúrate de evitar el contacto directo con boca y nariz.

- Un resfriado fuerte disminuye el sentido de olfato. Las propiedades vigorizantes y fortalecedoras del aceite de albahaca ayudan a reconstruir membranas mucosas irritadas. Vaporiza 2 a 3 gotas en una lámpara de aromaterapia. No uses más de 2 horas al día ya que la sobrestimulación embota los nervios que trasmiten el sentido del olfato.

- Para calambres gastrointestinales causados por indigestión: Mezcla 1 gota de aceite de albahaca en 1 cucharada de aceite de almendra dulce. Luego da masaje a la parte superior de tu abdomen con esta mezcla tranquilizante, empleando un suave movimiento circular en dirección de las manecillas del reloj.

- Un masaje abdominal con 3 gotas de aceite de albahaca, 3 gotas de aceite de lavanda y dos onzas de Aceite de onagra vespertina o aceite de almendra dulce alivia la incomodidad menstrual y los calambres.

Ten cuidado! Es mejor no emplear aceite de albahaca durante el embarazo, ya que induce la menstruación. Las personas que tienen trastornos de epilepsia también deberían evitar el aceite. Como el aceite de albahaca puede irritar la piel, ten cuidado en no emplearlo sin diluir. Para poner a prueba la sensibilidad de tu piel al aceite, coloca una gota en el lado interno de tu antebrazo. Aunque quienes emplean la aromaterapia han usado el aceite durante siglos, se ha investigado un componente de la albahaca, el estragol, por efectos carcinogénicos. Consulta a tu proveedor de servicios de salud antes de emplear.

Aceite de laurel

El laurel, un árbol nativo del Mediterráneo, puede alcanzar una altura de diez metros. Sus hojas fragantes, lisas, como cuero y de color verde oscuro se han atesorado por muchos siglos, tanto como condimento culinario y como hierba medicinal. Las hojas también simbolizaban honor y sabiduría para los antiguos griegos y romanos. En la actualidad, las hojas se valoran como condimento en marinadas, salsas, estofados y pescado. Además, las hojas de laurel se atesoran por su habilidad para aliviar diversos problemas de salud. Las propiedades medicinales de las hojas se deben al aceite esencial, que se extrae mediante un proceso de destilación por vapor. Cuando se aplica en el exterior, los efectos de alivio del dolor del aceite lo hacen maravilloso para tratar calambres musculares, reumatismo, artritis y torceduras. También fomenta la sudoración y la micción, lo que puede ayudar a eliminar toxinas. Sin embargo, emplea este aceite con moderación ya que tiene un ligero efecto narcótico y es muy fuerte, incluso en las cantidades más pequeñas; asegúrate de diluirlo primero.

Para una sensación de paz

El aroma cálido del aceite de laurel, que se parece al de la canela, ayuda a relajar mente y cuerpo. La fragancia limpia la mente, eliminando tensión y ansiedad. Para crear una sensación de paz, calidez y seguridad, añade esta mezcla de aceites a una lámpara de aromaterapia:

3 gotas de laurel
2 gotas de cedro
2 gotas de naranja dulce

Efecto terapéutico: Los componentes felandreno, terpineol y cineola explican las propiedades tranquilizantes y relajadoras del aceite de laurel. El aceite alivia el dolor y es muy efectivo para tratar magulladuras, torceduras y dolor artrítico y reumático, cuando se añade a aceites de masaje, agua para bañarse y compresas. El aceite de laurel también tiene efecto antiespasmódico en diarrea con cólicos.

Para un baño reconfortante y tranquilizador: El aroma cálido y un poco dulce del laurel ayuda a impartir una sensación de calma y estabilidad a tu mente y cuerpo. Añade 2 gotas del aceite esencial a una tina llena de agua caliente.

Para bronquitis: El aroma del aceite de laurel puede ayudar a diluir el moco en los bronquios, y al mismo tiempo ayuda en la tos. Una inhalación de vapor es la mejor forma de hacerlo. Llena un recipiente con agua caliente y añade unas cuantas gotas de aceite de laurel. Inhala los vapores.

Para aliviar dolores de cabeza: Como el aceite de laurel posee propiedades anestésicas y de alivio del dolor leves, puede aliviar dolores de cabeza y migrañas. Añade 3 gotas de aceite de laurel a un cuenco de agua fresca. Remoja una toalla o trapo pequeño. Exprime el exceso de líquido y pon la tela en tu frente. Si es necesario, repite después de alrededor de 5 minutos.

Para fomentar el crecimiento del cabello: Un champú que contenga unas cuantas gotas de aceite de laurel ayuda a estimular la circulación en el cuero cabelludo. Cuando se emplea con regularidad, fomenta un crecimiento saludable y fuerte de cabello y añade brillo. Pon 2 gotas de aceite de laurel en 8 onzas de un champú suave y neutro y agita bien. Asegúrate de mantenerlo lejos de tus ojos.

Consejo extra: Para personalizar una mezcla de aceite de laurel, intenta experimentando con aceites de rosa, lavanda, limón, naranja, romero y eucalipto. Todos estos aceites se mezclan con facilidad y efectividad con el aceite de laurel.

Aplicaciones

- El aceite de masaje con un poco de aceite de laurel puede ayudar a aliviar el dolor de magulladuras, calambres musculares y torceduras. Mezcla 6 gotas de aceite de laurel y 4 gotas de aceites de junípero y de romero con 3 cucharadas de aceite de almendra dulce o de aguacate. Mezcla bien y frota la mezcla en las áreas afectadas varias veces al día.

- Las compresas con aceite de laurel ayudan a magulladuras e inflamación. Mezcla 4 tazas de agua fría, 1 cucharadita de vinagre de sidra y 4 gotas de aceite de laurel. Remoja una toalla limpia en el líquido, exprimiendo el exceso, y aplica la toalla al área afectada. Si lo deseas, aplica un vendaje encima para mantener la compresa en su lugar.

- El aceite de laurel puede ayudar a aliviar el dolor reumático y menstrual cuando se añade al agua para bañarse. Mezcla 3 cucharadas de leche, 4 gotas de aceite de laurel, 3 gotas de aceite de amaro y 2 gotas de aceite de manzanilla. Añade la mezcla a una tina de agua caliente.

- Para aliviar calambres abdominales, mezcla 2 gotas de aceite de laurel y 2 gotas de aceite de menta en 2 cucharadas de aceite de almendra dulce. Emplea para dar masaje a tu abdomen.

Ten cuidado! El aceite de laurel es uno de los aceites más fuertes en aromaterapia. Nunca lo deben usar mujeres que estén embarazadas, ya que puede causar sangrado. El aceite no se debe ingerir. Además, el aceite de laurel puede irritar la piel y las membranas mucosas. Asegúrate de siempre diluir el aceite bien y de emplearlo en cantidades muy pequeñas.

Aceite de pimienta negra

Nativa de Asia, la pimienta negra (*Piper nigrum*) prospera mejor en lugares sombreados de bosque. Sus bayas secas, conocidas como granos de pimienta, tienen múltiples usos. En el pasado, tenían un valor notable como mercancía de comercio. El aceite de pimienta negra se obtiene de las bayas y tiene un aroma un poco picante. Hasta media tonelada de granos de pimienta se deben procesar mediante destilación por vapor para producir 1 litro de aceite de pimienta negra. El aceite es útil para calentar el cuerpo y fomentar la circulación, además de aliviar el dolor muscular y la tensión. Cuando se emplea como agua para bañarse o aceite de masaje, proporciona alivio de males reumáticos crónicos. El aceite de pimienta negra también fortalece todo el tracto digestivo y alivia hinchazón y cólicos mediante regular la actividad en el intestino grueso mientras induce un ligero efecto laxante. El intenso aroma del aceite vigoriza todo el cuerpo y es efectivo para personas que se sienten apáticas.

Para energía renovada

El aroma del aceite de pimienta negra puede tener efectos estimulantes en personas que experimentan fatiga mental y física. Combinar los siguientes aceites en una lámpara de aromaterapia activará tu cuerpo y mente, fomentará la concentración y mejorará tu desempeño.

3 gotas de pimienta negra
2 gotas de ciprés

2 gotas de junípero
2 gotas de limón

Efecto terapéutico: Los componentes del aceite de pimienta negra, entre ellos piperina, felandreno, pineno, citral y cariofileno, tienen potentes propiedades estimulantes. Baños y masajes con el aceite calientan los músculos y alivian la tensión. El aceite ayuda también en cólicos intestinales y dolor estomacal. Da apoyo a la digestión y aumenta la actividad muscular intestinal.

Para ayudar a la digestión: Para ayudar a la digestión después de una comida, mezcla 2 gotas de aceite de pimienta negra con 4 cucharadas de aceite de almendra dulce. Frota con suavidad la mezcla en tu abdomen.

Para desintoxicar: Añadir aceite de pimienta negra a agua para baño caliente ayuda a estimular la producción de sudor y, por lo tanto, aumenta la efectividad de un proceso de desintoxicación. El agua para baño también aumenta la actividad de los riñones, fomentando la excreción de toxinas adicionales. Añade 3 gotas de aceites de pimienta negra y de junípero al agua para baño.

Para magulladuras: Para disminuir la inflamación de una magulladura, mezcla 2 cucharadas de aceite de aguacate con 2 gotas de aceites de pimienta negra y de perpetua. Remoja una tela limpia en la mezcla y aplica a la magulladura dos veces al día.

Para náusea: Con su aroma picante, el aceite de pimienta negra puede ayudar a aliviar mareos y náusea con rapidez y sin efectos secundarios. Aplica unas cuantas gotas de aceite, según se necesite, a un pañuelo, y luego inhala profundamente el aroma.

Para fiebre: El aceite de pimienta negra puede reducir una fiebre cuando se mezcla con agua fresca. También se emplea para preparar un vendaje para pantorrillas. Disuelve 2 gotas de aceite de pimienta negra en alrededor de ½ cucharadita de vodka. Añade la mezcla a un cuenco de agua fresca, remoja dos vendajes en ella y luego envuelve sin presionar cada pantorrilla. Mantén los vendajes en su lugar durante alrededor de 20 minutos.

Consejo extra: El aceite de pimienta blanca es similar en aroma al de pimienta negra, aunque es menos picante. También son similares sus efectos, pero el segundo es más fácil de conseguir.

● **Ten cuidado!** Siempre ejerce precaución cuando se emplea aceite de pimienta negra, ya que el uso excesivo puede tener como resultado daño de riñón. El aceite es tóxico cuando se ingiere. Siempre se debe diluir bien antes del uso externo, ya que puede ser irritante para la piel. En general, es mejor usar el aceite de pimienta negra con moderación.

Aplicaciones

- Para dolor muscular: Un masaje con aceite de pimienta negra muy diluido puede mejorar la circulación y calentar los tejidos, aliviando así el dolor muscular y la tensión. Para hacer aceite de masaje, mezcla 3 cucharadas de aceite de almendra dulce, 5 gotas de aceite de lavanda y 3 gotas de aceite de pimienta negra. Aplica con suavidad a las áreas afectadas y da masaje para que penetre en la piel.

- Para males reumáticos: Baños calientes con aceite de pimienta negra pueden ser benéficos para aliviar el dolor y la rigidez de articulaciones que se asocian con el reumatismo. Mezcla 2 cucharadas de una crema sin aroma, 2 gotas de aceite de pimienta negra y 3 gotas de aceites de romero e hisopo. (Puedes sustituir el aceite de hisopo con aceite de frankincienso.) Añade la mezcla a tu agua para bañar y luego remoja 20 minutos. Después de secar, cubre para mantener caliente y descansa al menos dos horas. *Precaución: Si estás sufriendo de inflamación aguda, con síntomas como enrojecimiento, molestias y áreas muy adoloridas, no deberías emplear este remedio, ya que puede exacerbar tus síntomas.*

- Antes de ejercitarte: El efecto estimulante del aceite de pimienta negra puede ayudar a prevenir dolor muscular además de calambres. Da masaje a todo tu cuerpo con 3 cucharadas de aceite de girasol, 5 gotas de aceites de pimienta negra y romero, y 4 gotas de aceite de naranja.

Aceite de melaleuca

Miembro de la familia de las mirtáceas, el árbol de melaleuca es nativo de Australia, Malasia, India y las Islas de las Especias. El aromático árbol puede crecer a una altura de 40 metros y tiene hojas ovaladas de color verde pálido y racimos de flores blancas en espigas largas. Se cultiva por su madera y el aceite esencial. El aceite de melaleuca, que se extrae mediante un proceso de destilación por vapor de las hojas y ramas del árbol, por largo tiempo ha sido preciado por sus propiedades antiinflamatorias y analgésicas. Puede ayudar a tratar los males de la parte superior del sistema respiratorio, como bronquitis, asma, laringitis, resfriados y gripe. El aceite también alivia artritis, reumatismo y quejas nervioso-estomacales como calambres y gas. Además, el aceite de melaleuca puede aliviar neuralgia, neuritis, dolor de dientes, encías sangrantes y síntomas causados por infecciones del tracto urinario. Es más, el aceite posee muchas cualidades antisépticas y puede aliviar manchas de la piel, acné, soriasis y dermatitis. En un nivel emocional, la fragancia fresca y similar a la del eucalipto, aceite de melaleuca puede tonificar los sentidos, ayudando a limpiar la mente y a acabar con fatiga y concentración deficiente.

Para limpiar el aire

El aceite de melaleuca es un poco picante, silvestre y herbal que con rapidez purifica y refresca el aire viciado. Prueba la siguiente mezcla en tu lámpara de aromaterapia para ayudar a desodorizar habitaciones que huelen a humedad:

4 gotas de melaleuca
2 gotas de lima
2 gotas de bergamota

Efecto terapéutico: Cineol, pineno, ácido valérico, limoneno y terpenos dan al aceite sus efectos antisépticos, analgésicos, antimicrobianos y antiespasmódicos. El aceite de melaleuca fortalece el cuerpo y la mente en casos de agotamiento físico y mental. También ayuda en molestias intestinales, fomenta la expectoración y alivia dolor de articulaciones y nervios.

Para problemas de la piel: El aceite de melaleuca ayuda a aclarar y limpiar la piel en casos de soriasis y neurodermatitis. Calma la comezón y acelera la curación de zonas escamosas. Añade 2 gotas de aceites de melaleuca y de frankincienso a 2 cucharadas de aceite de almendra dulce en agua para bañarse caliente.

Para náusea: Para ayudar a aliviar náusea, pon 1 gota de aceite de melaleuca en un pañuelo. Sostén la tela lejos de tu nariz con el fin de evitar el contacto con la piel. Inhala profundamente el aroma y repite según se necesite.

Para laringitis: Para calmar garganta irritada y aliviar laringitis, mezcla 1 gota de aceites de melaleuca y de rosa de té y 1 cucharadita de vodka en 4 onzas de agua. Haz gárgaras con la solución 3 o 4 veces hasta que desaparezcan por completo los síntomas.

Para inflamaciones de vejiga: Baños de asiento con aceite de melaleuca pueden aliviar inflamaciones de la vejiga e infecciones del tracto urinario. Mezcla 2 gotas de aceites de melaleuca, arrayán y tomillo y 1 gota de aceite de limón con ½ taza de crema espesa. Mezcla bien y añade a baño de asiento. Remoja por alrededor de 20 minutos, luego reposa en cama una hora.

Para encías sangrantes: Para dolor de dientes y encías sangrantes, mezcla 2 gotas de aceite de melaleuca con 1 taza de agua caliente. Emplea la solución para enjuagar tu boca varias veces al día. Escupe este enjuague por completo, como con todos los enjuagues bucales.

Consejo extra: Para un energizante que te dé vigor, añade 3 gotas de aceite de melaleuca a un cuenco con agua caliente. Envuelve una toalla sobre tu cabeza y el cuenco; inhala los vapores.

Ten cuidado! Como con todos los aceites esenciales, el aceite de melaleuca no se debe ingerir. También es inapropiado para mujeres embarazadas. Cuando apliques aceite de melaleuca en el exterior, haz primero una prueba de zona para verificar la sensibilidad en la piel. También es importante diluir el aceite antes de emplearlo.

Aplicaciones

- Haz una fricción de pecho con aceite de melaleuca para ayudar a aliviar males respiratorios, como bronquitis y asma. Mezcla 5 gotas de aceite de melaleuca, 3 gotas de aceites de tomillo y frankincienso y 2 gotas de aceite de limón con 3 cucharadas de aceite de almendra dulce, vaselina o loción. Aplica en pecho y parte superior de la espalda varias veces al día.

- El aceite de melaleuca puede ayudar a aliviar el dolor debido a artritis. Mezcla 4 gotas del aceite con 2 cucharadas de aceite de girasol. Da masaje suave con el aceite a las articulaciones con dolor. Sin embargo, si el área está inflamada, es posible que desees probar una compresa (abajo).

- El aceite de melaleuca tiene efecto calmante y antiespasmódico que puede ayudar a aliviar molestias nervioso-estomacales, incluyendo diarrea, gas y calambres abdominales. Mezcla 2 gotas de aceite de melaleuca y 1 gota de aceite de menta con 1 onza de aceite de almendra dulce. Emplea la mezcla para dar masaje a tu estómago con un movimiento en el sentido de las manecillas del reloj.

- Para inflamación de articulaciones, haz una compresa fresca con aceite de melaleuca en lugar de aceite para masaje. Mezcla 3 gotas del aceite en un cuenco grande de agua fresca. Remoja una tela en la mezcla y aplica a las áreas afectadas, según se necesite.

Aceite de cálamo aromático

La planta de cálamo aromático, que pertenece a la familia arácea, es nativa de áreas del sudeste de Asia. Se introdujo a Europa y Norteamérica hace cientos de años; en la actualidad crece silvestre en cuerpos de agua estancada. El aceite esencial de cálamo aromático, que se obtiene de la raíz mediante destilación por vapor, estimula el apetito y ayuda a aliviar males gastrointestinales. Por sus propiedades antibacterianas, el aceite también se emplea en gárgaras. (De la misma manera, la gente en la India mastica pedazos de raíz de cálamo aromático como remedio para dolor de dientes y para limpiar las membranas mucosas de la boca.) El aceite también fomenta el flujo de sangre por los tejidos y estabiliza la circulación. Así, puede proporcionar al cuerpo calor duradero, prevenir tensión muscular y calambres, aliviar molestias reumáticas y dolor de articulaciones. Por último, el aroma fresco y un poco picante puede ser benéfico para aliviar el cansancio. *Precaución: El aceite de cálamo aromático puede irritar la piel, así que ten cuidado cuando lo emplees.*

Fortalecimiento aromático

El aroma fresco del aceite de cálamo aromático tiene un efecto revitalizador en el cuerpo y el estado de ánimo. Prueba esta mezcla en una lámpara de aromaterapia para ayudarte a ponerte en pie de nuevo en momentos de tensión y presión emocional.

2 gotas de cálamo aromático
2 gotas de albahaca
2 gotas de amaro

Efecto terapéutico: El ingrediente activo en el aceite de cálamo aromático es asarona, que tiene efecto estimulante. El aceite también contiene asaril aldehído, canfeno y limoneno. Fortalece el cuerpo, estimula el apetito y tiene efecto antiespasmódico en casos de cólico y dolor estomacal. El aceite también alivia el gas y actúa como un laxante leve. Sus efectos de inducir la sudoración y diurético ayudan a eliminar desechos del cuerpo.

Para agotamiento: Mezcla 2 gotas de aceites de cálamo aromático, limón y romero en un recipiente con agua hirviendo y emplea como facial de vapor. Esta combinación puede ayudar a aliviar fatiga y falta de concentración.

Para cuidado personal: Un baño con aceite de cálamo aromático calienta y fortalece todo tu cuerpo. También aumenta tu inmunidad a enfermedades infecciosas y protege contra hipotermia durante clima húmedo y frío. Añade 2 gotas de aceites de cálamo aromático, eucalipto y lavanda a tu agua para bañarte.

Masaje para venas varicosas: Un masaje diario con aceite de cálamo aromático diluido, alivia la presión en las piernas y puede ayudar a prevenir varices y venas de araña. Mezcla 2 gotas de aceites de cálamo aromático, rosa y ciprés con 2 onzas de aceite de almendra dulce.

Para presión sanguínea baja: Un gel para bañarse con aceite de cálamo aromático puede estimular el flujo de sangre en tu piel. Alternar con regaderazos de agua caliente y fresca estimulará más tu presión sanguínea. Añade dos gotas de aceites de cálamo aromático, junípero y romero a 4 onzas de gel sin aroma y luego mezcla muy bien.

Para cuidado dental: Una pasta de dientes que contenga aceite de cálamo aromático da vigor a las encías y las protege contra sangrado y enfermedades periodontales. Estas pastas de dientes se pueden encontrar en tiendas que tengan cosméticos naturales.

Consejo extra: Obtén el aceite de cálamo aromático de una fuente confiable que garantice su autenticidad.

Aplicaciones

- Masajes con aceite de cálamo aromático pueden aliviar calambres y dolor en la parte baja del abdomen. Mezcla 1 gota de aceite de cálamo aromático con 2 cucharadas de aceite de almendra dulce y da masaje con la mezcla en tu abdomen, empleando movimientos circulares. Mantén una botella de agua caliente sujeta con una toalla contra tu abdomen y descansa en cama durante 30 minutos.
- Un aditivo de baño que conste de 2 cucharadas de aceite de germen de trigo, 1 gota de cálamo dulce y 2 gotas de aceite de jengibre fomenta la circulación y da alivio al dolor reumático crónico. Después del baño, es mejor reposar al menos una hora.
- El aceite de cálamo aromático fomenta la sudoración y actúa como diurético, ayudando a limpiar el cuerpo. Para apoyar a un régimen de ayuno, date un baño con agua caliente y mientras estás todavía húmedo, frota tu piel con una mezcla de 3 cucharadas de aceite de oliva y 2 gotas de aceite de cálamo aromático. Envuélvete en una toalla grande de lino y descansa en cama dos horas, cubierto para mantener el calor. Luego date otro baño, esta vez con agua tibia, para eliminar los productos de desecho que excretaste mediante sudar.

- Para alejar polillas y otros insectos de tu ropa, mezcla 2 gotas de aceites de cálamo aromático y pachuli, 10 gotas de aceite de lavanda y 1 onza de flores secas de lavanda. Coloca la mezcla en un calcetín, anuda el extremo, y cuélgalo en un armario.

Ten cuidado! Por sus efectos carcinógenos potenciales, si se emplea en grandes cantidades durante un largo periodo, el aceite de cálamo aromático está prohibido en algunos países. También se prohibió en fragancias que es uno de sus usos tradicionales. Como la mayoría de los aceites esenciales, el cálamo aromático no se debe ingerir o aplicar sin diluir en la piel. Tampoco es apropiado durante el embarazo.

Aceite de alcaravea

La alcaravea (*Carum carvi*) se ha empleado como medicina y especia por milenios. Un miembro aromático de la familia umbelífera, está muy relacionado con el anís y el hinojo, y así tiene cualidades medicinales similares. Se han valorado las semillas de alcaravea como digestivo natural desde que los antiguos romanos las cocinaban en sus pasteles y pastas para fomentar una digestión apropiada después de suntuosos banquetes. De hecho, el valor terapéutico de las semillas surge de la presencia del aceite esencial. El aceite, que se extrae de las semillas mediante destilación por vapor, puede ayudar a aliviar molestias digestivas. El aceite de alcaravea tiene propiedades carminativas que ayudan a regular la función intestinal, disipar gas, aliviar calambres abdominales, reducir hinchazón y aumentar el apetito. Cuando se emplea en inhalaciones de valor, el aceite fomenta la expectoración y alivia congestión debida a bronquitis, resfriados e infecciones de los senos nasales. También se puede aplicar en forma tópica para calmar el dolor de articulaciones causado por reumatismo y artritis. En el área cosmética, el aceite ayuda a regular la producción de sebo y reduce el acné, piel grasa y manchas feas.

Ahuyentar fatiga y languidez

El aroma picoso y como pimienta del aceite de alcaravea estimula los sentidos del cuerpo y despierta nueva energía. Para ayudar a aliviar cansancio físico, fatiga mental y languidez, quema la siguiente mezcla en una lámpara de aromaterapia:

3 gotas de alcaravea
3 gotas de lima
1 gota de petit grain

Efecto terapéutico: El aceite de alcaravea contiene carvona, dihidropinol, carbol y limoneno, el cual tienen un efecto vigorizante en todo el cuerpo. El aceite fortalece y regula la digestión, aumenta el apetito y alivia calambres intestinales, diarrea, gas e hinchazón. Inhalar el aceite afloja la mucosidad y alivia la congestión. Aplicado en forma tópica, el aceite ayuda a tratar acné y piel grasa.

Para piel grasa: Cuando se emplea con regularidad, una loción limpiadora con unas cuantas gotas de aceite de alcaravea puede combatir el acné y regular la producción de aceite de las glándulas sebáceas.

Para reumatismo: La habilidad del aceite de alcaravea para calentar el cuerpo y estimular el flujo de sangre ayuda a calmar el dolor de articulaciones debido a reumatismo, artritis y gota. Mezcla unas cuantas gotas con aceite de almendra dulce y frota en las articulaciones.

Para calambres abdominales: El aceite de alcaravea es benéfico para diversas molestias intestinales. Añade alrededor de 3 a 4 gotas a un aceite de base, como aceite de almendra dulce y da masaje en tu abdomen con movimientos circulares suaves.

Para producción de leche: El aceite de alcaravea provoca el flujo de leche y se ha empleado como ayuda natural para la lactancia. Coloca 3 gotas en tu lámpara de aromaterapia; inhala antes de amamantar.

Para congestión respiratoria: Para inflamación de los senos nasales, resfriado de vías altas, congestión respiratoria y gripe, el aceite de alcaravea afloja la mucosidad y combate a los gérmenes que pueden causar infección. Mezcla 3 gotas en un recipiente con agua hirviendo e inhala los vapores con los ojos cerrados.

Ten cuidado! Como el aceite de alcaravea puede irritar la piel, siempre se debe diluir y emplear sólo en forma tópica en dosis muy pequeñas. Los niños chicos y las mujeres embarazadas deberían considerar en su lugar, usar aceites de hinojo y anís, que ofrecen efectos medicinales similares.

Aplicaciones

- Para garganta irritada, diluye 3 gotas de aceite de alcaravea en ½ taza de agua y haz gárgaras varias veces al día. Escupe la mezcla. La acción antiséptica del aceite ayuda a combatir los gérmenes y su propiedad astringente ayuda a curar membranas mucosas inflamadas.
- El aceite de alcaravea tiene un efecto antiespasmódico en la parte baja del abdomen que ayuda a aliviar el dolor menstrual. Mezcla 4 gotas de aceite de alcaravea con 2 cucharadas de crema y añade la mezcla a un baño medio lleno. Remoja durante 20 minutos y luego descansa durante una hora.
- Para tos y congestión, mezcla 1 gota de aceites de alcaravea, lavanda y frankincienso en 2 onzas de aceite de almendra dulce. Da masaje con la mezcla en pecho y espalda para ayudar a fomentar la expectoración.
- Trata de corregir el mal aliento con aceite de alcaravea. Añade 1 gota de aceite a 2 cucharadas de bicarbonato y mezcla bien. Remoja tu cepillo en la mezcla y cepíllate como es normal. Escupe la mezcla y enjuaga tu boca bien.
- Para náusea, pon unas cuantas gotas de aceite de alcaravea en una tela limpia. Inhala, manteniendo la tela doblada para que no toque tu piel.
- Prepara una solución de limpieza casera con 2 a 3 gotas del aceite mezclado en 4 litros de agua y un poco de jabón de Castilla líquido. El aceite tiene propiedades desinfectantes y antibacterianas y ayuda a eliminar gérmenes del baño y la cocina.

Aceite de cedro

El cedro del Atlas (*Cedrus atlantica*) es un árbol siempre verde nativo de África que se cultiva en Asia y puede crecer hasta 40 metros. Tiene hojas como agujas y, si no se le toca, puede vivir hasta 2 000 años. El cedro fue una de las primeras plantas fragantes empleadas por los egipcios como ingrediente para cosméticos, perfumes y el proceso de momificación. Además, los nativos de Norteamérica quemaban cedro para purificación. En la actualidad, el aceite de cedro se emplea en cosméticos, fragancias y productos caseros. El aceite se extrae de aserrín y madera de cedros y tiene un aroma que es profundo, dulce y parecido al alcanfor. El aceite de cedro se conoce por su cualidad tranquilizadora y numerosas propiedades curativas. Antiséptico y astringente, alivia problemas de la piel, como eczema, dermatitis, soriasis, piel grasa y acné, además de infecciones del sistema respiratorio superior. Su aroma ayuda a promover espiritualidad, equilibrio y una sensación de tranquilidad.

Para sensualidad

Se cree que el aceite de cedro intensifica los sentidos y relaja el cuerpo. La gente ha confiado por largo tiempo en el aceite para crear una atmósfera de romance y sensualidad y para fortalecer el deseo sexual: de hecho, el aceite es un famoso afrodisiaco. Para usar, pon 5 a 10 gotas en una lámpara de aromaterapia en tu recámara, añádelo a un baño caliente iluminado con velas o aplícalo a la ropa. Puedes añadir también uno o más de estos aceites afrodisiacos: jazmín, sándalo, amaro, pachuli, rosa, flor de naranja e ylang ylang.

Efecto terapéutico: El cedro contiene alantoina, cariofileno, cedrol y cadineno. Tiene propiedades astringentes, antimicóticas y antisépticas, que lo hacen útil para tratar infecciones y problemas de la piel. Como diurético, ayuda a aliviar infecciones del tracto urinario. Como sedante, puede ayudar a aliviar ansiedad y tensión nerviosa.

Para equilibrio emocional: El cedro ayuda a aliviar ansiedad, estrés y tensión. También mejora la claridad mental, la concentración y ayuda en la meditación. Mezcla 6 gotas de cedro y 2 gotas de aceites de geranio y limón en 1 onza de aceite de almendra dulce. Emplea la mezcla para masajear el cuello y los hombros.

Para cuidado del cuerpo: El cedro, astringente y antiséptico, es un ingrediente común en muchas lociones y cremas de cuidado del cuerpo. Añade 2-4 gotas de aceite de cedro a 1 cucharada de tu loción favorita y da masaje con ella en la piel. Ayudará a poner tensos tus poros e incluso tu tono de la piel.

Para dolor muscular: El aceite de cedro tiene efecto refrescante que puede ayudar a relajar tus músculos doloridos y tensos y a reducir el dolor. Llena un baño con agua caliente, añade 4-6 gotas de aceite de cedro y remoja durante 20-30 minutos.

Para congestión: Para tos, congestión de la parte superior del sistema respiratorio, bronquitis, resfriados y sinusitis, el efecto expectorante del aceite de cedro abre los senos nasales, afloja la mucosidad, alivia la congestión, combate la infección y alivia la respiración difícil. Añade 7 gotas de aceite de cedro, 3 gotas de aceite de lavanda y 2 gotas de aceite de junípero a 1 onza de aceite de almendra dulce o de oliva y mezcla bien. Con suavidad, da masaje con esta mezcla en pecho y parte superior del cuerpo.

Consejo extra: El aceite de cedro es un disuasivo para polillas. Pon unas gotas en una tela y guarda en tu armario de ropa blanca.

Ten cuidado! Añadir dosis elevadas de aceite de cedro a aceites para el cuerpo, aceites para baño o tratamientos faciales puede irritar la piel. Deja de usar el aceite de inmediato si tu piel muestra señales de irritación. **Nota:** Como este aceite estimula la menstruación, no uses si estás embarazada.

Aplicaciones

- El efecto tranquilizador del aceite de cedro alivia tensión y ansiedad que podrían causar insomnio y ayuda a fomentar un sueño profundo y reparador. Antes de acostarte, llena una tina con agua caliente y pon 3 gotas de aceite de cedro y 3 gotas de aceites de ylang ylang y romero. Remoja durante 15-20 segundos.
- El aceite de cedro alivia muchos problemas de la piel. Añade 3 gotas de aceite de cedro y 2 gotas de aceite de lavanda a ¼ de taza de agua caliente. Remoja una toallita suave en el agua, exprímela y luego aplica a las zonas afectadas. Ten cuidado en evitar los ojos. Cuando la tela se enfríe, remoja de nuevo en agua caliente y vuelve a aplicar.
- Para ayudar a aliviar caspa, controlar el cabello grasoso, mejorar la condición del cabello y estimular el cuero cabelludo y los folículos del cabello, combina 2 gotas de cedro, 1 gota de ciprés y 2 gotas de aceite de romero en 1 cucharada de aceite de oliva. Da masaje con la mezcla en el cuero cabelludo durante tres minutos. Deja en el cabello durante 20 minutos; luego lava con champú. Repite una vez a la semana.
- Para mantener los insectos fuera de la casa, emplea 3-5 gotas de aceite de cedro en una lámpara de aromaterapia o en una botella rociadora para hacer una neblina.
- Haz una fragancia tradicional para fortalecer la meditación. Mezcla 2-3 gotas de aceites de ciprés, junípero, frankincienso, sándalo y cedro, y pon en tu lámpara de aromaterapia.

Aceite de canela

La canela, una de las especias que más se emplean en la actualidad en el mundo, ha sido un ingrediente esencial en la cocina hindú y árabe por siglos. El aroma familiar de la canela sigue calentando cocinas en todo el mundo. La especia se empleó por primera vez en el antiguo Egipto; ahora sabemos que tiene propiedades antivirales gracias a su aceite volátil, que se extrae de corteza y hojas de la planta de canela. Estos aceites emiten un aroma dulce que quienes emplean aromaterapia creen que puede proporcionar calor y una sensación de seguridad. El aceite de la corteza es muy potente y puede irritar la piel; el aceite de las hojas es más delicado, pero también puede irritar. Cada uno tiene su propio conjunto de usos. El aceite de la corteza es apropiado para un difusor; se piensa que su aroma despierta los sentidos. Si se usa en forma tópica como ayuda para la belleza, el aceite de hoja de canela es astringente, antiséptico y reconfortantemente

320 de aceites mágicos

cálido. El calor también calma los músculos adoloridos por los síntomas de resfriado. Evita la irritación de la piel al diluir cualquiera de los dos aceites antes de usar.

Fuerza discreta para cuando te sientes frágil

El aroma del aceite de canela puede calmar tus ansiedades y fortalecer tu autoconfianza. Unas cuantas gotas de la siguiente mezcla en una lámpara de aromaterapia tiene efecto tranquilizador en el espíritu, fortalece el corazón y puede traer consuelo en momentos de pérdida dolorosa.

Efecto terapéutico: Los componentes primarios del aceite de canela son ácido eugénico y aldehído cinámico. Estos componentes son muy antisépticos y tienen un efecto calentador y estimulante en el cuerpo y la mente. Pueden ayudar a aliviar el dolor de problemas musculares, óseos y de articulaciones, incluyendo la artritis.

Para piojos de cabeza: Para repeler los piojos de cabeza, añade unas cuantas gotas de aceite de canela a 1 cucharada de aceite de jojoba. Frota la mezcla en el cuero cabelludo todos los días hasta que se vayan los parásitos. Ten muchísimo cuidado en evitar tus ojos.

Para fortalecer los nervios: Cuando te sientes tenso o demasiado excitado por las tensiones de la vida, el aroma dulce y picante del aceite de canela ofrece paz y compostura. El aroma de la canela en una olla hirviendo o en difusor actúa como tónico ligero sin efectos secundarios.

Como perfume personalizado: Para un perfume antiséptico, una sola gota de aceite de hoja de canela se puede añadir a 2 onzas de vodka para una base cálida y picante. Se pueden añadir otros aceites esenciales como lavanda, bergamota o ylang ylang, hasta 10 gotas en total, para crear tu propio aroma personal. Rocía tu cabello (con cuidado para evitar tus ojos) o en tu ropa. Si añades aceite de bergamota, no rocíes tu piel, ya que es fototóxico. Añade aceite de jazmín para un aroma sofisticado, el aceite de vainilla le dará un toque exótico.

Para combatir frío: Un baño caliente con aceites de hoja de canela, jengibre y junípero puede disipar el frío que acompaña a resfriados. El baño estimula la circulación y calienta todo el cuerpo. Añade 1 gota de cada uno de los aceites a tu agua para bañar y asegúrate de mezclarlo bien.

Consejo extra: Si decides emplear aceite de canela en forma tópica, escoge el aceite de la hoja y diluye primero en un aceite portador graso, como aceite de oliva. Interrumpe el uso si ocurre cualquier irritación de la piel.

Aplicaciones

- Masajes diarios con 3 cucharadas de aceite de almendra dulce mezcladas con 8 gotas de aceite de hoja de canela, 5 gotas de aceite de naranja y 4 gotas de aceite de junípero estimulan el flujo de sangre y ayuda a afirmar y dar tono a la piel. La mezcla también puede ayudar en tu batalla contra la celulitis: Da masaje con el aceite a la piel con movimientos firmes hacia arriba, hacia el corazón. Además, este aceite funciona bien como masaje para pies.

- El aceite de canela fortalece y da firmeza a las encías y ayuda a prevenir enfermedades de la encía. Añade 1 gota de aceite de hoja de canela a 1 cucharadita de vodka y 2 cucharadas de agua. Agita bien la mezcla y mete el cepillo de dientes. Cepilla tus dientes como es normal.

- En un rocío de habitación, el aceite de canela refrescará áreas húmedas y mohosas. Mezcla 2 onzas de vodka, 3 gotas de aceite de canela (corteza u hoja), 5 gotas de bergamota y 2 onzas de agua en un rociador; agita bien la botella y luego rocía la habitación. Puedes añadir esta mezcla a una olla con agua hirviendo o en un difusor para tener el mismo efecto.

- Para un baño de pies calentador, llena una tina profunda con 8 litros de agua caliente. Añade 1 gota de aceites de hoja de canela, 2 gotas de aceite de romero, 1 cucharadita de vodka y 2 gotas de aceite de junípero. Mezcla bien y sumerge tus pies en la mezcla para un remojo relajador.

Ten cuidado! El aceite de canela sólo se debe usar con moderación para aplicaciones tópicas. Incluso cuando se diluye, puede irritar la piel si la cantidad es demasiado alta. Como con la mayoría de los aceites volátiles, el aceite de canela siempre se diluye primero con un aceite portador. El aceite extraído de la corteza de la planta de canela es apropiado sólo para usar en un difusor u olla con agua hirviendo. No emplees más de 3 gotas, ya que su alta potencia puede causar dolor de cabeza. Lávate las manos después de cada uso.

Aceite de amaro

Es un miembro estimado de la familia labiada, la cual también incluye lavanda, bálsamo de melisa y tomillo, el amaro es una planta perenne muy querida que es nativa de Francia, Italia y Siria y que en la actualidad se cultiva en todo el mundo para uso medicinal. Sus hojas vellosas con forma de corazón y sus flores púrpura pálido producen un aceite esencial muy aromático con propiedades antiespasmódicas y antiinflamatorias. Como tal, se ha recetado ampliamente como tratamiento natural para eczema y soriasis, además de cortaduras menores y heridas. El aceite de amaro también es estimulante de los estrógenos; la habilidad del aceite para dar equilibrio a las hormonas que fluctúan lo convierte en un remedio muy benéfico para síndrome premenstrual, calambres menstruales dolorosos y el sofoco que se asocia con la menopausia. El aceite se ha empleado incluso durante el parto para reducir al mínimo los dolores del parto. Además, se dice que el aroma dulce y como de nuez revitaliza a quienes sufren de depresión, tensión, estrés y temor. Los herbolarios también recomiendan el aceite para inspirar la creatividad y despertar la intuición.

Para despertar la imaginación

Para desencadenar el impulso creativo o crear una atmósfera estimulante e inspiradora, mezcla aceite de amaro con aceites de sándalo y bergamota. Pon los aceites, junto con aceite de limón para tener un aroma refrescante, en un difusor o en una lámpara de aromaterapia:

3 gotas de amaro

3 gotas de bergamota

3 gotas de sándalo

3 gotas de limón

Efecto terapéutico: Al estar compuesto por componentes terapéuticos como linalol, esclareol, monoterpenos y taninos, el aceite de amaro es antiespasmódico, antiséptico y calmante. Cuando se emplea como aceite de masaje, o en agua para bañarse, o en lámpara de aromaterapia, el aceite puede ayudar a mitigar calambres menstruales, tratar acné, aliviar dolores de cabeza y tensión muscular, fomentar calma y elevar el estado de ánimo más bajo.

Para paz y tranquilidad: Un baño caliente y aromático fortalecido con aceite de amaro ayudará a aliviar la tensión y a estimular la tranquilidad, allanando el camino para una buena noche de descanso. Mezcla 3-5 gotas del aceite con el agua para bañarse justo antes de que entres a la tina. También recuerda que menos es mejor en lo que se refiera a emplear aceites esenciales; como concentrados puros, se deben usar con moderación.

Baño facial para acné: Se dice que los efectos antisépticos y antiinfecciosos del aceite de amaro actúan juntos para tratar el acné con efectividad. Añade 2 gotas de aceites de amaro, geranio y manzanilla a un cuenco de agua hirviendo; luego cubre tu cabeza con una toalla y respira profundamente durante 2-5 minutos. No emplees si tienes capilares faciales rotos.

Para cabello seco y caspa: El amaro no sólo ayudará a prevenir la caspa sino que también acondicionará el cabello seco, dándole un brillo sedoso. Se dice que cuando se emplea en un masaje del cuero cabelludo, estimula el crecimiento del cabello. Mezcla 4-5 gotas de aceite de amaro con 5 gotas de aceite de lavanda en 2 cucharadas de champú.

Para dolores de parto: Mezcla 3 gotas de aceite de amaro y 2-3 gotas de aceites de jazmín y rosa, además de 2 cucharadas de un aceite portador, para hacer una mezcla que ayudará a aliviar los dolores de parto. Con movimientos suaves, da masaje a toda la parte baja del abdomen y de la espalda. Esta mezcla también puede ayudar a reducir el temor y la tensión que a menudo acompañan al parto.

Un poco de conocimiento tradicional: El amaro era un remedio medieval para visión borrosa y vista cansada.

● **Ten cuidado!** Se sabe que el amaro crea un estado de euforia en ciertos casos. Evita emplear el aceite de amaro con drogas o alcohol. Puede causar que sus efectos se exageren, mientras que también intensifica la intoxicación y las resacas. El aceite también puede causar somnolencia y dañar en forma grave la capacidad para conducir. Además, no se debe usar el aceite de amaro si estás embarazada o tratas de concebir.

Aplicaciones

- Los efectos de calentamiento y relajación del aceite de amaro lo hacen un excelente aceite de masaje para músculos rígidos y adoloridos. Mezcla 15 gotas del aceite esencial con 3 cucharadas de aceite de almendra dulce, y luego da masaje en los músculos afectados.

- Para resfriados y tos, prueba la siguiente mezcla: En un difusor o lámpara de aromaterapia, pon 6 gotas de aceite de amaro, 3 gotas de aceite de tomillo y 1 gota de aceite de eucalipto. *Precaución: Evita emplear el aceite de tomillo rojo o blanco. En lugar de eso, emplea aceite de tomillo linalol.*

- El aceite de amaro puede bajar la presión sanguínea y se dice que tiene efecto calmante durante momentos de tensión. Pon 2 gotas de aceite de amaro y 1 gota de aceite de ylang ylang en un tejido e inhala para asentar la mente y restaurar el equilibrio emocional.

- Para calambres menstruales, llena un recipiente con agua vaporizada y añade 2 gotas de aceites de geranio, manzanilla y amaro. Remoja la mitad de una tela grande en el agua; dobla la tela y aplica la compresa caliente al abdomen, con el lado remojado en aceite lejos de la piel.

- El aceite de amaro puede ayudar a curar heridas menores y quemaduras. Haz una compresa (arriba), empleando 3 gotas de aceite de amaro, 3 gotas de aceite de lavanda y 2 gotas de aceite del árbol del té. Aplica a la piel.

Aceite de clavo

Los clavos son los capullos florales secos del árbol del clavo, nativo de las Islas Molucas de Indonesia. Los árboles crecen hasta 15 metros de alto y tienen hojas y capullos aromáticos. Sin embargo, rara vez florecen ya que los capullos se cosechan en cuanto se vuelven rosas. Cuando los capullos se han secado por completo, estos clavos recuerdan pequeños clavos de color café oscuro. En los países asiáticos han atesorado los clavos durante más de 2 000 años, como especia y como remedio. Durante la dinastía Han de China, los cortesanos los masticaban para ayudar a que su aliento fuera fresco cuando hablaban con el emperador. En la Europa medieval, se valoraba a los clavos para usos medicinales y culinarios. En la actualidad, se emplean sobre todo para cocinar. El aceite que se hace de clavo retiene su aroma dulce, cálido y picante y posee efectos antiespasmódicos, antivirales y antisépticos. Se emplea para aliviar flatulencia, diarrea, dolor de estómago y dolor de dientes. Además, el aceite de clavo es muy efectivo para matar gérmenes y bacterias, lo que lo hace útil como ingrediente en enjuagues bucales, pastas de dientes y desinfectantes de heridas.

Repelente natural de insectos

El aromático aceite de clavo puede alejar los insectos. Emplea esta mezcla en una lámpara de aromaterapia, poniéndola fuera para ayudar a impedir que los insectos perturben una noche pacífica:

    4 gotas de clavo
    3 gotas de lavanda
    3 gotas de limón
    3 gotas de naranja

Efecto terapéutico: Los componentes eugenol, acetileugenol y ácido oleanólico son responsables de las propiedades anestésicas ligeras del aceite de clavo, que puede aliviar dolor de dientes y de inflamaciones de la encía. También es efectivo para desinfectar aftas y heridas y puede ayudar a tratar males intestinales que produzcan diarrea, flatulencia y dolor estomacal.

Para un aroma relajador: El aceite de clavo puede dar una nota cálida y agradable a perfumes naturales. Armoniza con aceites de hierba de limón, naranja, toronja, nuez moscada y canela.

Después del parto: El efecto fortalecedor del aceite de clavo puede ayudar a dar tono al útero después del parto. Mezcla 1 gota de aceites de clavo y canela y 3 gotas de aceite de naranja en el agua para bañarse. Remoja alrededor de 15 minutos, una vez a la semana.

Para calambres musculares: Un aceite de masaje que contiene aceite de clavo puede ayudar en dolor muscular y calambres, ya que estimula la circulación. Mezcla 3 gotas de aceites de clavo, junípero y romero con 2 onzas de aceite de almendra suave. Da masaje en los músculos adoloridos según se necesite.

Para dolor de dientes: El aceite de clavo es muy efectivo para aliviar el dolor de dientes. Mezcla 1 gota de Aceites de clavo y de mirra y 1 cucharadita de vodka. Pon la mezcla en una bola de algodón y empléala para frotar las encías que rodean el diente con dolor.

Para desinfectar heridas: El aceite de clavo es antiinflamatorio y antiséptico. Para hacer tintura de clavo para heridas, mezcla 2 gotas de aceite de clavo y 2 onzas de vodka en una botella de vidrio. Agita y aplica según se necesite. *Precaución: Nunca pongas aceite de clavo sin diluir en tu piel, puede causar irritación.*

Consejo extra: Para alejar bichos e insectos mientras estás fuera, mezcla bien 3 gotas de aceite de clavo en una botella de loción para broncear y aplica a la piel varias veces al día.

Aplicaciones

- Un enjuague con aceite de clavo puede ayudar a desinfectar tus encías y boca. Mezcla 2 gotas de aceite de clavo en 4 onzas de vodka. También puedes añadir una pizca de canela si lo deseas. Diluye 1 cucharadita de la mezcla en ½ taza de agua caliente y emplea para enjuagar tu boca.
- El efecto fortalecedor del aceite de clavo y su habilidad para aliviar la tos pueden ayudar a calmar bronquios inflamados e irritados. La gente con asma también se puede beneficiar. Una inhalación de aceite de clavo es fácil de hacer: Mezcla 2 gotas de aceites de clavo y eucalipto y 1 gota de aceite de menta en un recipiente con agua caliente. Inclínate sobre el recipiente y envuelve en una toalla tu cabeza y el recipiente. Haz respiraciones profundas de los vapores durante unos cuantos minutos.
- El efecto relajador y un poco anestésico del aceite de clavo puede aliviar dolores de cabeza por tensión. Añade 2 gotas de aceite de clavo a un recipiente con agua caliente. Remoja una tela limpia en el líquido, exprime el exceso y pon la tela en tu cuello durante 5 minutos para aliviar el dolor de cabeza.

- El aceite de clavo ayuda a calmar la incomodidad abdominal de calambres y diarrea. Mezcla 1 gota de aceites de clavo, ciprés y menta en 2 onzas de aceite de jojoba. Emplea esta mezcla para dar masaje a tu abdomen siempre que tengas dolor o calambres.

- **Ten cuidado!** Existen tres diferentes tipos de aceite de clavo: aceite de capullo de clavo, aceite de tallo de clavo y aceite de hoja de clavo. Sólo emplea aceite de capullo de clavo, que tiene el menor contenido de eugenol y es el más seguro. El aceite de tallo de clavo y el aceite de hoja de clavo son demasiado fuertes. Emplea el aceite de clavo con moderación y sólo diluido ya que puede irritar la piel. Además, evita el aceite de clavo si estás embarazada, ya que puede iniciar las contracciones.

Aceite de ciprés

Un rasgo prominente del paisaje del Mediterráneo, el delgado ciprés siempre verde (*Cupressus sempervirens*) puede vivir hasta 2 000 años. Como planta medicinal, el ciprés es de significado particular por su habilidad para estrechar los vasos sanguíneos. Los ungüentos medicinales con aceite de ciprés se han usado desde la antigüedad como forma de detener el sangrado de heridas. Las propiedades astringentes del aceite facilitan el flujo de linfa en casos de edemas de tejido, en particular en las piernas. Esto ayuda a evitar que los productos de desecho se depositen en el tejido conectivo y pueden proteger contra celulitis así como venas varicosas. Como inhalación de aromaterapia, el aceite de ciprés tiene efecto dilatador en los bronquios y puede ser muy útil para aliviar males del tracto respiratorio, entre ellos asma, bronquitis, tos espasmódica y síntomas que se asocien con fiebre del heno. Su olor aromático aclara la mente, fortalece los nervios y tiene efecto consolador durante periodos de tensión. El aceite de ciprés se puede diluir y aplicar al cuerpo en diversas formas, entre ellas aceites de masaje, geles para bañarse y baños de asiento.

Para fomentar la concentración

El fresco aroma del aceite de ciprés calma y fortalece los nervios, con lo que ayuda a mantener la calma en situaciones tensas. Cuando se pone en una lámpara de aromaterapia, esta mezcla tiene el efecto de producir equilibrio, lo que puede mejorar tu habilidad para concentrar tu atención.

3 gotas de ciprés
2 gotas de bergamota
2 gotas de romero

Efecto terapéutico: El principal componente del aceite de ciprés contiene sabinol, cimeno, silvestreno, canfeno y pineno. Por sus propiedades astringentes, el aceite puede ser benéfico en fricciones y baños, lo cual ayudará a eliminar productos de desecho, elimina bloqueos en los tejidos, fortalece las venas y limpia la piel grasosa y de grandes poros.

Para refrescar y fortalecer: Un gel para bañarse con aceite de ciprés puede eliminar el mal olor y refrescar. El aceite estimula el flujo de sangre en los tejidos y estabiliza la circulación. Combina 5 gotas de aceite de ciprés, 3 gotas de aceite de romero y 2 gotas de aceite de junípero, y añade la mezcla a 4 onzas de un gel para bañarse sin aroma o a jabón de castilla líquido.

Para heridas: Un ungüento hecho con aceite de ciprés puede ayudar a curar heridas, debido a su efecto antibacteriano. Combina 5 gotas de aceite de ciprés, 2 gotas de aceite de árbol de té y 2 gotas de aceite de lavanda con 1 onza de base de ungüento o gel de sábila.

Para repeler insectos: El aceite de ciprés actúa como repelente de insectos y protege la ropa por meses. Muchas tiendas tienen bolas de madera sin tratar que puedes perfumar con unas cuantas gotas de aceite. O pon un par de gotas de aceite de ciprés a una bola de algodón, ponla en un calcetín y coloca en un baúl o cajón de almacenamiento.

Para aliviar piernas "pesadas": Si tus piernas están cansadas, con cuidado frótalas con aceite de ciprés (mezcla 5 gotas en 2 onzas de aceite de aguacate). La fricción facilita la reabsorción de fluido linfático en los tejidos. También ayudará a que la sangre venosa fluya de vuelta de los vasos sanguíneos a los que se forzó demasiado.

Consejo extra: El aceite de ciprés puede ser útil para tratar personas que experimentan cambios extremos del estado de ánimo y suelen tener un alud excesivo de pensamientos. El aceite ayuda a restaurar el equilibrio de sus emociones.

Aplicaciones

- Un baño de asiento con aceite de ciprés puede ayudar a aliviar los síntomas de hemorroides, entre ellos la comezón. Mezcla 4 gotas de aceite de ciprés con 1 gota de aceite de árbol de té y una cucharada de leche; añade la mezcla a una tina medio llena. Siéntate en la tina alrededor de 20 minutos; luego cúbrete con algo cálido y descansa en cama.
- Como el aceite de ciprés tiene la habilidad para eliminar productos de desecho, puede ayudar a afirmar el tejido conectivo y puede impedir que se forme celulitis. Después de que tomes un baño caliente, da masaje a tu cuerpo, en especial las zonas que tienden a la celulitis, con una mezcla de 3 cucharadas de aceite de almendra dulce y de gel de sábila, 10 gotas de aceite de ciprés, 5 gotas de aceite de toronja y 3 gotas de aceite de junípero. Mezcla bien antes de aplicar.
- Para detener sangrado de encías y ayudar a inhibir la inflamación, combina 2 gotas de aceite de ciprés y 1 cucharadita de vinagre de sidra en agua caliente. Haz gárgaras con la solución; escupe. Repite varias veces al día.
- El aceite de ciprés dilata los bronquios, lo que facilita la expectoración y calma la necesidad de toser. Añade 2 gotas de aceite de ciprés y 2 gotas de aceite de frankincienso a un recipiente de agua que vaporiza. Envuelve una toalla sobre tu cabeza y luego mantén la cara sobre el recipiente. Inhala profundamente los vapores.

● **Ten cuidado!** No se debe usar el aceite de ciprés durante el embarazo, ya que puede estimular las contracciones uterinas. Cuando compres aceite de ciprés, asegúrate de que la etiqueta dice *Cupressus sempervirens*. Los aceites esenciales de algunos otros tipos de ciprés son menos efectivos en el aspecto medicinal.

Aceite de eneldo

El eneldo pertenece a la familia de las zanahorias y es pariente cercano del hinojo. La planta aromática, nativa de la región del Mediterráneo, Sur de Rusia y centro y Sur de Asia, se cultiva mucho en Inglaterra, Alemania y Norteamérica. El eneldo se ha valorado durante miles de años no sólo por sus usos culinarios, como es común en la actualidad, sino también por sus propiedades curativas. Era un ingrediente esencial en un remedio egipcio común para aliviar el dolor y fomentar la curación. Los antiguos griegos también usaban el eneldo. Creían que causaba adormecimiento, así que se cubrían los ojos con las hojas de la hierba antes de ir a dormir. Las propiedades terapéuticas de la planta también están presentes en el aceite de eneldo que se extrae mediante destilación por vapor de las semillas y la planta. Este aceite puede ayudar a fortalecer el estómago y aliviar espasmos y calambres musculares. También es antiséptico y antiespasmódico leve. Además, el aceite de eneldo puede ayudar a dominar toses severas, estimular la leche en madres lactantes, aliviar flatulencia e hipo y aliviar la ansiedad.

Para tensión y pánico

El aceite de eneldo tiene efectos de crear equilibrio y relajación para calmar sentimientos de pánico, tensión y agotamiento nervioso. Además, el aroma del aceite, que es dulce, picante y como menta al mismo tiempo, puede facilitar el sueño y ayudar a aliviar calambres. Prueba esta mezcla en una lámpara de aromaterapia:

3 gotas de eneldo
2 gotas de lavanda
2 gotas de bálsamo de Melisa

Efecto terapéutico: El principal componente del eneldo es carvona, pero el aceite también contiene terpinino, felandreno y limoneno. La combinación de estas sustancias da al aceite sus efectos antiespasmódicos, de alivio del dolor y calmantes. Puede aliviar los calambres que acompañan a diarrea y periodos menstruales. Cuando se emplea para tratar cólicos, el aceite de eneldo puede ayudar a regular la actividad intestinal. También es un remedio efectivo para hinchazón y tensión nerviosa.

Para niños inquietos: Los niños que son hiperactivos y no se pueden concentrar pueden beneficiarse del aceite de eneldo. Mezcla 3 gotas de aceite de eneldo y 3 gotas de aceite de manzanilla con 5 gotas de aceite de lavanda en una lámpara de aromaterapia. Esta mezcla ayuda a fomentar la concentración y una sensación de calma.

Para refrescar los sentidos: Emplea aceite de eneldo en el baño de regadera para tener una sensación un poco refrescante y relajadora después de una enfermedad. El aceite puede fortalecer la circulación y estimular todo tu cuerpo. Añade 3 gotas a un poco de tu gel favorito para bañarte en regadera.

Para dolor menstrual: Un aceite de masaje que contenga aceite de eneldo al mismo tiempo alivia el dolor de los calambres menstruales y estimula la circulación en las áreas en que se da el masaje. También puede ayudar a facilitar el flujo menstrual. Mezcla bien 2 gotas de aceites de eneldo, amaro y lavanda con 2 cucharadas de aceite de jojoba; frota esto en tu abdomen.

Para estimular el flujo de leche: Las madres lactantes que tienen un problema con la cantidad de leche, pueden encontrar que el aceite de eneldo puede estimular su producción. Mezcla 1 gota de aceite de eneldo y 1 cucharada de aceite de jojoba, y frota en tus senos. Luego lava antes de amamantar, ya que a los bebés no les gusta su sabor.

Un poco de conocimiento tradicional: Los gladiadores en la antigua Roma creían que el aceite de eneldo los hacía invencibles, fuertes y rápidos; lo frotaban en todo su cuerpo antes de todas y cada una de sus peleas.

Aplicaciones

- El efecto relajador del aceite de eneldo puede aliviar el dolor abdominal espasmódico. Mezcla 6 gotas de aceite de eneldo y 2 gotas de aceites de lavanda y manzanilla con 3 cucharadas de aceite de oliva. Puedes frotar esta mezcla en tu abdomen varias veces al día.
- Para tratar hipo, pon 3 gotas de aceite de eneldo en algo de agua hirviendo en un recipiente. Cubre tu cabeza con una toalla, inclínate sobre el recipiente e inhala los vapores durante 2 minutos.
- Para tosferina y laringitis, mezcla 5 gotas de aceites de eneldo y de frankincienso con 1 cucharadita de aceite de almendra dulce. Cuando se aplica como masaje en la parte superior del pecho, esta mezcla de aceites puede ayudar a aliviar accesos de tos severos.
- El aceite de eneldo ayuda a promover un sueño profundo y reparador.
- Es muy útil después de un día largo y tenso. Pon 2 a 3 gotas de aceite de eneldo en tu almohada antes de ir a la cama para relajar tus sentidos. O pon unas cuantas gotas en tu manga o pañuelo e inhala profundamente los vapores en ocasiones a lo largo del día para que te sientas relajado y calmado.
- Para aliviar músculos tensos y adoloridos, mezcla 1 gota de eneldo, 2 gotas de manzanilla y 3 gotas de aceite de lavanda en una cucharada de aceite de almendra dulce. Da masaje a las zonas afectadas.

Ten cuidado! Las mujeres embarazadas no deben usar el aceite de eneldo ya que puede tener un efecto que puede estimular labor de parto prematura. La sustancia carvona, que está presente en el aceite, puede ser tóxica en grandes dosis y es peligrosa para ciertas partes del sistema nervioso. Por esta razón, el aceite de eneldo se debe usar sólo en las cantidades especificadas. Si tienes una reacción alérgica, interrumpe su uso de inmediato.

Aceite de eucalipto

El aceite esencial del eucalipto se obtiene de las hojas y ramas del árbol eucalipto, *Eucalyptus globulus.* Se emplea un proceso de destilación por vapor para extraer el aceite de las partes del árbol y se requieren alrededor de 50 kilos de material vegetal para producir alrededor de 1 kilo de aceite de eucalipto. Es muy probable que las propiedades medicinales del aceite de eucalipto fueran descubiertas por los aborígenes de Australia (donde se originó el árbol). Empleaban el aceite como remedio para problemas de la piel y fiebre; no es sorprendente que por mucho tiempo se haya llamado al árbol de eucalipto el "árbol de la fiebre". Los herbolarios modernos confían en el aceite de eucalipto para tratar esos problemas, así como resfriados y otros males respiratorios molestos. El aceite es un buen descongestionante y tiene fuertes efectos germicidas y antibacterianos.

Para fatiga mental

El aceite de eucalipto estimula el sistema nervioso y fomenta la concentración. Combinado con aceite de limón en un difusor, es ideal para usar cuando agotamiento mental y apatía afectan la psique.

4 gotas de eucalipto
2 gotas de limón

Efecto terapéutico: El principal ingrediente activo en el aceite de eucalipto es el eucaliptol, que tiene fuertes propiedades germicidas y desinfectantes. También funciona como diurético, baja el azúcar en sangre y ayuda a aliviar tos y fiebre. El aceite de eucalipto es un analgésico efectivo y a menudo se emplea en fórmulas diseñadas para aliviar dolor de músculos, nervios y articulaciones. En un nivel sicológico, ayuda a combatir agotamiento y disipa aletargamiento mental.

Para una sensación de bienestar: Unas cuantas gotas de una mezcla de eucalipto y aceites de masaje tiene efecto refrescante y estimulante en mente y cuerpo. Aplica a los puntos del pulso.

Para purificar la habitación de un enfermo: El aceite de eucalipto es la esencia ideal para usar en el medio ambiente de un enfermo. Cinco gotas del aceite en un difusor matarán gérmenes en el aire y reducirá el número de bacterias. Esto ayudará a evitar que se dispersen los gérmenes.

Para heridas y abscesos: El fuerte efecto germicida del aceite de eucalipto puede ayudar a curar heridas, quemaduras, úlceras y mordeduras o piquetes de insectos. Pon unas cuantas gotas de aceite esencial en un apósito o vendaje antes de cubrir el área con él.

Para acabar con toses: Haz una compresa de pecho con eucalipto y aceites de masaje para aflojar flemas y mejorar la función de los pulmones.

Para escarlatina: Unas cuantas gotas de aceite de eucalipto en un difusor pueden ayudar a aliviar los síntomas parecidos a la gripe de la escarlatina.

Para mejorar el sauna: Para obtener los mejores efectos desintoxicantes de un sauna, pon 3 gotas de aceite de eucalipto en un cazo lleno de agua y vierte sobre las piedras calientes.

● **Ten cuidado!** Demasiado aceite de eucalipto tiene el potencial de irritar la piel, de manera que asegúrate de emplear la cantidad exacta especificada en las fórmulas que se listan aquí. Combinar aceite de eucalipto con aceite de masaje reduce la posibilidad de irritación. Mantén el aceite de eucalipto lejos del alcance de niños de menos de seis años de edad.

Consejo extra: A los insectos les desagrada el olor del aceite de eucalipto. Para hacer un repelente de insectos, pon unas cuantas gotas del aceite en aceite para masajes. O pon unas cuantas gotas en un difusor para mantener la habitación libre de pestes.

Aplicaciones: Uso externo

- Baja una fiebre con vendaje para pantorrillas con aceite de eucalipto. Pon 5 gotas de aceite de eucalipto en 1 litro de agua tibia. Remoja telas de lino o de algodón en la mezcla. Luego, enrolla las telas en tus pantorrillas y asegura con telas secas. Los vendajes para pantorrillas sólo se deben usar cuando los pies estén calientes.
- Para eliminar caspa, mezcla 10 gotas de aceite de eucalipto con tu champú. Masajea bien el cuero cabelludo. Espera unos minutos antes de enjuagar.
- Para aliviar síntomas de resfrío, pon unas cuantas gotas de aceite de eucalipto en un pañuelo e inhala profundamente el aroma.
- Para aliviar congestión de senos nasales y pecho, combina 5 gotas de aceite de eucalipto con 1 gota de aceite de menta. Añade hierbas estrujadas de eucalipto, menta, fárfara y consuelda. Pon ½ onza de la mezcla en un calcetín limpio, anuda el extremo y coloca dentro de la funda de la almohada en la noche.
- Para alivio de molestias y dolores musculares, mezcla 10-15 gotas de aceite de eucalipto y dos onzas de aceite de almendra dulce o de semilla de uva. Da masaje en los músculos.

Aceite de frankincienso

Frankincienso... la palabra misma conjura imágenes de templos antiguos, llenos de humo y de ofrendas aromáticas a los dioses. Esta sustancia legendaria en realidad procede de un árbol bajo como arbusto y poco espectacular que es nativo de África, India y Arabia Saudita. Cuando se arranca la corteza del árbol, exuda resina y forma "lágrimas". Estas lágrimas se cortan raspando y se destilan para producir un aceite que es fragante y medicinal. Cuando se emplea como aceite para masaje, en un baño de tina caliente o en difusor, el frankincienso es un buen remedio para resfriados, bronquitis, asma y heridas de la piel. Alguna vez un ingrediente de los cosméticos de los antiguos egipcios; el frankincienso todavía se receta para rejuvenecer y restaurar piel arrugada y fomentar la reparación de cicatrices. Se dice que el aceite también afecta en forma notable la emoción y el estado de ánimo. Empleado por muchos siglos como incienso para crear un espíritu de paz y contemplación, el frankincienso tiene una fragancia única, cálida y exquisita. Quienes trabajan en aromaterapia en la actualidad recomiendan el aceite para periodos de tensión y ansiedad. También se dice que el aceite de frankincienso calma y centra un alma inquieta, alivia la fatiga mental y cura un corazón roto.

Para relajación profunda

Se cree que el aceite de frankincienso tiene efecto sedante en el sistema nervioso central. Su aroma tranquilizador también hace más lenta y profunda la respiración. Para fomentar una sensación de paz y serenidad, combina estos aceites en una lámpara de aromaterapia:

2 gotas de frankincienso
2 gotas de lavanda
1 gota de sándalo

Efecto terapéutico: Los componentes curativos primarios del aceite de frankincienso son pineno, dipenteno y felandreno, todos son responsables de las propiedades antiinflamatorias, antisépticas y antidepresivas del aceite. Además, el aceite de frankincienso es *citofiláctico*; en otras palabras, puede estimular nuevo crecimiento celular y ayudar a prevenir arrugas. Esto puede explicar su uso por largo tiempo para curar heridas, reparar cicatrices y contrarrestar los efectos del envejecimiento.

Para evitar un resfriado: Los aceites esenciales pueden ofrecer ayuda para repeler una infección viral. Pon 3-4 gotas de frankincienso, 3 gotas de aceite de eucalipto y 2-3 gotas de aceite de limón en un baño de tina que vaporice. Esta mezcla antiinfecciosa es reconfortante y además estimula el sistema inmune.

Para piel vieja y arrugas: Aunque el envejecimiento es inevitable, y en ocasiones se acelera por fumar, mala dieta, demasiado sol y tensión, el aceite de frankincienso puede ayudar a contrarrestar las señales delatadoras mediante fortalecer el tejido conjuntivo. Combina 3 gotas de aceite de frankincienso con 1 cucharadita de aceite de germen de trigo. Aplica a tu cara, en especial al área alrededor de los ojos, y deja toda la noche. O haz un baño de vapor facial: mezcla 4 gotas de aceites de frankincienso y lavanda, 3 gotas de aceite de rosa y 5 cucharaditas de un aceite de base. Mezcla en un recipiente con agua que vaporice y envuelve una toalla sobre tu cabeza. Inclínate sobre el recipiente y respira el vapor alrededor de 10-15 minutos.

Para reducir las cicatrices: El aceite de frankincienso fomenta que la piel se cure y reduce la posibilidad de infección y formación de cicatrices. En los casos en que una herida tarda en curarse, mezcla 2 gotas de aceite de frankincienso, 1 gota de aceite de flor de naranjo o de lavanda, y 1 cucharadita de aceite de germen de trigo. Masajea el aceite en heridas y cicatrices todos los días hasta que la piel esté sana de nuevo.

Consejo extra: Para una mezcla de baño de aceite esencial que sea aromática y que levante el ánimo, mezcla 2 gotas de aceites de frankincienso, amaro, bergamota, palo santo y sándalo en una tina llena de agua caliente.

Aplicaciones: Uso externo

- Para aliviar congestión de senos nasales u otros síntomas de resfriado de vías respiratorias altas, pon 3 gotas de aceite de frankincienso en 1 litro de agua que vaporice. Coloca una toalla sobre tu cabeza y el recipiente, creando una carpa. Inhala el vapor profundamente a través de tu nariz y exhala por la boca. Si tus síntomas son agudos, emplea el baño de vapor dos veces al día hasta que haya una mejoría clara. Reduce el tratamiento a una vez al día hasta que todos tus síntomas hayan desaparecido por completo.
- El frankincienso es antiséptico y es efectivo para combatir infecciones del tracto urinario. Pon 3 gotas de los aceites de frankincienso, lavanda y manzanilla a un baño de asiento. Remoja durante 15 minutos y repite durante el día según se necesite.
- Como antiinflamatorio, el aceite de frankincienso puede ayudar a aliviar un ataque de asma. Pon 3 gotas de los aceites de frankincienso y árbol de té en una lámpara de aromaterapia para fomentar la respiración profunda y reducir la inflamación de las vías respiratorias.
- El uso de aceites esenciales aromáticos puede ayudar a aliviar la ansiedad y producir un cambio grato en tu actitud general. El aceite de frankincienso a menudo se emplea para calmar nervios exaltados y ha sido útil durante momentos de tensión. Pon unas cuantas gotas del aceite en un tejido o pañuelo e inhala el aroma según se necesite durante el día.

- **Ten cuidado!** Como todos los aceites esenciales, el aceite de frankincienso sólo se debe usar en forma tópica. Si se ingiere, puede causar intoxicación y puede causar daño a las delicadas membranas del tracto digestivo. Además, siempre dilúyelo con un aceite de base o con crema.

Aceite de geranio

El aceite de geranio se extrae de las hojas verdes del geranio (*Pelargonium graveolens*), el cual crece originalmente en Madagascar, Egipto y Marruecos. A pesar de que existen alrededor de 700 variedades de Geranio, sólo alrededor de 10 suministran el valioso aceite esencial, que se obtiene mediante destilación por vapor de hojas y retoños. El aceite, con su aroma fresco, como de rosa y de cítrico, estimula los sentidos. Puede renovar tu energía cuando te sientas cansado, y calmado cuando te sientas enojado o irritable. El aceite de geranio también ayuda a dar equilibrio a las hormonas, lo que lo hace una buena opción para mujeres que tienen problemas por síntomas de menopausia. Por sus propiedades de limpieza y antisépticas, el aceite ha demostrado ser valioso para curar heridas y combatir enfermedades. Muchas lociones cosméticas contienen aceite de geranio, ya que alivia piel irritada y ayuda a controlar el acné. El aceite de geranio se mezcla bien con otros aceites, entre ellos los aceites esenciales de limón, toronja, lavanda, romero, jazmín, bergamota y jengibre.

Repelente de insectos

El aceite de geranio es apropiado en particular para rechazar insectos, en particular mosquitos. La siguiente mezcla que se emplea en un difusor aromático proporciona las noches perfectas sin insectos.

5 gotas de geranio
3 gotas de clavo

Efecto terapéutico: Los principales componentes del aceite de geranio, geraniol, linalool y citronelol tienen fuertes efectos antivirales y de limpieza. También ayudan a mantener una piel saludable. Se utiliza en preparados para bañarse además de faciales, enjuagues para cabello y compresas. Los taninos que se encuentran en los geranios tienen un fuerte efecto constrictivo, lo que lo hace antiinflamatorio y antiespasmódico; también sirve como descongestionante.

Para mordeduras de insecto: El aceite de geranio puede ayudar para que no se agraven picaduras de mosquito hinchadas y con comezón. Tan sólo diluye 2 gotas de aceite de geranio en 1 onza de hamamelis. Pon un toque en la zona afectada con una bola de algodón para ayudar a que baje la hinchazón.

Para sentirse bien: Si las plantas pudieran hablar, el mensaje del geranio sería: "No hagas nada, deja que te mimen". El agradable aroma del aceite de geranio cuando se mezcla con aceite de rosa es ideal para hacer una combinación de aceite corporal para mimarte en un baño, con un facial o al enjuagarte el cabello. El aceite relaja el cuerpo y suaviza la piel.

Para problemas de concentración: Puedes empezar a sentirte más en control de tu vida frenética y disminuir lo distraído que andas mediante inhalar el aroma del aceite de geranio. El aroma claro y ligero te ayudará a organizar tus pensamientos y a mejorar tu memoria. También puedes mezclar 2 gotas de aceite de geranio con 2 gotas de aceite de romero para avivar tus sentidos. Añade un poco a un pañuelo para guardar en tu bolsa cuando viajes.

Para belleza: El aceite de geranio puede ayudar a la mayoría de los tipos de pieles ya que su acción estimulante ayuda a activar la regeneración de las células de la piel y ayuda a la curación de acné y manchas. Diluido, ayuda a controlar el exceso de grasa de la piel y alivia la piel reseca y sensible. El aceite de geranio dará a tu piel un brillo saludable, causando que parezca más juvenil y radiante.

Consejo extra: El aceite de geranio alivia los síntomas de síndrome premenstrual. Con su acción diurética, combate la retención de líquidos; también puede reducir la sensibilidad de los senos.

Aplicaciones

- Para reducir hinchazón en las piernas, frótalas con una mezcla de 3 cucharadas de aceite de almendra dulce, 8 gotas de aceite de geranio y 5 gotas de aceite de limón. Después de aplicar la mezcla, levanta las piernas un poco y descansa 30 minutos. Los aceites desbloquean los nódulos linfáticos e impiden el edema.
- Para ayudar a que desaparezcan las cicatrices, emplea aceite de geranio mezclado con aceite de flor de naranjo: Mezcla 5 gotas de aceite de geranio y 3 gotas de aceite de flor de naranjo en 3 cucharadas de crema para piel enriquecida y sin aroma. Masajea esta crema todos los días en el tejido de cicatrización para mantenerlo flexible.

- Un baño con aceite de geranio da alivio al dolor y los calambres menstruales. Pon 6 gotas de aceite de geranio, 3 gotas de aceite de jazmín y 2 gotas de aceite de amaro en 1½ tazas de leche entera y vierte en tu agua para bañarte; remoja en la tina al menos 30 minutos o más.
- El aceite de geranio puede darte nuevo optimismo cuando te sientas exhausto y apático. Evapora 3 gotas de aceites de geranio y de bergamota, empleando un difusor aromático.

Aceite de manzanilla alemana

Se cultivan tres especies diferentes de manzanilla (alemana, común y silvestre) por sus aceites esenciales. Todas son miembros de la familia asterácea y todos comparten propiedades similares, aunque la investigación ha mostrado que el tipo alemán, *Matricaria chamomilia*, puede ser más potente en sus efectos. Debe su color azul oscuro así como su mayor acción antiinflamatoria a un compuesto conocido como *camazuleno*. Esta acción hace del aceite de manzanilla alemana una elección buena en especial para tratar infecciones, heridas, dolores de cabeza, irritaciones de la piel y dolor menstrual. Sin embargo, todos los aceites de manzanilla tienen un lugar prominente en la medicina botánica y por largo tiempo se han empleado para enfriar fiebres, aliviar molestias y dolores y para calmar el dolor muscular y los espasmos. Todavía nos beneficiamos de estos remedios de siglos de antigüedad, en especial de la habilidad del aceite de manzanilla alemana para calmar nervios agitados. En realidad, algunos creen que el aceite puede aliviar casi cualquier mal.

Para tranquilidad

El aceite de manzanilla alemana es un maravilloso agente de relajación cuando tus nervios están tensos y exhaustos. Pon esta mezcla en una lámpara de aromaterapia para ayudar a crear una sensación de paz.

> 3 gotas de manzanilla alemana
> 2 gotas de bálsamo de Melisa
> 2 gotas de naranja

- **Efecto terapéutico:** El aceite de manzanilla alemana contiene camazuleno, el cual tiene fuertes cualidades antiespasmódicas que relajan músculos tensos y adoloridos. El aceite volátil también es antiinflamatorio y es efectivo en particular para curar quemaduras e impedir infecciones.
- **Para calambres menstruales:** El aceite de manzanilla alemana se recomienda como tratamiento para dolores menstruales. Toma un baño de asiento de cinco minutos en 4 litros de agua caliente a la que añades 2 gotas de aceites de manzanilla alemana y de lavanda.
- **Para ayudar a sanar quemaduras:** Para quemaduras y heridas menores, mezcla 2 gotas de aceite de manzanilla alemana con 2 gotas de aceite de lavanda. Añade 2 tazas de agua caliente. Empleada en una compresa, impedirá la formación de cicatrices e inflamación.
- **Para infecciones de cándida:** Un baño de asiento caliente aliviará la comezón y la inflamación que se asocia con la levadura en la zona vaginal. Pon 1 gota de aceite de manzanilla alemana y 2 gotas de aceite de árbol de té en 4 litros de agua caliente y mezcla bien antes de usar.

- **Para dolor muscular y de articulaciones:** Para articulaciones que duelen y músculos tensos, rígidos o con calambres, mezcla 2 cucharadas de aceite de almendra dulce y 2 gotas de los aceites de manzanilla alemana y de romero. Da masaje con esta mezcla en las zonas afectadas para relajar músculos, reducir inflamación y aumentar la circulación.
- **Consejo extra:** No pierdas el tiempo siendo gruñón. Pon este aceite en una lámpara de aromaterapia para elevar tu estado de ánimo.

- **Ten cuidado!** De las diferentes variedades de manzanilla (alemana, común y silvestre), las más fáciles de conseguir son alemana y común. Aunque comparten propiedades similares, el aceite de manzanilla alemana tiene un mayor contenido de aceite volátil, lo que lo hace preferible para tratamientos de curación. Si estás embarazada, emplea sólo en las últimas etapas de tu embarazo y mezcla con aceite de rosa para aliviar la agitación y el temor que se asocian con el parto.

Aplicaciones

- Después de un día de estar al Sol, nebuliza tu piel con este rociador humectante: Mezcla 2 gotas de aceite de manzanilla alemana, 2 gotas de Aceite de Lavanda, 1 gota de aceite de rosa y 4 onzas de agua purificada en un rociador.
- Se puede aplicar una compresa hecha con aceite de manzanilla alemana a heridas para ayudar a formar tejido de cicatrización saludable. Humedece una tela con unas cuantas gotas del aceite puro y coloca en la herida con el aceite esencial en el lado opuesto de la tela, sin estar en contacto con la piel. Las propiedades del aceite penetran en la tela, pero no se causa irritación a la piel. Remplaza la compresa una vez al día hasta que se cure la herida.
- Un tratamiento de aceite dejará tu cabello suave y fácil de peinar, y el cuero cabelludo acondicionado. Mezcla 2 gotas de aceite de manzanilla alemana, de aceite de romero y de aceite de lavanda con dos cucharadas de aceite de almendra dulce y da masaje a tu cabeza y cabello con la mezcla una vez a la semana. Añade un toque de champú antes de enjuagar, o para mejores resultados, deja toda la noche. *Nota: Usa con cuidado alrededor de los ojos.*
- El aceite de manzanilla alemana alivia el dolor y reduce la tensión durante ataques de migraña. Para casos muy severos, humedece una toalla con agua fresca y añade unas cuantas gotas de aceite de manzanilla alemana. Coloca la tela en tu frente, cierra los ojos y respira con normalidad.

Aceite de perpetua

También llamada siempreviva, perpetua silvestre y jabatera, la perpetua es más conocida como una flor que conserva su forma y color cuando se seca. Por lo tanto, a menudo se incluye en arreglos de flores y guirnaldas. Originaria de la región del Mediterráneo, la resistente planta siempre verde tiene largos tallos con agujas aterciopeladas y racimos de flores doradas y con forma de bola. Los antiguos romanos las empleaban para repeler a las polillas. La perpetua se hizo de seguidores por su fragancia parecida a la miel. De hecho, la flor a menudo se esparce en los pisos en Europa, aplastándola bajo los pies libera un aroma dulce. El aceite esencial de la planta se destila de varias especies, como *Helichrysum italicum* y *Helichrysum angustifolium*, y tiene un aroma calmante y agradable. El aceite esencial de perpetua puede ayudar a aliviar irritación de la piel, músculos y articulaciones adoloridos y congestión de las vías respiratorias superiores. En un nivel emocional, el aceite esencial ayuda en creatividad e intuición. Se mezcla bien con muchos otros aceites, incluyendo ciprés, amaro, junípero, lavanda, pino, bergamota, limón, romero, árbol de té y geranio.

Para paz interna

El olor aromático único del aceite de perpetua ayuda a aclarar la mente, despierta los sentidos y fomenta paz interna y serenidad. Permite que la siguiente mezcla se evapore en tu lámpara de aromaterapia.

3 gotas de perpetua
2 gotas de amaro
1 gota de lavanda

Efecto terapéutico: Los componentes primarios de la perpetua, pineno, nerol, uvaol y amirina, dan al aceite sus propiedades antiinflamatorias y antisépticas, que son útiles cuando se aplican a piel inflamada, con manchas, acné y quemaduras. El poderoso efecto expectorante del aceite lo hace una buena adición para inhalaciones de vapor, aliviando congestión respiratoria, bronquitis y tos.

Para piel suave: Un aceite corporal con 2 onzas de aceite de almendra dulce, 10 gotas de aceite de perpetua y 5 gotas de aceite de malva rosa deja la piel suave y lisa. El aceite protege la piel de secarse y ayuda a aliviar soriasis. Da masaje con el aceite en la piel justo después de un baño de regadera o de tina para mejorar la absorción.

Para congestión: Mezcla 5-7 gotas de aceite de perpetua en un recipiente con agua hirviendo. Coloca una toalla sobre tu cabeza e inhala los vapores para aliviar congestión, acabar con tos, bronquitis y sinusitis.

Para calambres menstruales: Un baño de tina caliente con aceites de perpetua y amaro puede ayudar a aliviar calambres dolorosos durante la menstruación. El efecto relajador y analgésico del aceite de perpetua también puede calmar tensión menstrual.

Para inflamación de la encía: El aceite de perpetua tiene una poderosa acción antiinflamatoria que alivia la inflamación de la encía. Mezcla 1 gota de aceite de perpetua en ½ cucharadita de extracto de hamamelis. Moja el cepillo de dientes en la mezcla y con suavidad frota las áreas inflamadas.

Para músculos adoloridos: Haz un aceite de masaje para torceduras, distensiones, músculos adoloridos y articulaciones artríticas. Mezcla 2 gotas de aceites de perpetua, lavanda y amaro en 2 cucharadas de aceite de almendra dulce. Da masaje en las zonas afectadas.

Consejo extra: El aceite de perpetua estimula el flujo de linfa y afirma la piel, alivia venas varicosas y edema. Da masaje con el aceite en las zonas afectadas.

● **Ten cuidado!** Ni niños más pequeños de 12 años de edad ni mujeres embarazadas deben usar el aceite de perpetua. Además, el aceite de perpetua puede evocar emociones poderosas en algunos individuos y por lo tanto, se debería usar con moderación.

Aplicaciones

- Para soriasis: Haz un aceite para la piel que alivie la inflamación y la comezón dolorosa. Mezcla 5 gotas de aceite de perpetua y 2 gotas de aceite de lavanda en 2 cucharadas de aceite de almendra dulce. Da masaje según se necesite en las áreas afectadas.
- Para venas varicosas: Haz un aceite de masaje diario mezclando 10 gotas de aceite de perpetua y 5 gotas de aceites de limón y de ciprés en 3 cucharadas de aceite de semilla de uva. Esta mezcla de aceite ayuda a aliviar hinchazón y congestión en las venas. También funciona para aliviar el sentimiento típico de pesadez en las piernas que a veces es resultado de venas varicosas.
- Para tos: Las propiedades antiespasmódicas y expectorantes del aceite de perpetua ayudan a aliviar congestión, a aflojar la mucosidad y a controlar la tos. Mezcla 3 gotas de aceites de perpetua, eucalipto y frankincienso en 2 cucharadas de aceite de almendra dulce. Da masaje con la mezcla en toda el área del pecho.
- Para molestias reumáticas: Mezcla 3 gotas de aceite de perpetua, 5 gotas de aceite de lavanda y 2 gotas de aceite de manzanilla en 2 cucharadas de aceite de almendra dulce. Da masaje con la mezcla en tus articulaciones reumáticas para aliviar el dolor y la inflamación.
- Para cuidado de la piel: Pon 2-3 gotas de aceite de perpetua en tu loción favorita y emplea para humectar todos los días.

Aceite de hisopo

La frondosa planta perenne *Hyssopus officinalis* es nativa de la región del Mediterráneo y se ha empleado con fines curativos por más de 2 000 años. De hecho, la habilidad de la planta para desintoxicar la sangre fue reconocida por los antiguos hebreos y griegos, los cuales la empleaban como parte de limpiezas rituales. El aceite de hisopo, que se extrae de la planta mediante un proceso de destilación por vapor, retiene esta propiedad curativa. Aromático, fresco y picante, el aceite de hisopo se emplea con más frecuencia para aliviar males respiratorios, como tos, resfriados, bronquitis y asma. Estimula la circulación y fortalece el cuerpo y la mente, haciendo que sea muy útil en casos de recuperación, fatiga y languidez. Además, el aceite de hisopo tiene cualidades antisépticas y antibacterianas; cuando se aplica en forma tópica, puede ayudar a curar acné y eczema. La inflamación de la encía también responde bien a enjuagues bucales con el aceite. En un nivel emocional, fortalece la concentración mental y estimula el pensamiento creativo. Sin embargo, el aceite de hisopo no es de uso común y puede ser difícil de encontrar; los proveedores de pedidos por correo pueden ayudar a localizarlo.

Para claridad mental

La fragancia estimulante del aceite de hisopo aumenta la claridad mental, estimula la concentración y fortalece la creatividad. Prueba la siguiente mezcla en tu lámpara de aromaterapia cuando necesites concentrar la mente:

> 3 gotas de hisopo
> 2 gotas de hinojo
> 2 gotas de romero
> 1 gota de limón

Efecto terapéutico: El aceite de hisopo contiene pinocamfona, tujona, pineno y sesquiterpeno, todos los cuales tienen efectos expectorantes, antisépticos y vigorizantes. El aceite ayuda a aliviar males respiratorios, como tos, asma y bronquitis. Cuando se aplica en forma tópica, puede acelerar la curación de magulladuras y manchas. El aceite de hisopo también ayuda a restaurar el vigor y limpia la sangre, lo que estimula la salud general.

Para cuidado de la piel: Para acondicionar piel reseca y aliviar eczema con comezón, mezcla 2 gotas de aceite de hisopo, 3 gotas de aceite de lavanda y 2 gotas de aceite de malva rosa con 2 cucharadas de aceite de almendra dulce. Añade al agua para bañarte y remoja durante 20 minutos.

Para fiebre: El aceite de hisopo puede ayudar a fomentar la sudoración, con lo que reduce la fiebre. Mezcla 2 gotas del aceite en un recipiente de agua fresca. Remoja una tela en él, exprimiéndola, y envuelve alrededor de tus pantorrillas.

Para higiene oral: Un enjuague bucal que contiene aceite de hisopo muy diluido estimula la circulación de la sangre en las encías, lo que puede ayudar a prevenir enfermedades de la encía. Mezcla 2 gotas de aceite y 2 cucharadas de vodka con 4 onzas de agua de manantial. Emplea la mezcla para enjuagar tu boca, y luego escúpela.

Para infecciones vaginales: Para inflamación y descargas vaginales, pon 2 gotas de los aceites de hisopo y lavanda en un baño de tina medio lleno. Báñate todos los días hasta que desaparezcan los síntomas.

Para convalecencia: Después de una enfermedad, prueba esta mezcla en lámpara para aromaterapia: 3 gotas de los aceites de hisopo, bergamota y canela y 2 gotas de aceite de albahaca. Esto puede restaurar la energía y volver a ponerte en pie.

Consejo extra: Para ayudar a acelerar la curación de magulladuras, mezcla 2 gotas de aceite de hisopo y 1 gota de aceite de perpetua en un recipiente con agua muy fría. Remoja una tela en la mezcla y aplica en el área afectada durante 20 minutos.

Aplicaciones

- El aceite de hisopo estimula la sudoración, lo cual ayuda a limpiar el cuerpo de toxinas y productos de desecho. Para hacer un aceite de limpieza del cuerpo, mezcla 9 gotas de aceite de hisopo con 1 taza de aceite de oliva puro. Aplica la mezcla a todo tu cuerpo y envuélvete en una tela de lino. Descansa, cubierto, durante una hora y luego enjuaga.

- Para combatir resfriados y gripe y ayudar a expectorar mocos, pon 4 gotas de aceite de hisopo en 1 litro de agua caliente. Pon una toalla sobre tu cabeza y el recipiente, inclínate e inhala profundamente los vapores.

- Para acné hinchado y doloroso, mezcla 1 gota de aceite de hisopo en 2 cucharadas de hamamelis. Remoja un cotonete en la mezcla y da un toque a las áreas afectadas para acelerar la curación.

- Para aliviar un estado de agotamiento y tonificar un cuerpo perezoso, pon 2 gotas de aceite de hisopo en 1 litro de agua y hierve a fuego bajo sin cubrir. Revisa la olla a menudo para asegurarte de que el agua no se ha evaporado y reponer la mezcla según se necesite.

- Las poderosas propiedades antibacterianas del hisopo lo hacen un excelente limpiador casero para eliminar gérmenes. Pon 6 a 10 gotas del aceite en 8 litros de agua caliente y emplea la solución para limpiar cualquier superficie u objeto en la casa susceptible a microbios infecciosos.

Aceite de raíz de iris

El iris, miembro de la familia iridácea y nativo de Norteamérica, Asia y Europa, tal vez sea más conocido por sus flores hermosas y espectaculares. Con colores que van de blanco a azul y a púrpura, las flores han sido apreciadas por siglos en muchas culturas. Sin embargo, es la raíz, no las flores, del iris lo que produce su aceite. Este aceite esencial es muy raro y costoso, ya que se necesitan más de 650 kilos de raíz de iris para hacer 1 litro del aceite mediante un proceso de destilación por vapor. El aceite de raíz de iris tiene una fragancia como de violeta, dulce, suave, cálido y muy consolador. El aceite no sólo posee un aroma atractivo, sino que también tiene beneficios de salud y belleza. Puede aflojar mucosidad y calmar toses secas, lo que lo hace bueno para tratar bronquitis y tosferina. El aceite de raíz de iris también tiene efecto regulador en trastornos nerviosos. En el aspecto cosmético, el aceite ayuda a mantener una piel sana y nutre piel sensible. A menudo se emplea en productos exclusivos de cuidado de la piel. El aceite de raíz de iris también puede limpiar a fondo y con suavidad piel grasosa y con manchas, e incluso puede ayudar a regular glándulas sebáceas demasiado activas.

Para crear un estado de ánimo festivo y relajado

A menudo el aceite de raíz de iris es demasiado costoso para un uso regular. También puede ser difícil de encontrar. Sin embargo, si eres lo bastante afortunado para tener un poco de aceite extra a la mano, puedes crear un estado de ánimo alegre y festivo para un evento o fiesta especial. Emplea una mezcla de los siguientes aceites esenciales en tu lámpara de aromaterapia para ayudar a fijar un estado de ánimo estimulante.

1 gota de raíz de iris
2 gotas de rosa
1 gota de ylang ylang

Efecto terapéutico: El efecto relajante y calmante del aceite de raíz de iris en el cuerpo se debe a la acción de sus componentes primarios, naftaleno e iridina. Por sus propiedades para adelgazar mucosidad, el aceite de raíz de iris a menudo se emplea para calmar toses que ocurren con la gripe, resfriados y bronquitis. Puede ayudar a limpiar piel con manchas y también posee efectos laxantes y diuréticos que pueden ayudar a limpiar la sangre.

Para un cuidado calmante de la piel: Un aceite para la piel que contenga aceite de raíz de iris puede ayudar a suavizar y dar tono a piel reseca y sensible. Mezcla 1 gota de los aceites de raíz de iris y frankincienso en 1 cucharadita de aceite de germen de trigo y 2 cucharaditas de aceite de almendras dulces. Aplica según se necesite.

Para fatiga: Coloca unas cuantas gotas de aceite de raíz de iris en un difusor de habitación para ayudar a reducir al mínimo la fatiga y la falta de concentración.

Una delicada nota en perfume: La fragancia floral y delicada del aceite de raíz de iris lo hace popular para usar como fijador en perfumes con aroma a violeta. Disuelto en aceite de base, es como un bouquet floral y elegante. Haz un aroma personalizado mezclando 2 gotas del aceite de raíz de iris y de un aceite esencial de tu elección en 2 cucharaditas de aceite de jojoba.

Para consuelo del alma: Para aliviar la tensión y crear un estado de ánimo tranquilo y armonioso, mezcla 1 gota de los aceites de raíz de iris, bálsamo de Melisa y rosa en 2 cucharaditas de aceite de jojoba. Pon la mezcla en un pañuelo y guárdalo en tu bolsa.

Para manchas y piel grasosa: Un tonificador de la piel que contenga aceite de raíz de iris puede ser útil para aclarar piel con manchas. Regula la producción de aceite y limpia a profundidad y con suavidad la piel. Mezcla 1 gota de los aceites de raíz de iris y de lavanda en 5 cucharaditas de hamamelis.

Consejo extra: El aceite de raíz de iris puro está muy concentrado; su verdadero aroma se manifiesta sólo cuando está en extremo diluido. Por esta razón, además de por el costo del aceite, usa la esencia pura y sin diluir con la mayor moderación posible.

Aplicaciones

- Utilizar el aceite de raíz de iris en un baño de tina caliente ayuda a calmar músculos adoloridos y dolor reumático. Pon 2 gotas de los aceites de raíz de iris, lavanda y junípero y 3 cucharadas de miel en agua de baño muy caliente. Báñate durante 20 minutos y luego descansa mientras estás cubierto para conservar el calor durante una hora.
- La piel con comezón que se produce por soriasis se puede tratar con una mezcla de 3 gotas de aceite de raíz de iris y 2 cucharadas de aceite de oliva. Da un toque a tu piel con el aceite 3-4 veces al día. Esta mezcla de aceite también ayudará a que piel afectada y con comezón se cure con mayor rapidez.

- Las inflamaciones de los senos nasales pueden beneficiarse de una inhalación de aceite de raíz de iris, ya que tiene efecto mucolítico y calmante en las membranas mucosas. Pon 1-2 gotas de aceite de raíz de iris en 1 litro de agua hirviendo en un recipiente. Cubre tu cabeza e inhala los vapores.
- Para piel con manchas, mezcla 1 gota de aceite de raíz de iris, 1 cucharadita de caolín y 2 cucharadas de agua. Aplica la mezcla de arcilla a tu cara y deja que se seque; luego enjuaga.
- Para ayudar a refrescar el aire en una habitación de enfermo, mezcla 2 gotas de los aceites de raíz de iris, frankincienso y ravensara. Pon la mezcla en una lámpara de aromaterapia.

Ten cuidado! Como el aceite de raíz de iris es tan escaso y costoso, a menudo está adulterado. Si decides comprar un poco, asegúrate de verificar que está garantizado que es aceite de raíz de iris 100 por ciento puro. El color debe ser un ámbar dorado, mientras que el aroma recuerda a violetas, con una fragancia un poco fuerte, aromático, frutal y floral. *Precaución: Nunca emplees el aceite de raíz de iris, o cualquier aceite esencial, para uso interno.*

Aceite de jazmín

En la India, se llamaba al jazmín "Reina de la Noche" ya que se pensaba que su aroma terroso era afrodisiaco. Nativo de Arabia, India y China, las flores de *Jasminum grandiflorum* se cosechaban antes del amanecer de manera que no se evaporara el delicado aroma en el Sol. Tal vez es la razón de que el jazmín tuviera por largo tiempo un aire de misterio, sensualidad y romance. El aceite absoluto se extrae empleando un solvente especial que más tarde se evapora. Esto produce un aceite exquisito, pesado y espeso con aroma floral... uno de los aceites antiguos más populares que se emplea en perfumes. Las propiedades curativas de este aceite son muchas: Conocido para las comadronas como un "aceite de mujeres", se puede emplear durante la labor de parto para inducir contracciones, aliviar calambres, estimular la producción de leche y disipar el temor. Además, el jazmín es conocido por alentar la confianza en uno mismo, optimismo e intuición. Las propiedades antiespasmódicas, analgésicas y sedantes del aceite ayudan a aliviar dolor, espasmos musculares y tensión. Lo que es más, sus cualidades antisépticas y de acondicionamiento lo hacen un excelente remedio para acné o piel reseca.

Para depresión leve

El potente aroma del aceite de jazmín disipa pensamientos oscuros y preocupaciones, mientras que infunde confianza en uno mismo y esperanza. Ayuda a dar equilibrio al mal humor, alivia la ansiedad y calma la tensión. Deja que los siguientes aceites se evaporen en una lámpara de aromaterapia.

1 gota de jazmín - absoluto
1 gota de rosa - absoluto
2 gotas de aceite de bergamota

Efecto terapéutico: El aceite de jazmín contiene bencilacetato, geraniol, linalool, alcohol bencílico y jazmina, que calma y relaja el cuerpo y la mente. Como analgésico y antiespasmódico leve, el aceite es efectivo en particular para aliviar calambres menstruales. El aceite de jazmín también tiene una acción de suavizar la piel que trata piel reseca y dermatitis; sus acciones astringentes y antibacterianas también tratan problemas de la piel.

Para tos: Para ataques de tos, el aceite de jazmín ayuda a relajar los bronquios y calma la necesidad de toser. Se puede evaporar en una lámpara de aromaterapia o mezclar con aceite de almendra dulce para hacer un ungüento para el pecho.

Para desgarres y estiramiento de la piel: Durante el embarazo y la labor de parto, dar masaje a la piel del área del abdomen y de los genitales con una mezcla de aceites de frankincienso, jojoba, jazmín y sándalo puede ayudar a proteger el tejido conectivo de desgarres causados por el exceso de estiramiento.

Para acondicionamiento de la piel: Mezcla aceites de jazmín, almendra dulce, lavanda y sándalo y emplea en baño de tina para nutrir piel reseca, dermatitis y eczema. El aceite de jazmín también ayudará a tratar piel grasosa y acné al matar bacterias y regular la producción de sebo. Como astringente, puede ayudar a tensar la piel arrugada.

Para insomnio: El aroma relajante y cálido del aceite de jazmín ayuda a calmar y liberar cualquier tensión física causada por ansiedad, tensión y depresión. Cuando se mezcla con aceites de amaro e ylang ylang en una lámpara de aromaterapia, el aceite de jazmín ayuda a asegurar un sueño profundo.

Consejo extra: El aceite absoluto de jazmín es laborioso de producir y, por eso, muy costoso: Para emplear menos en tu lámpara de aromaterapia, mezcla 3 gotas de aceite de jazmín con 1 cucharada de aceite de jojoba.

● **Ten cuidado!** El aceite de jazmín posee un aroma muy intenso y, por lo tanto, no se debe usar demasiado o por mucho tiempo. Cuando se administra el aceite de jazmín en una concentración demasiado alta por un periodo prolongado, el aroma dulce y pesado puede causar mareo, dolor de cabeza e incluso náusea. Por lo tanto, es importante no dejar que el aceite absoluto de jazmín se evapore en tu lámpara de aromaterapia por más de 2 horas.

Aplicaciones

- El efecto analgésico del aceite de jazmín alivia los calambres menstruales: Mezcla 2 cucharadas de aceite de almendra dulce con 2 gotas de aceites de manzanilla y de amaro. Da masaje a toda la parte baja del abdomen con la mezcla, empleando movimientos circulares suaves; luego cubre con un cataplasma.
- El acondicionamiento de la piel y las propiedades emolientes del aceite de jazmín lo hacen un agente efectivo contra piel escamosa y enrojecida. Da masaje con suavidad a las áreas afectadas varias veces al día con 2 cucharadas de aceite de semilla de aguacate y 2 gotas de aceites de jazmín, lavanda y de flor de naranja.

- Durante el final del embarazo, los baños de asiento con aceite de jazmín ayudarán a preparar el útero para el nacimiento y prevendrán desgarres perinatales. Mezcla 2 cucharadas de crema espesa y 2 gotas de aceites de jazmín, rosa, y lavanda. Pon en una tina a medio llenar. Remoja durante 30 minutos.

- Haz un tratamiento nutritivo para cabello reseco: Mezcla 4 cucharadas de aceite de jojoba con 4 gotas de jazmín, 5 gotas de sándalo, 3 gotas de romero y 2 gotas de amaro. Pon en el cabello y déjalo ahí al menos durante una hora o toda la noche. Aplica champú sin agua, mezcla y enjuaga.

- Las sales de baño de jazmín calman y relajan. Mezcla 2 tazas de sal de mar fina con 2 gotas de aceites de jazmín y de rosa, y pon al agua para bañarte.

Aceite de junípero

El junípero siempre verde puede crecer como matorral que se extiende por el suelo o está erguido como arbusto que crece hasta cuatro metros de alto. Tiene agujas, flores amarillas y bayas azules que se vuelven negras al madurar. Estas bayas maduras son la fuente del aromático aceite de junípero. Su aroma picante, como de pino, tiene trasfondo térreo, y se asocia en forma notable con el olor característico de la ginebra, a la que se ponen bayas de junípero para darle sabor. Sin embargo, el aceite se ha empleado para propósitos medicinales durante muchos años. El aceite esencial de junípero combate infecciones, calienta y calma articulaciones artríticas dolorosas y reduce al mínimo el dolor de los espasmos musculares. También puede acelerar la curación de cortadas y magulladuras. Como ayuda a liberar al cuerpo de toxinas y purifica la piel, el aceite puede aliviar incluso celulitis. Además, puede calmar ansiedad y nervios irritables durante momentos de tensión y exceso de trabajo. Y el aceite es limpiador de más que sólo el espíritu; la acción antiséptica del aceite de junípero es una excelente adición para el agua que se emplea en la limpieza de la casa.

Para fortalecer tu estado de ánimo

El aroma fresco del aceite de junípero puede eliminar mal humor e irritabilidad causados por tensión. La siguiente mezcla en una lámpara de aromaterapia ayuda a calmar tensión y ansiedad.

    4 gotas de junípero
    2 gotas de lavanda
    2 gotas de amaro

Efecto terapéutico: Los componentes más importantes del aceite de junípero son pineno, terpinina y terpineol. Hacen que el aceite sea muy útil para aumentar la circulación, combatir inflamaciones de la piel, como acné, y calmar dolor de articulaciones. El aceite de junípero también eleva el espíritu y da equilibrio a las emociones.

Para un baño calentador: Combina 3 gotas de los aceites de junípero y romero y mezcla bien en el agua para bañarse. Esta mezcla inspiradora estimulará el flujo de sangre, inducirá la sudoración, eliminará toxinas y aclarará tu mente.

Baños de asiento para hemorroides: Mezcla 1 gota de aceites de junípero y de manzanilla en un baño de asiento caliente. Siéntate alrededor de cinco minutos para permitir que las propiedades del aceite ayuden a aliviar hemorroides dolorosas.

Tonificador para piel grasosa: Para combatir piel grasosa, combina 1 gota de aceite de junípero con ½ taza de hamamelis y ½ taza de agua fresca, y agita bien. Limpia tu piel con cojines de algodón remojados en el enjuague. Este tonificador actúa para ayudar a proteger contra infecciones o inflamaciones adicionales.

Para dolor de articulaciones: Mezcla 4 gotas de aceite de junípero, 4 gotas de aceite de lavanda y 2 gotas de aceite de romero con ¼ de taza de aceite de almendra dulce u otro aceite de base de tu elección. Con suavidad da masaje a tu piel con esta mezcla; puede aliviar y mitigar cualquier dolor de músculos o articulaciones que se deba a artritis.

Consejo extra: El junípero limpia la atmósfera de una habitación y apoya la meditación. Añade unas cuantas gotas de junípero y frankincienso a bloques de carbón que se enciendan solos para crear un incienso personalizado.

Salud general: El aroma del aceite de junípero se ha asociado con una mejoría en la salud general. Es astringente y antiséptico y ayuda a mantener el equilibrio de los cambios de estado de ánimo.

Ten cuidado! Como todos los aceites esenciales, el junípero nunca se debe ingerir. Evita emplear el aceite si tienes problemas renales o estás embarazada, ya que puede resultar ser demasiado estimulante. Recuerda diluir con aceite portador, como el de almendras dulces, antes de aplicar a tu piel.

Aplicaciones: Externas

- El efecto estimulante del junípero sobre la circulación contrarresta la celulitis y da firmeza al tejido conectivo. Mezcla 2 gotas de aceite de junípero, 2 gotas de aceite de ciprés y 2 gotas de aceite de naranja en alrededor de 3 cucharadas de aceite de almendra dulce. Antes de tomar un baño de regadera, da masaje a las áreas afectadas con un cepillo para la piel. Báñate en regadera y aplica la mezcla de aceite a las áreas enrojecidas; da masaje al área con un movimiento circular.
- Para relajar los músculos: Pon 4 gotas de aceite de junípero, 3 gotas de aceite de romero y 4 gotas de aceite de lavanda en 1 taza de sal de mar. Pon la mezcla en el agua para bañarte; báñate unos 20 minutos y luego descansa durante una hora, para evitar la estimulación excesiva.
- Sé amable con tu cabello aplicándole un aceite aromático. Combina 6 gotas de aceite de junípero con ½ onza de aceite de jojoba. Vierte aceite en tus manos y pásalo por todo tu cabello. Déjalo ahí durante una hora y enjuaga.
- Para mejorar la piel de una mascota mientras la bañas, pon 4 gotas de aceite de junípero en el agua del baño. Otra fórmula efectiva para mascotas es poner 5 gotas de junípero y 10 gotas de lavanda mezcladas en una botella rociadora con agua; empléala para rociar el lugar donde duermen o las áreas que frecuen-

tan en la casa. Pon 2 gotas de aceite de eucalipto en el rociador para ayudar a refrescar el lugar donde duerme tu mascota y desalentar a las indeseables pulgas y garrapatas.

Aceite de jara

Cistus ladanifer es un pequeño arbusto resinoso que crece en regiones secas y rocosas del Mediterráneo, en especial en las islas griegas. El arbusto tiene flores blancas fragantes y hojas con forma de lanza que exudan una goma viscosa llamada aceite de jara. Esta resina era muy apreciada; era un ingrediente en ungüento bendito que se menciona en la Biblia. Los antiguos griegos y romanos empleaban el aceite esencial de la planta, que se extrae de la resina y de las ramas mediante un proceso de destilación por vapor, para refrescar el aire. En la actualidad, el aceite de jara se emplea con mayor frecuencia como fijador para perfumes; también da una fragancia almizclada y balsámica a aromas florales pesados. En el aspecto medicinal, el aceite fomenta la circulación, lo que puede aliviar dolor muscular y menstrual. El aceite de jara también tiene numerosos beneficios para la piel. Sus propiedades antisépticas y astringentes ayudan a curar heridas, fortalecer el tejido conectivo, acelerar la regeneración de la piel, secar el acné y la piel grasosa y tratar eczema y salpullido con comezón.

Delicadamente fragante

Para una fragancia relajante que acabe con agitación y dudas personales, prueba esta mezcla en tu lámpara de aromaterapia.

- 2 gotas de aceite de jara
- 2 gotas de rosa otto
- 1 gota de ylang ylang

Efecto terapéutico: El aceite de jara contiene terpenos, fenol, eugenol y ácidos acético y fórmico, todos los cuales contribuyen a sus cualidades antisépticas, astringentes, expectorantes, sedantes y antiinflamatorias. Además, el aceite estimula el flujo de la sangre, lo que ayuda a reducir la inflamación.

Para piel grasosa y acné: Prueba este tonificador si tienes piel grasosa o con acné. Mezcla dos gotas de aceite de jara y 1 gota de aceite de rosa con 2 onzas de hamamelis. Aplica en tu cara todos los días para estabilizar la producción de grasa y el contenido de humedad de tu piel.

Para dolor menstrual: Cuando se pone en un baño de tina caliente, esta mezcla alivia dolor menstrual y ayuda a relajar el abdomen. Mezcla 3 gotas de aceites de amaro y de jara y pon en el agua para baño en tina. Remoja 20 minutos; luego descansa en cama.

Para calentar tus pies: El aceite de jara ayuda a promover la circulación de la sangre, que puede calentar pies fríos y aliviar escalofríos. Pon 2 gotas de aceite de jara y de aceite de romero en 8 litros de agua. Mezcla bien y sumerge tus pies para un remojo relajador.

Para acondicionar tu piel: Para fortalecer y acondicionar el tejido conectivo de tu piel, combina dos gotas de aceite de jara y de aceite de malva rosa, 3 gotas de aceite de lavanda, 2 onzas de aceite de almendra dulce. Los mensajes regulares con la mezcla de aceite pueden ayudar a prevenir la formación de las feas venas araña.

Como fijador de perfumes: Un gran fijador para perfumes, el aceite de jara ayuda a redondear fragancias que son demasiado pesadas o demasiado florales. El aceite también se mezcla muy bien con aceites de cítricos, rosa y mimosa para producir un aroma sutil y térreo.

Consejo extra: El aceite de jara puro tiene un aroma más bien extraño y pegajoso. Sin embargo, cuando se diluye en loción, alcohol u otros aceites de base apropiados, emite una fragancia sutil y floral.

Aplicaciones

- Para heridas que curan mal o están infectadas, el aceite de jara ayudará a detener el crecimiento de bacterias y acelerará la regeneración del tejido. Mezcla 2 gotas de aceite de jara con 1 onza de hamamelis. Remoja una pieza limpia de gasa en la solución, aplica en las áreas afectadas y sujétalo en su lugar. Cambia la compresa dos veces al día hasta que la herida se cure por completo.
- Un baño de asiento con aceite de jara alivia la inflamación de la vejiga y apoya la resistencia natural del cuerpo a las infecciones. Combina 3 gotas del aceite con 1 cucharada de vinagre de sidra de manzana. Mezcla en una tina medio llena. Báñate alrededor de 10 minutos; luego cubre tu cuerpo con una cobija y descansa en cama una hora.
- La acción de limpieza del aceite de jara ayuda a estimular el flujo de linfa y sangre. Es efectiva en especial para prevenir el desarrollo de celulitis. Cepilla en seco tu piel, luego mezcla 4 gotas de aceite de ciprés y 3 gotas de aceite de jara en 4 cucharadas de sal de mar. Pon la mezcla en el agua para bañarte. Mientras te remojas, da masaje con suavidad a tu piel bajo el agua.

Ten cuidado! Como el aceite de jara puede fomentar la menstruación, nunca se debe usar durante el embarazo. Además, como todos los aceites esenciales, no ingieras aceite de jara. La ingestión accidental puede llevar a sensaciones de mareo y náusea o incluso a una sobredosis tóxica. Siempre revisa la etiqueta para asegurarte de que compras aceite puro.

Aceite de lavanda

Aunque en la actualidad se cultiva básicamente en Provenza, en el sur de Francia, la lavanda es nativa del Mediterráneo. Crece en campos abiertos y en laderas de montaña, produciendo su aroma intenso y picoso cuando florea. La forma medicinal más potente de la lavanda es el aceite, que contiene una alta concentración de ingredientes activos. El aceite más fino se destila de *Lavandula officinallis*, una variedad de lavanda que crece sólo a altitudes de más de 1000 metros y que es resistente en particular al calor y frío. Los capullos florales de la hierba se cosechan a mano al mediodía, cuando es más alto el contenido de aceite; entonces se extrae el aceite esencial empleando destilación por vapor. El aceite de lavanda tiene muchos usos. Es un poderoso antiséptico que contiene más de 200 compuestos que están activos contra hongos, virus y otros microbios. El aceite también se valora por su habilidad para dar equilibrio a las emociones. Restaura la vitalidad en personas que sufren de agotamiento nervioso y también tiene efecto calmante en personas que tienen problemas para dormir.

Aceite de lavanda

- Es antibiótico
- Calma dolores de cabeza
- Ayuda a curar heridas
- Repele a los insectos

Para purificar el aire de interiores

Pon esta mezcla de aceites esenciales en una olla que hierva a fuego bajo para ayudar a refrescar el aire. Los aceites tienen una poderosa acción limpiadora. El aroma fresco también ejerce un efecto de elevación del ánimo en mente, cuerpo y espíritu. La lavanda se combina bien en particular con los aceites cítricos.

4 gotas de lavanda
2 gotas de bergamota
2 gotas de limón

Efecto terapéutico: Los compuestos activos más conocidos en el aceite de lavanda son geraniol, cineola y cumarina. Estos ingredientes tienen un fuerte efecto limpiador y germicida y se cree que son valiosos en particular para el tratamiento de problemas inflamatorios y dolor. La lavanda también produce un rápido alivio a problemas digestivos y diversas irritaciones de la piel.

Para los senos: El aceite de lavanda se puede frotar en los senos para ayudar a dar tono y estirar la piel. Pon 2 gotas del aceite en 3 cucharadas de un aceite base, como almendra dulce, y aplica todos los días a los senos.

Para irritaciones de la piel: El agua de lavanda fomenta una buena circulación en la piel e impide infecciones de las glándulas sebáceas. Para una loción facial, pon 3 gotas de aceite de lavanda en 1 litro de agua destilada; aplica un toque todos los días.

Para insomnio: El aceite de lavanda tiene efecto calmante y se puede emplear para inducir el sueño cuando te sientes tenso o ansioso. Pon unas cuantas gotas de aceite de lavanda en una piedra de aromaterapia (disponible en la mayoría de las tiendas herbolarias) y ponla en tu recámara. Sus efectos calmantes te ayudarán a dormir profundamente toda la noche.

Para dolor de nervios: El aceite de lavanda ayuda a aliviar dolor e inflamación por neuralgia. Mezcla 10 gotas del aceite con 2 cucharadas de aceite de hierba de san Juan y con suavidad frota en las áreas afectadas para aliviar el dolor.

Para alivio de quemaduras de Sol: Pon 10 gotas de aceite de lavanda en 4 onzas de agua. Almacena el líquido en una botella rociadora de plástico y llévala contigo a la playa para rociar la piel quemada por el sol según se necesite.

● **Ten cuidado!** El aceite de lavanda es uno de los pocos aceites esenciales que es seguro usar "puro", o sin diluir, en la piel. Conserva una botella pequeña en tu gabinete de cocina para tratar quemaduras de primer grado. Una o dos gotas directo en la quemadura aliviará el dolor y reducirá el riesgo de ampollas.

Consejo extra: Para un baño aromático con lavanda, emplea un emulsificante natural para ayudar a que el aceite se mezcle bien con el agua para bañarse. Mezcla 5 gotas de aceite de lavanda con 1 taza de crema espesa o 1 cucharadita de miel y añade a la tina.

Aplicaciones

Inhalación de vapor: Prueba inhalar vapor fragante para tratar resfriados, problemas de senos nasales o toses. Pon 5 gotas de aceite esencial en un recipiente de agua que vaporice. Envuelve una toalla sobre tu cabeza y mantén tu cara sobre el recipiente. Respira profundamente, manteniendo los ojos cerrados.

Inhalación en seco: Pon 1 a 3 gotas de aceite esencial en un pañuelo y sostén bajo tu nariz. Respira profundamente.

Compresa curativa: Una compresa caliente y húmeda puede calmar calambres abdominales y una fría para aliviar fiebres, dolores de cabeza o quemaduras de Sol. Pon 5 gotas de aceite esencial en ½ taza de agua fría o caliente. Remoja una tela en el agua, exprime y aplica donde sea necesario.

Humidificadores: Para combatir los síntomas de resfriados, bronquitis y asma, pon unas cuantas gotas de aceite esencial de lavanda en un humidificador o vaporizador.

Sauna herbal: Emplea aceites esenciales en el sauna para ayudar a los pulmones y ayuda a fortalecer el sistema inmune. Pon 5 gotas de un aceite esencial, como árbol de té, en 1 taza de agua y vierte sobre las piedras calientes del sauna.

Aplicaciones: Uso externo

- Para infecciones del oído medio, satura una bola de algodón con aceite de oliva, pon 5 gotas de aceite de lavanda en ella y coloca en la parte externa del oído afectado. El aceite de lavanda ayudará a aliviar el dolor e inhibirá la inflamación que a menudo acompaña las infecciones de oído.
- El aceite esencial de lavanda también se puede usar en el exterior para aliviar molestias estomacales, calambres o cólicos. Combina 30 gotas de aceite de lavanda, 10 gotas de aceite de manzanilla y 3½ onzas de aceite de oliva prensado en frío en una botella y agita vigorosamente. Da masaje con este aceite esencial con suavidad en el abdomen durante 10 minutos, empleando movimientos circulares am-

plios. Descansa un breve momento y luego aplica una botella de agua caliente al área afectada durante 30 minutos.

Aplicaciones: En la casa

- Pon varias gotas de aceite de lavanda en el ciclo final de enjuague de la lavadora, o perfuma una tela con unas cuantas gotas de aceite de lavanda y ponla en la secadora para refrescar una carga de ropa recién lavada.
- Pon un puñado de capullos de lavanda en un calcetín viejo, anúdalo y guárdalo en un cajón con tu ropa blanca.

Aceite de limoncillo

El limoncillo es un tipo de pasto tropical que es nativo de Nepal, Sri Lanka y la India. Empleado en las cocinas de la India y de Asia, el limoncillo ha tenido un importante papel en la medicina ayurvédica o hindú tradicional. El aceite esencial se extrae con destilación por vapor de las hojas cosechadas que se dejan en el suelo unos cuantos días para aumentar más su contenido de aceite. Aunque hay muchas especies de Limoncillo, sólo se emplean para hacer aceite esencial *Cymbopogon citratus*, originario del oeste de la India, y *Cymbopogon flexuosus*, del este de la India. El aceite es enfriador, estimulante y refrescante para el cuerpo y para la mente. Sus poderosas propiedades astringentes, antibacterianas y analgésicas lo convierten en un remedio útil para dolor muscular, magulladuras, problemas de la piel e infecciones respiratorias. Además, el Aceite de limoncillo es un insecticida efectivo que puede repeler mosquitos. También puede aliviar depresión y fatiga, y mejorar la concentración mental.

Como refrescante de habitaciones

La fragancia fresca y similar a cítricos del aceite de limoncillo puede disipar el aire estancado, el humo del cigarrillo, los olores de las mascotas y los desagradables olores de la cocina. La siguiente mezcla en una lámpara de aromaterapia ayuda a purificar la calidad del aire en cualquier habitación de tu casa en que se necesite eliminar el mal olor. Emplea para preparar la casa para compañías u ocasiones festivas.

4 gotas de limoncillo
2 gotas de lima
2 gotas de limón

Efecto terapéutico: Los componentes más importantes del aceite de limoncillo son citral, geraniol, linalool y limoneno, que dan al aceite su efecto refrescante y vigorizante. Estas sustancias también tienen propiedades analgésicas, antibacterianas, antisépticas, insecticidas y astringentes, además de una acción sedante en el sistema nervioso.

Para celulitis: Mezcla 2 gotas de aceite de limoncillo en 2 onzas de aceite de almendra dulce. Da masaje con la mezcla en las áreas con depósitos de celulitis, como muslos, pelvis y caderas. El aceite estimula la circulación de la sangre en el área mientras elimina cualquier exceso de toxinas y fluido linfático.

Para fatiga y depresión: Un baño de tina caliente con aceite de limoncillo refresca todo el cuerpo y ayuda a aliviar fatiga y depresión después de un día extenuante ò de dormir mal en la noche. También ayuda a revivir a quienes tienen descompensación por cambio de horario luego de un largo viaje.

Para manchas de la piel y acné: Un tonificador que contenga 1 gota de aceite de limoncillo en 2 onzas de Hamamelis da firmeza a la piel. Las propiedades antiinflamatorias y antisépticas del aceite ayudan a reducir manchas y acné. Agita bien antes de cada uso.

Como repelente de insectos: Una mezcla con 2 gotas de aceites de limoncillo y de cedro, además de 3 gotas de aceites de lavanda y de geranio, repele a los insectos. Pon unas cuantas gotas de la mezcla en bolas de algodón y lleva al exterior. O quémalo en una lámpara de aromaterapia en la alcoba para repeler los molestos mosquitos. Pon la mezcla en 1 onza de vodka y rocía toda la casa.

Para mejor concentración: Para estimular la concentración, pon 1 gota de aceites de limoncillo y de romero en un pañuelo. Inhala profundamente el aroma, evitando el contacto con la piel.

Consejo Extra: Una mezcla de 3 cucharadas de aceite de chabacano y 10 gotas de aceite de limoncillo hace un gran abrillantador de muebles. Es efectivo y por completo inofensivo para gente y animales.

● **Ten cuidado!** Por su alto contenido de citral, el aceite de limoncillo puede aumentar la sensibilidad de la piel a la luz del Sol. Evita estar bajo el Sol durante seis horas después de emplear aceite de limoncillo. Además, si tienes piel sensible, puedes experimentar irritación o reacción alérgica. Siempre diluye el aceite de limoncillo antes de aplicar a la piel. Si tienes glaucoma, no uses en absoluto este aceite.

Aplicaciones

- Inhalaciones de aceites de limoncillo, árbol de té y frankincienso ayudan a aliviar congestión respiratoria y membranas nasales hinchadas, lo que permite respirar con más facilidad. Pon 2 gotas de cada aceite en un recipiente con agua hirviendo. Envuelve una toalla sobre tu cabeza e inclínate hacia el recipiente. Cierra los ojos e inhala los vapores que suben.
- El aceite de limoncillo antiséptico ayuda a aliviar los síntomas de infecciones de vejiga. Combina 5 gotas de aceite de limoncillo y 3 gotas de aceite de árbol de té en 3 cucharadas de crema. Pon la mezcla en una tina medio llena de agua caliente. Remoja durante 30 minutos y luego descansa durante una hora.
- El aceite de limoncillo es seguro para usar en mascotas. Para alejar piojos, pulgas y garrapatas, mezcla 2 gotas de aceites de limoncillo, lavanda, geranio y cedro en 1 onza de alcohol, como vodka. Ponlo en el rociador y rocía en las mascotas, teniendo cuidado de evitar sus ojos.
- Para molestias y dolores musculares menores, mezcla 3 gotas de aceites de limoncillo y romero en 1 onza de aceite de almendra dulce. Emplea la mezcla para dar masaje a músculos y articulaciones adoloridos.

- El aceite de limoncillo es famoso por su efecto calmante en el sistema nervioso. También ayuda a la gente que reacciona a la tensión con indigestión y calambres abdominales. Quémalo en una lámpara de aromaterapia o pon 2-3 gotas en una tela e inhala.

Aceite de pino de hoja larga

En tiempos de la colonia en Estados Unidos, crecían magníficos bosques espesos de pino de hoja larga en todo el sudeste de ese país. El rey de Inglaterra se apropió miles de los árboles, que apartó para uso exclusivo de la Naval Real. Se consideraba que la madera de los pinos de hoja larga era la mejor calidad de los pinos amarillos del Sur: tenía gran demanda para hacer pisos y para construcción. Aunque estos majestuosos árboles no son tan abundantes en la actualidad como lo eran entonces, todavía se les encuentra en climas costeros templados, donde pueden alcanzar una altura de 30 metros. Los pinos de hoja larga se llaman así por sus agujas aromáticas y con olor a fresco que tienen entre 25 y 38 centímetros de longitud. El aceite de pino de hoja larga tiene un aroma similar. Su fragancia fuerte y balsámica a menudo es efectiva para limpiar las vías bronquiales y tratar males del tracto respiratorio. También puede aliviar dolor de artritis, molestias musculares y reumatismo, además de estimular la circulación e incluso inhibir la inflamación. Además, el aceite de pino de hoja larga actúa para estimular los sentidos, dando alivio para la fatiga.

Para aliviar el asma

Cualquiera que haya tenido problemas de respiración, como asma, se puede beneficiar del aroma fresco y limpio del aceite de pino de hoja larga. Emplea la siguiente mezcla en lámpara de aromaterapia para hacer que respirar sea más fácil:

2 gotas de pino de hoja larga
1 gota de eucalipto
1 gota de hisopo

Efecto terapéutico: El aceite de pino de hoja larga tiene potentes propiedades antisépticas, antivirales, expectorantes y estimulantes. Masajes, compresas y baños de tina con el aceite pueden estimular la circulación de la sangre y aliviar neuralgia y la incomodidad que se asocia con problemas musculares y de articulaciones. Las inhalaciones de aceite de pino de hoja larga ayudan a limpiar las vías bronquiales congestionadas. El aceite también puede contrarrestar los efectos de fatiga y tensión.

Para un aroma fresco y masculino: El aroma del aceite de pino de hoja larga da a la colonia para hombres una nota limpia y masculina. Pon 2 gotas del aceite a ¼ de taza de hamamelis o un poco en crema para afeitar para darle un aroma refrescante.

Para proteger tu ropa: Para impedir que las polillas arruinen tus suéteres de lana, pon alrededor de 10 gotas de aceite de pino de hoja larga en unos cuantos pedazos pequeños de madera sin tratar. Pon la madera en armarios y cajones.

Para refrescar el aire: El aceite de pino de hoja larga puede ayudar a eliminar el humo del cigarrillo y el aire viciado. Pon 4 gotas del aceite en 1 taza de agua en una botella rociadora. Agita bien y rocía el aire, evitando los muebles.

Para fatiga: El aroma fresco y balsámico del aceite de pino de hoja larga puede estimular la circulación y ayudar a revivirte cuando te sientes cansado y débil. Pon unas cuantas gotas del aceite en un pañuelo e inhala el aroma profundamente.

Antes o después de hacer ejercicio: Un aceite de masaje con aceite de pino de hoja larga ayuda a prevenir músculos torcidos o distendidos antes o después de entrenamiento. Mezcla 3 gotas de aceites de pino de hoja larga, baya de junípero y de romero con 2 onzas de Aceite de Jojoba.

Consejo extra: Carga una botella pequeña de aceite de pino de hoja larga y huele su aroma fresco y limpio siempre que te sientas tenso, deprimido o claustrofóbico.

● **Ten cuidado!** El aceite de pino de hoja larga puede causar irritación y sensibilidad; se debe diluir antes de emplear. Ten cuidado cuando emplees el aceite en inhalaciones y saunas. Siempre mantén los ojos cerrados, ya que los vapores pueden irritar tus ojos y las membranas mucosas de alrededor. Mantén todos los aceites esenciales fuera del alcance de niños y mascotas; tampoco les des uso interno.

Aplicaciones

- Compresas para enfriar que contengan aceite de pino de hoja larga pueden aliviar el dolor de reumatismo, artritis y músculos torcidos. Mezcla 3 gotas de aceite de pino de hoja larga, 1 cucharadita de vinagre de sidra de manzana y 2 gotas de aceite de manzanilla y de lavanda con 1 litro de agua fría. Mete en la solución una tela limpia y doblada; exprime el exceso de líquido. Pon en el área afectada y cubre con una toalla. Repite luego de 15 minutos.
- Las personas con piel inflamada o fiebre pueden encontrar que un enjuague de la piel con aceite de pino de hoja larga puede ser útil. Pon 1 gota de Aceites de Pino de Hoja Larga y de Menta y una cucharadita de vinagre de sidra de manzana en 2 tazas de agua fría. Emplea esta solución de enjuague para la piel hasta 3 veces al día.
- Esta mezcla vigorizante despierta tus sentidos y disipa la fatiga: En una olla, mezcla 6 gotas de aceite de pino de hoja larga con 3 gotas de aceites de corteza de canela, de romero y de abeto en 1 litro de agua. Hierve a fuego bajo en la estufa o añade los aceites a una lámpara de aromaterapia.
- Una inhalación que contenga algo de aceite de pino de hoja larga puede aflojar la mucosidad y limpiar las vías respiratorias. Vierte 1 litro de agua en un recipiente y añade 2 gotas de aceite de pino de hoja larga. Luego cubre tu cabeza con una toalla. Inclínate sobre el recipiente, envolviendo la toalla sobre ti, y haz varias respiraciones profundas y lentas.

Aceite de mandarina

Un miembro de la familia de la naranja, el árbol de mandarina, *Citrus nobilis*, se originó en China. Se le nombró en honor a los mandarines, los oficiales de alto rango del antiguo imperio chino. En la actualidad, es muy común encontrar el árbol de mandarina en el Sur de Europa, América y Japón. Prensado de las cáscaras, el aceite de mandarina emite un aroma dulce, que es popular en particular entre los niños. Para producir un aceite libre de contaminantes, la fruta debe proceder de arboledas orgánicas certificadas. Se cree que el aceite mejora el estado de ánimo y alivia la ansiedad. Su acción suave es segura para mujeres embarazadas, niños y adultos de edad avanzada. Añade al agua para bañarte, a aceite para masajes o a soluciones de limpieza casera.

Para tensión mental

Poner esta mezcla en una lámpara de aromaterapia encima de tu escritorio ayuda a aliviar agotamiento y tensión en el área de trabajo:

5 gotas de mandarina
3 gotas de bergamota

Efecto terapéutico: Es el aroma ácido y fresco de la mandarina lo que hace al aceite útil para combatir depresión y tristeza. Se considera que es antiséptico además de antiespasmódico; también es útil para eliminar gas. Sus propiedades le permiten calmar angustia e incluso puede actuar como sedante suave.

Para aseo y bienestar: No es sólo un baño de aromaterapia relajador, sino que también puede aliviar calambres musculares. Disuelve 10 gotas de aceite de mandarina puro y 5 gotas de aceite de geranio en alrededor de 1 taza de leche y añade la mezcla a un baño de tina caliente.

Durante el embarazo: Para prevenir estrías durante el embarazo, frota tus senos y abdomen todos los días con un aceite para masaje hecho con ½ taza de aceite de almendra dulce y 50 gotas de aceite de mandarina.

En el hospital: Aligera la atmósfera sobria y estéril de un hospital con unas cuantas gotas de aceite de mandarina. El aroma de la mandarina puede mejorar el estado de ánimo de los pacientes y acabar con el olor séptico común en los cuartos de hospital. Rocía algo de aceite en un pañuelo de tela o desechable, o en un cojinete de algodón, y pon bajo la almohada del paciente.

Aceite de masaje de mandarina: Para un masaje relajante, mezcla 1 cucharada de cualquier aceite de base, como aceite de almendra dulce, con 2 gotas de mandarina, 2 gotas de bergamota y 1 gota de aceite de rosa. Esta mezcla ligera y agria es fresca, fragante y deliciosa para los sentidos. Da un masaje en músculos tensos. Tanto la persona que recibe el masaje como la persona que lo da disfrutarán de los efectos estimulantes de la mandarina. Descansa los músculos durante alrededor de 30 minutos después del masaje.

Una pizca en el hogar: El aceite de mandarina se puede emplear como limpiador natural en la casa. Sólo pon unas cuantas gotas de aceite de mandarina en agua, humedece una tela limpia con la mezcla y pasa el trapo por las habitaciones de los niños y las mochilas de la escuela.

Levantar el estado de ánimo: El aceite de mandarina puede ayudar a disipar sentimientos de ansiedad y depresión.

● **Ten cuidado!** El aceite de mandarina es un poco amarillo y deja un residuo en la lámpara de aromaterapia. Si aplicas aceite de mandarina a tu piel, asegúrate de evitar cualquier exposición al Sol, o incluso a radiación ultravioleta, hasta seis horas después de la aplicación. La piel que se ha tratado con aceite de mandarina puede formar resistentes manchas de color café cuando se expone a los rayos del sol.

Aplicaciones: Uso externo

- Algunas mujeres que sufren de síndrome premenstrual han descubierto que el aceite de mandarina alivia su angustia antes y durante la menstruación. Pon unas cuantas gotas en un pañuelo de tela o desechable y guarda en tu bolsillo o bolsa. Sácalo cuando te sientas tensa o triste. También considera emplear aceite de mandarina en soluciones de limpieza del hogar para un estímulo adicional durante momentos de tensión.
- Combate la piel rugosa en piernas y caderas con un masaje diario empleando la siguiente fórmula: Pon 10 gotas de aceite de mandarina, aceite de geranio, aceite de junípero y aceite de ciprés en alrededor de ½ taza de aceite de almendra dulce. Antes del masaje, estimula la circulación de la sangre a la piel cepillando piernas y caderas empleando un movimiento circular con un cepillo para piel.
- Para purificar la piel, pon 15 gotas de aceite de mandarina en alrededor de ½ taza de loción para la cara. Aplica la loción dos veces al día, en la mañana y en la tarde, después de lavarte.
- Para rociar en una habitación, pon ½ taza de agua de manantial en una botella rociadora con 10 gotas de aceite de mandarina, 5 gotas de aceite de lavanda y 2 gotas de aceite de amaro. Rocía la habitación o en las cortinas para tener un aroma agradable. Agita la botella mientras rocías y ten cuidado de no rociar artículos de madera.

Aceite de mejorana

La hierba perenne y frondosa de la mejorana, u *Origanum majorana*, crece en las regiones secas y soleadas del Este del Mediterráneo. La planta se ha usado por largo tiempo por su valor culinario y medicinal. El aceite esencial de la mejorana, que se extrae de hojas y floraciones mediante un proceso de destilación por vapor, también tiene beneficios terapéuticos. Un líquido espeso amarillo pálido, el aceite de mejorana tiene un aroma cálido, herbáceo y un poco picante que muchas personas encuentran reconfortante. A menudo se emplea el aceite para tratar dolor de músculos y articulaciones por uso excesivo, reumatismo y artritis. Las inhalaciones con el aceite también ayudan a aliviar males respiratorios, como congestión, tos y sinusitis. Cuando se aplica el aceite de mejorana en la parte baja del abdomen, puede aliviar indigestión y calmar los calambres menstruales. El aceite de mejorana también tiene efectos benéficos en el cabello y el cuero cabelludo; ayuda a acondicionar el cabello, fomenta la circulación de la sangre al cuero cabelludo y apoya un crecimiento sano. A nivel emocional, el aceite es valioso en especial durante el duelo, ya que puede consolar y relajar tanto el cuerpo como la mente.

Para agotamiento y tensión nerviosa

El aroma dulce y picante del aceite de mejorana fortalece todo el cuerpo. La siguiente mezcla en una lámpara de aromaterapia ayuda a aliviar agotamiento físico y mental, tensión nerviosa y mala concentración:

3 gotas de mejorana
2 gotas de lima
2 gotas de menta
1 gota de albahaca

Efecto terapéutico: Los componentes primarios del aceite de mejorana son originales, geraniol, linalool y terpinino, que tienen efectos de relajación y equilibrio en el cuerpo y la mente. El aceite calma el dolor de músculos y articulaciones y fomenta la circulación. Las inhalaciones de aceite de mejorana también alivian males respiratorios y asma.

Para dolores de cabeza: Compresas frías con aceite de mejorana pueden ayudar a aliviar dolores de cabeza. Pon 2 gotas de aceite en un recipiente grande de agua fresca. Mezcla bien. Remoja una tela de algodón en la mezcla, exprime el exceso, y aplica tu frente. Pon otra compresa en la nuca para aumentar el efecto.

Para un sueño pacífico: Para fomentar un sueño reparador, pon 5 gotas de aceite de mejorana, aceite de lavanda y aceite de cedro en una lámpara de aromaterapia y deja que arda por una hora.

Para sinusitis: Pon 2 gotas de aceite de mejorana en un pañuelo e inhala el aroma profundamente para limpiar tus senos nasales y facilitar la respiración

Para dolor menstrual: Para aliviar dolor menstrual, pon 3 gotas de aceite de mejorana y 2 gotas de aceite de amaro en una tina medio llena. Esto fomenta la circulación, alivia los calambres en la parte baja del abdomen y ayuda a facilitar el flujo menstrual. Remoja durante alrededor de 20 minutos. Luego descansa en cama con una botella de agua caliente en tu abdomen.

Para calambres musculares: Para prevenir dolor y calambres musculares después de ejercitarte, haz un aceite de masaje. Combina 2 gotas de aceites de mejorana, melaleuca y romero con 1 onza de aceite de almendra dulce. Da masaje con la mezcla en tus músculos con la frecuencia que se necesite. También ayuda a reducir el dolor causado por torceduras y distensiones.

Aplicaciones

- Para aliviar dolor reumático e inflamación en las articulaciones, combina 6 gotas de aceite de mejorana y 3 gotas de aceite de jengibre con 2 cucharadas de leche entera. Pon en un baño de tina caliente. Remoja durante alrededor de 20 minutos; luego reposa una hora. Cúbrete para conservar el calor e impedir causar tensión a tu sistema circulatorio.

- El aceite de mejorana ayuda a fomentar la expectoración y puede calmar tos persistente. Mezcla 5 gotas de aceite de mejorana y dos gotas de aceites de melaleuca y manzanilla con 3 cucharadas de aceite de almendra dulce. Da masaje con la mezcla en el pecho y la espalda varias veces todos los días hasta que desaparezcan los síntomas.

- El aceite de mejorana tiene una propiedad consoladora y relajante que es útil en particular para personas que están en duelo. Mezcla 1 gota de aceites de mejorana, bálsamo de Melisa y rosa y mezcla con sales de baño; inhala el aroma cuando sea necesario.

- Los tratamientos para el cabello con aceite de mejorana acondicionan el cabello y estimulan el crecimiento saludable. Mezcla 6 gotas de romero y 3 gotas de aceites de mejorana y sándalo con 3 cucharadas de aceite de jojoba. Aplica a cabello reseco; deja durante la noche. Pon champú y arregla como sea normal.

- **¡Ten cuidado!** Como el aceite de mejorana puede estimular la contracción y fomenta el flujo de sangre, nunca se debe emplear durante el embarazo. Además, el aceite a veces puede nublar los sentidos, así que se debe usar sólo por periodos cortos. Siempre diluye bien el aceite antes de aplicarlo a la piel, ya que puede causar irritación en individuos susceptibles. Como con todos los aceites esenciales, no ingieras el aceite de mejorana.

Aceite de mirra

La mirra tiene una historia larga e interesante. Se ha empleado desde la antigüedad como ingrediente en perfume, incienso, cosméticos e incluso en fórmulas para embalsamar. Valorada como un producto escaso en las antiguas rutas de comercio, la hierba fue uno de los artículos más costosos del mundo. Como tal, se dijo que se dio mirra, junto con frankincienso y oro, a Jesús en su nacimiento. El aceite esencial aromático de la planta también se ha apreciado por largo tiempo. Extraído mediante destilación por vapor de la resina del arbusto espinoso *Commiphora myrrha*, el aceite tiene efectos astringentes, antisépticos y antiinflamatorios. El aceite de mirra ayuda a tratar artritis, inflamación de las encías, heridas, hemorroides e infecciones. Su acción expectorante afloja mucosidad y alivia congestión debida a bronquitis, resfriados y tos. En el aspecto cosmético, el aceite de mirra cura piel rugosa y agrietada, y reafirma el tejido para reducir la aparición de arrugas. Es efectivo en particular para aliviar eczema e infecciones por hongos, entre ellas el pie de atleta. En el nivel emocional, el aceite de mirra estimula la motivación y fomenta la claridad mental.

Para paz interna y serenidad

El aroma dulce y ahumado del aceite de mirra calma los nervios y crea un profundo sentimiento de serenidad. El aceite de mirra también aclara la mente y tiene un efecto estimulante aunque relajante en el cuerpo.

Quema la siguiente mezcla de aceite esencial en una lámpara de aromaterapia para contrarrestar nervios alterados después de un día largo y tenso.

    3 gotas de mirra
    2 gotas de benjuí
    1 gota de sándalo

Efecto terapéutico: El aceite de mirra contiene terpenos, pineno, sesquiterpenos, aldehído de canela y aldehído de cumarina, todos los cuales proporcionan propiedades antiinflamatorias y astringentes. El aceite también tiene cualidades antimicóticas y antisépticas. Como resultado, el aceite de mirra ayuda a aliviar dolor e hinchazón, da tono a los tejidos, cura heridas, previene las infecciones y fomenta la expectoración.

Para rejuvenecimiento: Después de un suceso tenso o de una enfermedad prolongada, el aromático aceite de mirra revitaliza cuerpo y mente. Combina 3 gotas de aceites de frankincienso, de sándalo y de mirra y quémalos en una lámpara de aromaterapia.

Para piel madura: Un facial de vapor con aceite de mirra estimula y da firmeza a la piel. Pon 2 gotas de aceites de mirra y de frankincienso y 1 gota de aceite de lavanda en un recipiente de agua caliente. Pon una toalla sobre tu cabeza e inclínate sobre el recipiente durante cinco minutos y luego salpica tu cara con agua fresca.

Para un desinfectante: Los componentes desinfectantes en el aceite de mirra combate gérmenes en habitaciones de enfermos. Combina 3 gotas de aceites de mirra, de ravensara y de tomillo en una lámpara de aromaterapia para reducir el riesgo de esparcir una infección.

Para molestias menstruales: Un baño con aceite de mirra calma el dolor y la tensión menstruales. Mezcla 3 gotas de aceite de mirra y 2 gotas de aceite de jazmín; pon en un baño de tina y remoja 20 minutos.

Para cicatrices: Mezcla 2 gotas de aceite de mirra con 1 onza de aceite de almendra dulce. Da masaje en las cicatrices para suavizarlas y fomentar la curación.

Para piel reseca: Mezcla 3 gotas de aceite de mirra en 2 onzas de crema facial y aplica cada noche para ayudar a nutrir y proteger piel reseca y sensible.

● **Ten cuidado!** Como el aceite de mirra fomenta la menstruación, nunca se debe emplear durante el embarazo, ya que puede causar sangrado leve y tal vez aborto. Aunque el aceite no es para uso interno, la tintura de mirra es fácil de conseguir y es segura para uso interno.

Aplicaciones

- Para heridas, pon unas cuantas gotas de aceite de mirra en una almohadilla de gasa estéril. Pon la compresa en la herida y sujeta en su lugar para prevenir infecciones y acelerar la curación.

- El aceite de mirra trata el pie de atleta. Mezcla 3 cucharadas de agua destilada, 1 cucharadita de vinagre y 8 gotas de aceite de mirra. Pon la mezcla en una botella rociadora. Asegúrate de agitar bien antes de usar. Después de un baño de regadera, rocía bien tus pies y entre los dedos.

- Mezcla unas cuantas gotas de aceite de mirra en un vaso de agua caliente para refrescar tu aliento y mantener sanos tus dientes y encías. Emplea para enjuagar tu boca cada mañana y cepillarte los dientes: escúpelo. O añade una gota a tu cepillo de dientes.

- Para ayudar en congestión debida a resfriados y bronquitis, pon unas cuantas gotas del aceite en un recipiente con agua caliente. Pon una toalla sobre tu cabeza e inclínate sobre el recipiente; inhala los vapores. Mantén los ojos cerrados.

- El aceite de mirra es un remedio útil para inflamación de encías y úlceras bucales. Pon 2 gotas de aceite de mirra en ½ taza de agua y usarla como gárgara. Escupe la mezcla. También puedes dar un toque a las úlceras de la boca con aceite de mirra empleando un cojinete de algodón.

- Para tosferina, combina 2 gotas de aceite de mirra con 2 cucharadas de aceite de almendra dulce. Da masaje a tu pecho con los aceites para aflojar la mucosidad, fomentar la expectoración y aliviar la necesidad de toser.

Aceite de arrayán

A finales de la primavera, comienzan a florear las hermosas flores del arrayán, con sus estambres delgados y delicados que salen en gran cantidad del centro, llenando el arbusto con sus racimos blancos y fragantes. Nativo del Mediterráneo, la planta atractiva ha sido un símbolo de inocencia por muchos siglos. De hecho, Afrodita, la diosa griega de la belleza y el amor, al parecer encontró refugio en un matorral de arrayán después de que la crearon como una hermosa mujer desnuda. Esta asociación con la pureza y la belleza casta queda más clara cuando se huele la fragancia limpia y estimulante del arrayán y del aceite extraído de sus flores. El aroma del aceite de arrayán puede tener un efecto que aclara y fortalece los sentidos, ayuda a aliviar el temor. El aceite también es valioso para tratar males agudos y crónicos de pecho y pulmones, como bronquitis, infecciones de senos nasales, resfriados y toses. Además, el aceite de arrayán actúa como antiséptico, astringente y desodorante y ayuda a aliviar y eliminar infecciones del tracto urinario y de la piel.

Para facilitar la respiración

El aroma fresco y herbal del aceite de arrayán facilita la respiración. Relaja y fortalece el cuerpo y la mente. Prueba esta mezcla en una lámpara de aromaterapia para crear un estado de ánimo tranquilo y gentil cuando te sientas tenso y temeroso.

3 gotas de arrayán
2 gotas de abeto siberiano
1 gota de limoncillo

Efecto terapéutico: Los componentes mirtenol, geraniol y pineno son responsables de las propiedades antibacterianas, expectorantes y antiinflamatorias del aceite de arrayán. Puede ayudar a tratar muchos problemas respiratorios cuando se pone en inhalaciones y fricciones. Los baños de tina con un poco de aceite de arrayán pueden aliviar inflamaciones de vejiga y el dolor de hemorroides. El aroma fresco también disipa la fatiga.

Para calambres musculares: Aceite de masaje que contenga aceite de arrayán puede fomentar la circulación de la sangre en los tejidos, creando un efecto calentador, y ayudando a prevenir calambres que pueden ocurrir después del ejercicio. Mezcla 5 gotas de aceite de arrayán y 3 gotas de aceite de romero con 2 onzas de aceite de almendra dulce. Emplea para dar masaje a tus músculos.

Para dar firmeza a la piel: El aceite de arrayán puede ayudar a estimular el tejido conectivo, dando firmeza y tono a la piel. Pon 5 gotas en el agua para bañarte.

Para aliviar resfriados de las vías altas: Inhalar aceite de arrayán puede aliviar la incomodidad causada por nariz congestionada e incluso ayudar a impedir que los resfriados empeoren. Varias veces al día, pon unas cuantas gotas del aceite en tu manga o en un pañuelo e inhala el aroma profundamente.

Para refrescar el aire: El aceite de arrayán antibacteriano ayuda a limpiar el aire, en especial en habitaciones de enfermos. Pon 3 gotas de aceites de arrayán, limón y tomillo en una lámpara de aromaterapia.

Para curar espinillas: Un tonificador con aceite de arrayán puede ayudar a curar acné. Mezcla 2 gotas de aceite de arrayán y 1 gota de aceite de lavanda con 1 onza de hamamelis. Aplica según se necesite.

Consejo extra: La siguiente vez que vayas a un sauna, pon alrededor de 4-6 gotas de aceite de arrayán en una toalla húmeda y llévala contigo. El aroma fresco ayudará a aumentar el efecto relajante y hará más fácil respirar.

Aplicaciones

- Las inhalaciones con aceite de arrayán son antiinflamatorias y alivian síntomas causados por infecciones. Para inflamaciones de la frente o de los senos paranasales acompañadas por pus, pon 4 gotas de aceite de arrayán en 4 tazas de agua caliente e inhala los vapores unos cuantos minutos. Repite varias veces todos los días.
- Para tratar inflamaciones de oídos con dolor, mezcla 3 gotas de aceite de arrayán y 2 cucharadas de aceite de oliva. Pon 3-4 gotas en cada canal auditivo y luego pon una tapa o cinta para la cabeza con el fin de que se queden en su lugar. Deja el algodón en tus oídos toda la noche.
- Para aliviar la comezón e inflamación de las hemorroides, mezcla 3 gotas de aceite de arrayán y 2 gotas de aceite de ciprés con 1 onza de crema de hamamelis, la cual se puede conseguir en muchas farmacias. Aplica al área del recto según se necesite.

- El aceite de arrayán puede ayudar en infecciones de la vejiga y del tracto urinario. Pon 4 gotas de aceite de arrayán en agua para bañarse caliente, mezclando bien, antes de que tomes un baño.
- Un aceite para masaje en el pecho que contenga aceite de arrayán puede ayudar a aliviar la incomodidad que se asocia a asma, gripe, resfriados y tos. Mezcla 3 gotas de aceites de arrayán y de frankincienso con 1 onza de aceite de almendra dulce y aplica en la zona del pecho según se necesite.

Ten cuidado! No apliques el aceite esencial de arrayán, o cualquier aceite esencial, sin diluir directamente en tu piel. Puede causar una reacción alérgica, irritación de la piel y enrojecimiento, incluso en quienes tienen piel normal. Las mujeres embarazadas y los epilépticos deberían consultar con un practicante de aromaterapia antes de emplear aceite de arrayán.

Aceite de niaulí

El aceite esencial de niaulí se extrae y destila de las hojas frescas de árboles siempre verdes. Miembro de la familia del arrayán, el niaulí, o *Melaleuca viridiflora*, es pariente cercano del árbol de melaleuca. Originario de Australia, el niaulí se cultiva ahora en Malasia y las Filipinas. El aceite incoloro a amarillo pálido del árbol tiene un aroma fresco similar al alcanfor que ayuda a la concentración. Se puede mezclar bien con aceites esenciales como eucalipto, trementina, naranja, hisopo, limón y arrayán. Las cualidades de curación de heridas y antisépticas del aceite, que descubrieron primero los aborígenes australianos, son similares a las del árbol de té. El aceite de niaulí se emplea en la actualidad como remedio para muchas infecciones de los sistemas reproductivo y respiratorio, como vaginitis, infecciones por levaduras, resfriados, gripe y bronquitis. El niaulí también es un expectorante que adelgaza la mucosidad y ayuda a aliviar la tos. Como antiinflamatorio efectivo, el aceite puede aliviar las membranas inflamadas que acompañan a muchos tipos de males. También es útil como tratamiento para pie de atleta, quemaduras e infecciones de oído.

Para concentración y claridad mental

El aroma un poco picante del aceite de niaulí ayuda a aclarar la mente y mejorar el pensamiento lógico y ordenado. Esta mezcla en una lámpara de aromaterapia también te ayuda a mantenerte tranquilo en situaciones tensas.

    4 gotas de niaulí
    2 gotas de lima
    1 gota de eucalipto

Efecto terapéutico: Los principales componentes en el aceite de niaulí son cineol, pineno, terpinteol y limoneno, que tienen propiedades antiinflamatorias, antisépticas y expectorantes que reducen inflamación, ayudan a curar infecciones y alivian tos. El aceite de niaulí también estimula el sistema inmune, lo que acelera la recuperación de la enfermedad. Aplicado en forma tópica, el niaulí ayuda al tejido a regenerarse en quemaduras y heridas.

Para protección antiviral: Las propiedades antivirales del aceite pueden proteger al cuerpo al reducir el riesgo de infección por virus, también pueden tratar gripe y resfriados. Mezcla 5 gotas de aceites de niaulí, de tomillo y de limón en una lámpara de aromaterapia para una mezcla desinfectante.

Para aliento fresco: Para un enjuague bucal que refresque tu aliento y te proteja de infecciones, entre ellas virus de herpes, mezcla 1 gota de aceite de niaulí con 4 onzas de agua. Agita y haz gárgaras.

Para toses y bronquitis: El efecto expectorante del niaulí es útil para tratar toses y bronquitis. Pon 2 gotas de aceites de niaulí, frankincienso y eucalipto en un baño de tina caliente o en una lámpara de aromaterapia. O ponlas en 2 cucharadas de aceite de almendra dulce y luego masajea el pecho con la mezcla.

Para mordeduras de insecto: El aceite de niaulí alivia la comezón de las picaduras de insecto y ayuda a reducir la inflamación. Las mordeduras se curan más rápido mientras que los suavizadores de la piel del aceite contrarrestan las cicatrices. Mezcla 2 gotas de aceite de niaulí en 2 cucharadas de hamamelis y aplica en las áreas afectadas.

Para un humidificador de la piel: Para un aceite corporal humidificador, mezcla 5 gotas de aceite de niaulí, 10 gotas de aceite de lavanda y 2 cucharadas de aceite de almendra dulce. Esta mezcla fortalece la resistencia a bacterias, virus y hongos, y evita que la piel se reseque.

● **Ten cuidado!** El olor picante y aromático del aceite esencial del niaulí puede irritar las delicadas membranas mucosas conjuntivas de los ojos. Cuando estés empleando el aceite como uso externo, en especial cuando lo estás inhalando, siempre mantén los ojos cerrados para ayudar a protegerlos de los vapores.

Consejo extra: El aceite de niaulí ayuda a aliviar mareo al estimular la circulación, refrescando el cuerpo y la mente. Da un toque con unas cuantas gotas del aceite en un pañuelo, llévalo a la nariz y respira profundamente el aroma.

Aplicaciones

- Inhalaciones con aceite de niaulí y aceite de limón ayudan a reducir la mucosidad y aclarar la congestión nasal. Pon 3 gotas de aceite de niaulí y 2 gotas de aceite de limón en 2 litros de agua muy caliente. Inhala los vapores profundamente 10 minutos. Repite según se necesite.
- Una ducha vaginal de aceite de niaulí ayuda a aliviar vaginitis e infecciones de levaduras. Pon 1 gota de aceites de niaulí y de árbol de té y 1 cucharadita de vinagre de sidra de manzana en una botella de ducha vaginal que esté llena con agua caliente. Mezcla bien y usa para humedecer el interior de la vagina. Funciona mejor cuando se usa a la hora de acostarse.
- Para un ungüento tópico para cortadas y quemaduras, pon 2 gotas de aceite de niaulí, 2 gotas de aceite de árbol de té y 5 gotas de aceite de lavanda en 2 onzas de hamamelis y de agua. Mezcla y aplica. O pon los aceites en una base de loción de aceite mineral sin aroma y aplica a cortadas y quemaduras.

Aceite de naranja

El aceite esencial de naranja se puede reconocer por su aroma fresco, dulce y como cítrico, justo como la misma naranja. El naranjo, *citrus aurantium*, produce el aceite de petit grain de su follaje, el aceite de flor de naranja de sus flores y el aceite de naranja de su fruta. El aceite mejora el estado de ánimo, calma la ansiedad y eleva el espíritu. También estimula la circulación y ayuda a la digestión. Como cosmético, el aceite de naranja puede ayudar a mantener una piel sana y juvenil, ayudando a estimular la producción de colágeno y reducir la inflamación y las manchas de la piel. El aceite de naranja también trabaja en armonía con otros aceites esenciales, canela y aromas florales, como ylang ylang, para nombrar algunos. Como refrescantes de habitación, estas mezclas pueden inducir una perspectiva positiva y reducir la tensión de todos los días. Incluso los muebles se pueden beneficiar del aceite de naranja. Poner unas cuantas gotas en aceite de linaza hará un ligero protector de madera. Ni siquiera el uso culinario escapa a este versátil aceite. El extracto de naranja, el común y delicioso saborizante de postres, se deriva del aceite de naranja. El aceite de naranja es sorprendentemente barato; por sus muchos usos, la naranja es una buena elección cuando decidas qué aceites comprar.

Para fatiga y agotamiento

Emplea una mezcla de aceites de naranja, lima y limoncillo en una lámpara de aromaterapia para disipar fatiga y agotamiento y refrescar una habitación al instante. Esta mezcla te ayudará a crear un estado de ánimo alegre y soleado:

> 5 gotas de naranja
> 3 gotas de lima
> 2 gotas de limoncillo

Efecto terapéutico: El aceite de naranja tiene un efecto refrescante y vigorizador en el cuerpo y la psique. Los componentes primarios son limoneno, linalool, gerianol, citronelol, terpineol y vitamina C. Por sus propiedades regenerativas y un poco reafirmantes, el aceite de naranja se encuentra a menudo como ingrediente en muchos cosméticos e incluso se piensa que reduce la celulitis.

Como aditivo de comida: Un extracto de aceite de naranja diluido con alcohol se vende en tiendas como saborizante de alimentos. Pon 2 gotas de aceite de naranja en comida, por ejemplo, crema, para dar sabor y estimular la digestión. Pon el aceite justo antes de batir y luego usa como lo harías normalmente. Esto hace que incluso pasteles muy grasosos sean fáciles de digerir.

Para trastornos de la circulación: Los aceites de naranja y de romero, cuando se mezclan, tienen un efecto tonificante y pueden mejorar la circulación. Prueba un baño de regadera caliente y luego frío, añadiendo ambos aceites esenciales a tu gel normal para bañarte sin aroma.

Para un masaje suave: Pon 8 gotas de aceite de naranja y 4 gotas de aceite de geranio en 1 onza de loción o aceite vegetal. Las propiedades de suavizar la piel y relajantes del aceite de naranja dan a la piel mayor elasticidad y protegen contra resequedad.

Para una piel firme: Una mezcla de aceites de naranja y bergamota actúa como tónico para la piel, alisando pequeñas arrugas y manteniendo la piel fresca y con apariencia juvenil. Pon 5 gotas de aceite de naranja y 3 gotas de aceite de bergamota en 2 onzas de agua en una botella rociadora; rocía tu cuerpo todos los días.

Consejo extra: Empleado en un masaje o lámpara de aromaterapia, el aroma fresco del aceite de naranja es un buen remedio para náuseas durante el embarazo y no tiene efectos secundarios.

Aplicaciones: Uso externo

- Para ayudar a reducir celulitis, da masaje al área todos los días con una mezcla de 15 gotas de aceite de naranja, 4 gotas de aceite de geranio, 4 gotas de aceite de canela y 3 cucharadas de aceite de girasol. Un masaje con cepillo de cerdas naturales suaves ante aumentará la circulación, intensificando el efecto.
- Un enjuague bucal que contenga aceite de naranja apoya el proceso de curación en casos de encías inflamadas y enfermedad periodontal. Pon 3 gotas de aceite de naranja y ½ cucharada de vinagre de sidra de manzana en un vaso de agua caliente y mezcla bien. Enjuaga bien tu boca con esta mezcla después de cepillarte los dientes. El enjuague bucal también combate garganta irritada y tos.

Aplicaciones: Uso interno

- Como saborizante de alimentos, el aceite de naranja puede ayudar a aumentar el apetito y a estimular la digestión: Pon 1 gota de aceite de naranja en pudines o pay de queso o pon en un aderezo de yogur para ensalada de frutas. También puedes poner una gota de aceite de naranja en 1 cucharadita de miel y tomar la mezcla una vez al día antes de las comidas para mejorar la digestión.

- **Ten cuidado!** El aceite de naranja puede irritar la piel y causar un efecto fototóxico. Puede llevar a quemaduras de Sol y causar que se formen manchas de pigmento café en la piel que pueden durar años. Evita usar aceite de naranja o productos de cuidados de la salud que contengan aceite de naranja siempre que vayas a estar expuesto al Sol. Además, el pigmento amarillo pálido en el aceite deja manchas en textiles que son difíciles o imposibles de quitar.

Aceite de orégano

Nativo de toda el área del Mediterráneo, el orégano es una hierba dulce y mentolada que se ha valorado por sus incontables usos culinarios y medicinales. De hecho, los antiguos egipcios empleaban el orégano como conservador de alimentos y como antídoto para veneno. El aceite esencial se extrae de la planta con flor, *Oregano vulgare*, miembro de la familia de la menta. El aceite amarillo pálido resultante tiene un potente aroma picante y como de alcanfor que fortalece el cuerpo y la mente. Se considera al aceite de orégano como uno de los aceites esenciales más antisépticos; puede tratar parásitos, problemas digestivos e infecciones, además de males respiratorios, como bronquitis, resfriados y gripe. Cuando se aplica en forma tópica, el aceite de orégano alivia eczema, soriasis y otros problemas crónicos de la piel y puede ayudar a reducir la formación de celulitis. Las inhalaciones de vapor con el aceite ayudan a aflojar las flemas, fomentan la expectoración y calman la tos. Los masajes con aceite de orégano calman el dolor menstrual y también los calambres musculares. En un nivel emocional, el aceite de orégano alivia la fatiga, mejora la concentración y ayuda a aliviar la depresión.

Para energía renovada y mayor concentración

El poderoso y picante aroma del aceite de orégano ayuda en casos de debilidad y mejora la circulación. La siguiente mezcla en tu lámpara de aromaterapia proporciona energía nueva y estimula tanto el cuerpo como la mente:

> 3 gotas de orégano
> 2 gotas de bálsamo de Perú
> 1 gota de albahaca

Efecto terapéutico: El aceite de orégano contiene timol, carvacrol, cimeno, terpinino y menteno, que tienen efectos expectorantes, antisépticos y antivirales. Estas propiedades ayudan a aliviar congestión respiratoria, resfriados, bronquitis y síntomas de gripe. El aceite también es un laxante leve y, por eso, alivia estreñimiento. El aceite de orégano estimula también la circulación, aliviando reumatismo, dolor menstrual y calambres musculares.

Para celulitis: Un aceite de masaje con 1 gota de aceite de orégano y 2 gotas de aceites de romero y naranja mezclados en 2 cucharadas de aceite de almendra dulce reduce la formación de celulitis. El aceite de orégano fomenta la circulación de la sangre mientras drena las toxinas de los tejidos. Esto reduce la acumulación de agua, toxinas y grasas bajo la piel, lo que ayuda a suavizar la apariencia de la celulitis.

Para asma: Mezcla 1 gota de aceite de orégano y 2 gotas de aceites de frankincienso y eucalipto, y pon en un recipiente con agua caliente. Envuelve una toalla sobre tu cabeza e inhala los vapores. Esto alivia tos, afloja la mucosidad y relaja las vías bronquiales para restaurar una respiración fácil.

Para dolor menstrual: Como el aceite de orégano aumenta la circulación, alivia el dolor menstrual. Pon 1 gota de aceite de amaro en agua para baño en tina. Remoja 20 minutos para relajar los músculos y aliviar calambres.

Para dolores de cabeza: El aroma acre y como de alcanfor del aceite de orégano ayuda a aliviar los dolores de cabeza por presión. Aplica 2-3 gotas del aceite a una tela e inhala el aroma profundamente y con calma.

Sin embargo, asegúrate de evitar el contacto directo de la piel con el aceite manteniendo la tela lejos de la nariz.

Consejo extra: Para un aceite para masajes de músculos distendidos, mezcla 1 gota de aceite de orégano y dos gotas de aceites de lavanda y de manzanilla en 2 onzas de aceite de jojoba. Da masaje con la mezcla en los músculos afectados.

Aplicaciones

- El aceite de orégano es antiparasitario y puede ayudar a eliminar piojos. Mezcla 5 gotas de aceite de orégano en 2 cucharadas de aceite de oliva. Da masaje con la mezcla en el cuero cabelludo varias veces al día para aliviar comezón, impedir infecciones y eliminar los piojos.
- Haz un rociador desinfectante de hogar mezclando 2 gotas de aceites de orégano, tomillo y lavanda, 5 gotas de aceite de limón, 1 taza de agua caliente y ½ taza de vodka. Pon la mezcla en una botella rociadora. Rocía las áreas de la casa donde los gérmenes tienden a acumularse, como la cocina y el baño. Sin embargo, no rocíes cerca de muebles ya que puede decolorar la tela y la madera.
- Durante un régimen de ayuno, "envolturas de hígado" con aceite de orégano pueden ayudar al proceso de desintoxicación. Mezcla 1 cucharadita de vinagre de sidra de manzana, 1 litro de agua caliente y 1 gota de aceite de orégano. Remoja una tela en la mezcla y coloca bajo la caja torácica en el lado derecho de tu cuerpo (el hígado está ubicado bajo esta área). Luego, pon una botella de agua caliente sobre la compresa y cubre con una toalla. Cúbrete con cobijas y descansa en cama durante alrededor de una hora.

Ten cuidado! El aceite de orégano puede irritar la piel y las membranas mucosas, así que dilúyelo antes de usarlo. Además, el carvacrol, uno de los componentes del aceite, es un poco tóxico, así que el aceite se debe usar en pequeñas dosis. Como puede estimular el sangrado uterino, el aceite de orégano no se debe usar durante el embarazo. Además, insiste en aceite de orégano puro, ya que a menudo se confunde con aceite de mejorana.

Aceite de palmarosa

Aunque el aceite de palmarosa no está entre los aceites más populares, en Asia (donde crece el pasto de palmarosa silvestre y sin restricciones) el aceite es muy estimado por su efecto armonizador tanto en cuerpo como en alma. Se requieren más de 70 kilos del pasto seco para producir más o menos 1 litro del aceite de palmarosa esencial amarillo, extraído mediante destilación por vapor. El delicado aroma del aceite es algo parecido al de rosa, gracias a su alta concentración de geraniol. Este aroma parece tener un efecto tranquilizador, en especial en momentos de tensión y de enojo. Aplicado en forma tópica, el aceite es un buen nutriente para tu piel. Estimula el crecimiento celular y regula la producción de sebo, apoyando la regeneración de tejidos dañados. Como la palmarosa tiene cualidades antibacterianas y antisépticas, es benéfica para piel grasosa y acné. El aceite de palmarosa se mezcla bien con otros aceites y es un buen humidificador, en especial para piel madura. El aceite también se emplea a menudo en la medicina ayurvédica; sus propiedades antiespasmódicas ayudan a fomentar la relajación muscular, además de reducir el dolor muscular.

Para calmar los nervios

Para fortalecer las propiedades relajadoras y antiespasmódicas del aceite de palmarosa, pon esta mezcla en una olla hirviendo a fuego lento o en difusor. Al mismo tiempo, la mezcla perfumará tu habitación, despertando tu mente con una fragancia estimulante y sin embargo delicada.

6 gotas de palmarosa
2 gotas de bálsamo de melisa
2 gotas de sándalo

Efecto terapéutico: El aceite de palmarosa es bueno tanto para piel grasosa como seca y sensible. Sus principales componentes son geraniol y limoneno con citronelal, farnesol y dipenteno. El geraniol da equilibrio a las concentraciones de aceite y humedad de la piel. Las propiedades vigorizantes suaves del limoneno ayudan a aliviar calambres musculares y a prevenir el dolor que puede causar la tensión nerviosa.

Para dolor de cuello: Compresas calientes con aceite de palmarosa pueden aliviar el dolor que se produce por tensión del cuello. Llena un pequeño recipiente con agua caliente, pon 5 gotas de aceite de palmarosa en la superficie del agua. Toca la superficie ligeramente con una tela para absorber el aceite, luego dobla la compresa con el lado de aceite hacia adentro para prevenir un contacto directo con la piel y aplica. Si es necesario, repite 3-4 veces.

Baño relajante: Después de un día difícil, rejuvenécete en un baño de aromaterapia caliente. Mezcla 5 gotas de aceite de palmarosa, 3 gotas de aceite de bergamota y 3 cucharadas de aceite de almendra dulce; pon en el agua para bañarte.

Remedio natural para espinillas: El efecto de dar equilibrio de este aceite esencial ayuda a regular la actividad de las glándulas sebáceas, aliviando desórdenes de la piel. Mezcla 5 gotas de aceite de palmarosa en 1 onza de tu loción facial favorita. Haz de esta loción parte de tu rutina diaria, aplicándola para limpiar la piel.

Consuelo emocional: El aceite de palmarosa es un excelente agente calmante para cualquiera que sufra por pérdida o por el trauma del duelo. Pon 5 gotas de aceite de palmarosa con 3 gotas de aceite de bálsamo de Melisa y 3 gotas de aceite de rosa en una lámpara de aromaterapia. Para un energizante rápido, pon un toque en un pañuelo e inhala.

Consejo extra: El aceite de palmarosa tiene un aroma ligero y cítrico-floral que se asocia con el amor y la curación. En un difusor, su aroma mejora la claridad mental y puede ayudar a que te relajes físicamente así como a estimular tu mente.

● **Ten cuidado!** Si experimentas cansancio crónico o presión sanguínea baja, este aceite puede no ser la mejor elección para ti. Puede bajar más la presión de la sangre y podría tener un efecto negativo en el cuerpo. En algunos casos, a pesar de que es un aceite muy suave, quienes lo usan experimentan una caída en su desempeño y falta de concentración.

Aplicaciones: Uso externo

- La palmarosa es un aceite efectivo para prevenir la formación de cicatrices. Ayuda a fortalecer la piel y estimula la formación de tejido nuevo, así que las cicatrices en formación son menos densas. Mezcla 15 gotas de aceite de palmarosa con alrededor de 3 cucharadas de aceite de almendra dulce y da masaje con él en el área afectada varias veces al día. Esta mezcla puede ser benéfica en especial para curar heridas y cicatrices quirúrgicas.
- Dar masaje con aceite de palmarosa ayuda a calmar la tensión muscular y a aliviar el dolor. Mezcla 5 gotas de aceite de manzanilla, 10 gotas de aceite esencial de lavanda, 20 gotas de aceite de palmarosa y ½ taza de aceite de almendra dulce. Mezcla los aceites y da masaje con la mezcla en las áreas afectadas del cuerpo para ayudar a reducir el dolor muscular.
- Para un aceite para la piel suave, mezcla 10 gotas de aceite de palmarosa con 5 gotas de aceites de sándalo, lavanda y geranio. Mezcla en ¼ de taza de aceite de almendra dulce. Esta mezcla calmante ayuda a curar piel seca y sensible y la protege de daño e inflamación. Para tener mejores resultados, da masaje con esta mezcla de aceites en la piel justo después de un baño en tina o regadera... mientras tu piel todavía está húmeda, para encerrar la humedad. Haz un lote doble del aceite si planeas emplearlo a menudo.

Aceite de pachuli

El aceite de pachuli tiene muchos usos ya que tiene aromas característicos (mohoso y exótico, picante y dulce, térreo y sensual), todo lo cual mejora con la edad. Nativa del sudeste de Asia, la hierba y su aceite esencial destilado son apreciados por su amplia gama de efectos. En forma específica, la hierba, que se cree mata hongos, ha sido efectiva contra pie de atleta, mientras que las propiedades terapéuticas del aceite esencial lo han convertido en una ayuda favorita de cuidados de la piel en productos para baño, aceites de masaje y cremas. La hierba también se encuentra en perfumes, donde, dicen algunos, es útil como afrodisiaca. En aromaterapia, el aceite de pachuli puede ser estimulante o calmante: la cantidad empleada controla los efectos, entre los que están elevar el estado de ánimo en depresión, calmar ansiedad y aliviar molestias premenstruales y síntomas de menopausia. El pachuli, con su aroma acre, era popular en la década de 1960 en la generación de paz y amor. Cuando se combina con otros aceites, como bergamota, flor de naranjo o malva rosa, el pachuli se vuelve menos sofocante. Usarlo solo puede ser un repelente de insectos muy efectivo.

Para sueños exóticos

Se cree que el potente bouquet de aromas en el aceite de pachuli estimula el cerebro soñador, abriendo la puerta a visiones dulces y exóticas. En combinación con aceite de ylang ylang, ayuda a acabar con la depresión, elevar tu estado de ánimo y alentar que vuele tu imaginación. Mezcla los siguientes aceites y deja que la mezcla se evapore en una lámpara de aromaterapia en la noche antes de ir a acostarte.

5 gotas de pachuli

4 gotas de ylang ylang

4 gotas de lavanda

Efecto terapéutico: El principal componente es pachuleno, similar al camazuleno que se encuentra en la manzanilla, es antiinflamatorio y ayuda a curar heridas, apoya la regeneración de tejido lastimado y mantiene el tono de la piel. El pachuli también es antiviral y antimicótico, así que es benéfico en tiña, pie de atleta e infecciones de levaduras. En una lámpara de aromaterapia, el aceite de pachuli combate tensión, letargia y fatiga mental y emocional.

Para bienestar: El aceite de pachuli puede energizar la mente y al mismo tiempo no estimular en exceso el aspecto físico. Se cree que libera los neurotransmisores que controlan tu estado de ánimo y el bienestar general. El aceite de pachuli se mezcla bien con aceite absoluto de vainilla para realzar tu estado de ánimo. El calor de un baño en tina perfumado con estos aceites es calmante, restaurador y vigorizante al mismo tiempo.

Para buen "contacto con la tierra": Con su aroma silvestre y térreo, no es sorprendente que el aceite de pachuli tenga reputación de mantenernos centrados, concentrados y en contacto con nuestros sentimientos. Para ayudar a que tengas los pies bien plantados en la proverbial Tierra, frótalos todos los días con una mezcla simple de aceites de girasol y pachuli. Mezcla 2 cucharaditas de aceite de girasol (u otro aceite portador) con 5 gotas de aceite de pachuli para un masaje curativo.

Para piel irritada: Un aceite para cuerpo que combine jojoba o cualquier otro aceite portador con aceite de pachuli proporciona un alivio natural para piel tensa o agrietada, raspada o irritada. Da un masaje suave de la mezcla de aceites en tu piel dos veces al día.

● **Ten cuidado!** Como con otros aceites esenciales, el aceite de pachuli no se debe ingerir, el material vegetal muy concentrado podría causar daños graves a menos que lo recete un proveedor profesional de cuidados de la salud. Combina los aceites con un aceite portador para uso directo en la piel. Siempre que compres aceites esenciales, revisa las etiquetas para ver si hay adición de otras sustancias; sólo los aceites puros te proporcionan los mejores resultados terapéuticos.

Consejo extra: Una bolsita con una gota del potente y térreo aceite de pachuli impide que las polillas se coman la ropa y también repele otros insectos.

Aplicaciones de cuidado de la piel

• El pachuleno que contiene el aceite ayuda a cuidar piel dañada al reducir la formación de cicatrices y fomentar la regeneración del tejido afectado. Un aceite de cuidado de la piel que contenga aceite de pachuli puede ser útil en especial para eczema y reacciones alérgicas de la piel. Mezcla 3 cucharadas de aceite de almendra dulce con 10 gotas de aceite de pachuli y aplica con suavidad la mezcla a las áreas afectadas 2 a 3 veces al día.

- Tonificadores con aceite de pachuli ayudan a dar firmeza y a estirar la piel cansada y flácida de la cara. Pon 3 gotas de aceite de pachuli y 1 cucharadita de vinagre de sidra de manzana en 2 tazas de agua caliente; humedece una almohadilla o bola de algodón en el líquido y aplica con generosidad en la cara en la mañana y en la tarde, después de limpiarla. Deja la mezcla a que se seque con el aire.
- Para una mezcla que reviva el espíritu, combina 10 gotas de aceite de bergamota, 5 gotas de aceite de pachuli y 2 gotas de aceite absoluto de rosa en una botella de 1 onza. Pon la mezcla en una tina o combina una gota con unas cuantas gotas de agua en tus manos y pasa por el cabello. Varía las cantidades de los aceites si prefieres un aroma más fuerte.

Aceite de menta

El aceite esencial de menta, que se destila de las hojas de la planta de la menta, se ha convertido en uno de los más populares en aromaterapia. La planta ha sido popular por su aroma acre y sus poderes curativos desde el siglo XVII, cuando tal vez la llevaron del Oriente por el camino del norte de África. En todos sus usos, el aceite de menta es refrescante para la mente, el cuerpo y el espíritu. El aroma distintivo del aceite de menta puede mejorar la concentración y la atención de una persona. La forma en que esto funciona es que el aroma en realidad activa el hipocampo, la parte del cerebro vinculada con la memoria. El aceite no sólo alivia la fatiga mental sino también náusea y mareo. Como aceite curativo, la menta es a la vez antiséptica y anestésica por su alta proporción de mentol. Así, el aceite esencial, cuando se inhala, es en extremo efectivo para combatir infecciones respiratorias, de resfriados a bronquitis y sinusitis. Cuando se diluye y aplica a la piel, el aceite calma y enfría. El aceite es útil en particular para niños grandes.

Aceite de menta

- Alivia infecciones respiratorias
- Ayuda a la circulación
- Combate inflamación
- Alivia flatulencia e indigestión

Para fatiga

Si tu mente está sobrecargada y fatigada, es probable que tengas problemas para concentrarte y recordar. La buena noticia es que puede reenergizar tu mente y memoria con sólo inhalar el fresco y puro aroma del aceite de menta en una lámpara de aromaterapia. Combina el aceite de menta para tener mayores beneficios.

8 gotas de menta
5 gotas de limón

Efecto terapéutico: El aceite de menta tiene propiedades enfriadoras, de reducción de fiebre y antisépticas, debidas en gran parte a los altos niveles de mentol, que es antibacteriano y anestésico. El aceite ayuda a curar resfriados, bronquitis e infecciones de los senos nasales. También ayuda a una digestión sana al aumentar las secreciones digestivas, de hígado y de vesícula biliar y relajar músculos intestinales contraídos. Además, el aroma aclara la mente y alivia la tensión mental.

Para abrir las vías nasales: El elevado contenido de mentol del aceite de menta reduce la inflamación en las vías nasales durante un resfriado, abriéndolas y mejorando la respiración.

Para concentrar la mente: Siempre que estás agotado y tenso al final de un día difícil, el aceite de menta es un remedio que te revitalizará. Aclara tus pensamientos y te permite respirar profundamente y con libertad de nuevo.

Para dolores de cabeza: Mezcla un aceite de base, como el aceite de almendra dulce, con aceite de menta y frota unas cuantas gotas en tu frente y en la nuca. Esto puede aliviar con rapidez el dolor de cabeza o la migraña.

Para un sauna de limpieza: Las visitas regulares a un sauna estimulan las defensas del cuerpo. Puedes aumentar el efecto desintoxicador y fortificante de un sauna añadiendo unas cuantas gotas de aceite de menta al agua que se vierte en los carbones del sauna.

Para aliento fresco: El aceite de menta es una excelente alternativa natural para el enjuague bucal. Tiene efecto desinfectante, inhibe las infecciones y previene caries y enfermedades de las encías, mientras combate al mismo tiempo el mal aliento.

Consejo extra: Para mareo y náusea, pon unas cuantas gotas de aceite de menta en una tela. Sostén la tela frente a tu boca y nariz y respira profundamente unos cuantos segundos.

Ten cuidado! No trates a niños con aceite de menta, ya que el alto contenido de mentol puede irritar mucosas sensibles. Si tienes escalofríos, evita el aceite de menta, por sus intensas propiedades enfriadoras. Mantén los ojos bien cerrados cuando inhales aceite de menta, ya que los vapores pueden irritarlos. El aceite también puede irritar piel sensible. Las mujeres embarazadas y lactando deberían evitar el aceite por completo.

Aplicaciones: Compresas

- Las compresas frías con aceite de menta pueden reducir fiebre. Mezcla 8 gotas de aceite de menta y 1 cucharada de vinagre en 1 litro de agua fresca. Remoja 2 compresas en la mezcla, exprímelas, y colócalas en las pantorrillas de tus piernas. Reemplaza con la frecuencia necesaria hasta que la fiebre disminuya.
- Una compresa con aceite de menta alivia los síntomas de una infección de los senos nasales. Mezcla 5 gotas de aceite de menta en 2 tazas de agua caliente. Pon una pequeña tela remojada en la mezcla cruzando tu nariz y sobre tus pómulos. Respira profundamente, manteniendo los ojos cerrados.

Aplicaciones: Beneficios para la belleza

- El aceite de menta puede ayudar a hacer que tu piel se vea y se sienta sana. Este aceite reduce lo grasiento que puede producir manchas en la piel. También se sabe que ayuda a reducir al mínimo lo rojo de los capilares rotos al constreñir las paredes de los vasos. Mezcla el aceite esencial con aceite de base antes de aplicar.

- Para un baño a temperatura ambiente y refrescante, pon 2-4 gotas de aceite de menta en una tina de agua tibia.

Aceite de petit grain

El aceite de petit grain, como el aceite de flor de naranjo, surge del árbol de naranjas amargas, o *Citrus auriantium*. Sin embargo, el aceite de petit grain procede de hojas y tallos, mientras que el aceite de flor de naranjo es de las flores. Históricamente, el aceite se destilaba de la fruta sin madurar del árbol, de ahí el nombre francés *petit grain*, o "pequeño grano". Aunque sus fragancias son similares, el aroma del petit grain es más fuerte y más acre que el aroma de flor de naranja. El petit grain también se sustituye a menudo en lugar de su primo más costoso. El aceite a menudo se emplea para perfumar cosméticos, jabones, cremas para después de afeitarse y colonias y para dar sabor a dulces, bebidas alcohólicas, refrescos y postres. Las propiedades antibacterianas del aceite ayudan a aliviar numerosos problemas de la piel, como acné, piel reseca y manchas. El aceite también alivia dolores de cabeza, tensión muscular y dolor abdominal. A nivel emocional, el aroma refrescante y relajador del petit grain es muy efectivo para tratar depresión, agotamiento nervioso, insomnio, tensión y cambios de estado de ánimo.

Para un tónico refrescante

El efecto relajante y antidepresivo del aceite de petit grain es más fuerte cuando se emplea en una lámpara de aromaterapia. Si estás cansado y rendido, deja que la siguiente mezcla se evapore en tu lámpara de aromaterapia:

4 gotas de petit grain
3 gotas de bergamota
2 gotas de toronja

Efecto terapéutico: El aceite de petit grain humidifica la piel para ayudarla a mantener su suavidad y elasticidad. La propiedad antibacteriana del aceite protege a la piel que tiende al acné de que se infecte y ayuda a que las espinillas se curen más rápido. El aroma refrescante puede ofrecer alivio de la depresión. Contiene acetato de linalilo, linalool, acetato de geranilo, farnesol, geraniol, terpineol, limoneno y nerol.

Para depresión: El efecto animador del estado de ánimo del aceite de petit grain ayuda a ahuyentar la depresión y los pensamientos oscuros. Mezcla 5 gotas de geranio, 3 gotas de aceite de petit grain y 1 gota de aceites de jazmín y rosa. Quema la mezcla en tu lámpara de aromaterapia para renovar tu sensación de optimismo.

Para migrañas: El efecto relajador del aceite de petit grain puede ayudar a aliviar migrañas o dolores de cabeza causados por nervios. Pon 2 gotas de aceite de petit grain en un pañuelo e inhala el aroma profundamente.

Para cuidado natural de la piel: Un aceite de cuidado de la piel con aceite de petit grain mantiene suave la piel reseca y sensible. El aceite nutre el tejido para protegerlo contra enrojecimiento y líneas de resequedad. Mezcla 5 gotas de aceite de petit grain, 3 gotas de aceite de lavanda, 2 gotas de aceites de sándalo y frankincienso y 1 gota de aceite de flor de naranjo en 2 onzas de aceite de almendra dulce o de oliva. Lávate la cara y aplica la mezcla con la punta de los dedos.

Para agitación: Un baño de tina caliente con aceite de petit grain puede tener efecto calmante si tienes dificultades para quedarte dormido por nerviosismo. La siguiente mezcla puede ayudar a promover la relajación y la paz mental, fomentando un sueño profundo y restaurador. Mezcla 2 gotas de aceites de petit grain y de lavanda con 1 gota de aceites de ylang ylang y manzanilla, pon esta combinación en agua caliente para bañarte y remoja 20 minutos antes de la hora de acostarte.

Consejo extra: El aceite de petit grain a menudo reemplaza al costoso aceite de flor de naranjo en tónicos para cabello, perfumes y lociones faciales y de cuerpo. Pon 3 gotas de aceite de petit grain para mejorar un enjuague o acondicionador de pelo.

Aplicaciones

- Después de esfuerzo físico, pon aceite de petit grain y 3 gotas de aceite de romero en un baño de tina caliente. Remoja al menos 15-20 minutos. Envuélvete para conservar el calor y descansa en cama una hora.
- Un desodorante en rociador que tenga aceite de petit grain es refrescante y ayuda a proteger contra olor desagradable. Mezcla 5 gotas de aceite de petit grain y 2 gotas de aceite de amaro en 3 cucharadas de agua de flor de naranjo. Guarda la mezcla en una botella rociadora. Agita bien la mezcla antes de cada uso y rocía tu piel después de bañarte en tina o regadera. Mantén la botella en un lugar seco y fresco.
- Pon aceite de petit grain en una máscara facial para regular la actividad de las glándulas sebáceas y aliviar piel grasosa y espinillas. Combina 1 gota de aceite de petit grain con 1 cucharada de extracto de hamamelis y revuélvelo en 1 cucharada de arcilla facial o avena molida. Aplica la mascarilla a áreas grasosas de tu cara y deja que se seque. Déjala puesta 5 minutos y enjuaga. Para acné severo, aplica la mascarilla todos los días.

Ten cuidado! Cuando compres aceite de petit grain, asegúrate de que se extrajo del árbol de naranja amarga revisando el nombre latino. Aceite de petit grain impuro se puede destilar de otros tipos de cítricos, como naranja dulce o limón.

Aceite de aguja de pino

También conocido como pino de Valsaín, pino serrano, pino albar, pino del Norte, *pinus sylvestris* se originó en el Norte de Europa, Este de Estados Unidos y el Báltico. Este árbol majestuoso y aromático puede crecer hasta una altura de 40 metros y tiene conos cafés, flores de color amarillo anaranjado y velas (brotes nuevos) de color azul verdoso. El pino se cultiva por brea, madera, celulosa, trementina, resina y aceite esencial, que se extrae de las agujas mediante destilación por vapor. Las muchas propiedades curativas del aceite se reconocieron desde que la gente descubrió el aroma fresco y vigorizante que liberan las agujas de pino aplastadas bajo los pies cuando se para uno en ellas en el bosque. De hecho, el aroma fresco y silvestre puede limpiar los senos nasales y ayudar a aliviar bronquitis, resfriados, garganta irritada y gripe. Baja la temperatura en fiebres, alivia la congestión, estimula la circulación de la sangre y calma los músculos y articulaciones adoloridos que acompañan a ciática, artritis y reumatismo. El aceite de aguja de pino también tiene propiedades antimicóticas y antisépticas que combaten las infecciones y ayudan a estimular el sistema inmune. Puede restaurar la fuerza emocional y física, y aliviar malestar general y fatiga.

Para facilitar la respiración

El aceite de aguja de pino ayuda a abrir las vías respiratorias y fomenta la expectoración. El aceite también alivia mucosa nasal hinchada. La siguiente mezcla en una lámpara de aromaterapia ayudará a que respires con facilidad de nuevo.

3 gotas de aguja de pino
2 gotas de menta
2 gotas de eucalipto

Efecto terapéutico: Los componentes primarios del aceite de aguja de pino son silvestreno, pineno, pumilina, dipenteno, cadineno y bronil acetato. El aceite tiene propiedades antiinflamatorias, antimicóticas, antisépticas, expectorantes, diuréticas, analgésicas, descongestionantes, insecticidas y antibacterianas que son efectivas para tratar infecciones respiratorias y de vejiga, problemas de la piel, fiebre y espasmos musculares.

Para aliviar el dolor: Un baño en tina caliente que contenga aceite de aguja de pino ayuda a estimular la circulación y alivia el dolor que se asocia a artritis, gota y reumatismo. Pon 3 gotas de aceites de aguja de pino, manzanilla y lavanda en agua caliente para bañarse y remoja.

Para estimular la inmunidad: Para estimular el sistema inmune y ayudar a combatir infecciones, pon 3 gotas de aceites de aguja de pino, limón y árbol de té en una olla de agua caliente. Pon una toalla sobre tu cabeza e inclínate sobre la olla para dejar que tus pulmones y piel absorban el vapor que sube.

Para un sueño profundo y reparador: El aroma fresco del aceite de aguja de pino disipa la tensión nerviosa y el insomnio. Pon unas cuantas gotas de aceite de aguja de pino en tu almohada antes de ir a la cama. Despertarás recuperado y con vigor la siguiente mañana.

Para olor de pies: Un baño caliente de pies diario con 3 gotas de aceite de aguja de pino en 8 litros de agua regula la producción de sudor e impide el desagradable olor de pies. El aceite también fomenta la circulación de la sangre a los pies.

Para mordeduras de insectos: El aceite de aguja de pino es un repelente natural de insectos que te protege de mordeduras de insectos. Durante la estación de mosquitos o moscas negras, pon unas cuantas gotas del aceite en una tela y tenla cerca de ti o lleva una lámpara de aromaterapia afuera.

● **Ten cuidado!** El penetrante aroma del aceite de aguja de pino puede ser irritante para los ojos, así que tenlos cerrados durante inhalaciones para protegerlos del vapor que sube. El aceite de aguja de pino también puede irritar la piel. Maneja con cuidado y siempre mezcla bien cuando crees una mezcla de aceites.

Consejo extra: Los aceites de aguja de pino y de romero mejoran la concentración. Pon 2 gotas de cada uno en una tela, evitando el contacto directo con la piel, e inhala.

Aplicaciones

* Para fomentar una mejor circulación: Da masajes con aceites de aguja de pino y romero para aliviar dolor muscular después de esfuerzo atlético. Mezcla 4 gotas de aceites de aguja de pino y de romero en 1 onza de aceite de oliva y luego da masaje a los músculos con firmes movimientos de amasar.
* Para la gripe: Inhalaciones con aceite de aguja de pino pueden proporcionar algún alivio cuando estás debilitado por una infección. Pon 3 gotas de aceite de aguja de pino y 2 gotas de aceite de manzanilla en una olla con 1 litro de agua caliente. Cubre tu cabeza con una toalla mientras inhalas el vapor que sube con lentitud y profundidad. Mantén los ojos cerrados. Nota: Para un caso grave de gripe, haz esto dos veces al día.
* Para limpiar la casa: Mezcla 5-10 gotas de aceite de aguja de pino con 8 litros de agua. También puedes poner jabón de limpieza si lo deseas. Emplea esta mezcla con una tela o con una botella rociadora para ayudar a desinfectar tu casa y dejar un aroma fresco. O mezcla 5-7 gotas del aceite en 2 tazas de bórax para usar como refrescante de alfombra. Lávate bien las manos después de usar.
* Para alegrar días festivos: Para poner algo de espíritu de día festivo en tu casa, mezcla 5 gotas de aceites de aguja de pino y de canela en 1 litro de agua y deja que hierva a fuego bajo en la estufa o en una lámpara de aromaterapia.

Aceite de romero

El popular arbusto de romero es nativo de la región costera del Mediterráneo pero se cultiva en todo el mundo. La hierba acre ha sido favorecida por sus efectos estimulantes y medicinales, y los curanderos de la antigüedad a menudo volvían al romero por sus cualidades de mejoramiento de la memoria. El romero es muy apreciado para usar en aromaterapia y tiene gran demanda. Por mucho tiempo considerado un tónico rejuvenecedor tanto para el cuerpo como para la mente, el aceite de romero ayuda a la claridad mental y estimula el sistema nervioso central. El picante aceite esencial también se empleaba a menudo en productos para baño y cuerpo, como jabones, champús y sales de baño. Para producir el aceite, las hojas con forma de agujas se deben cosechar antes de que floree la planta y luego secarse. Se usan más de 90 kilos de hojas para producir alrededor de un litro del aceite mediante destilación por vapor.

Para energía y claridad mental

La fragancia del aceite de romero ayuda a renovar los niveles de energía y ayuda a la concentración. Emplea la siguiente mezcla de aceite en una lámpara de aromaterapia para aclarar tu cabeza y dejar que pienses con claridad de nuevo.

3 gotas de romero
1 gota de menta
1 gota de amaro

Efecto terapéutico: El aceite de romero tiene un fuerte efecto estimulante y antiinflamatorio. Las sustancias que contiene el aceite de romero activan la circulación y el sistema nervioso.

Para aseo y bienestar general: Como el aceite de romero tiene un fuerte efecto calentador, un aceite corporal que contenga el extracto retiene el calor después de un baño y da energía al sistema circulatorio. La piel absorbe aceites esenciales muy bien después de baños en tina o regadera.

Para pies fríos: Consiente y calienta pies fríos con un baño de pies que contenga aceite de romero para resultados rápidos y de larga duración. Mezcla 9 gotas del aceite con el agua caliente del baño para pies. Asegúrate de mezclar bien de manera que el aceite se disperse por completo.

Para celulitis: Poner aceite de romero en el agua para bañarse es útil para eliminar agua de tejidos y mejorar la circulación, lo que a su vez disminuye la aparición de celulitis. Mezcla 10 gotas de aceite de romero con 2-3 cucharadas de crema para batir o aceite de base como emulsificante y añade al agua para bañarte. Mientras te bañas, da masaje a la piel con esponja vegetal para estimular la circulación.

Para pérdida de cabello: Pon 2 gotas de aceite de romero en tu champú. El aceite estimulará la circulación hacia el cuero cabelludo, dándole una pequeña "llamada para que despierte" y, al mismo tiempo, mejorando el suministro de nutrientes a las raíces del cabello. El resultado es cabello sano y brillante.

● **Ten cuidado!** No quemes en tu lámpara de aromaterapia durante más de cuatro horas al día. Quemar en la lámpara por más tiempo estimula en exceso los nervios de la nariz, lo que resulta en dolor de cabeza.

¡Precaución! El alcanfor, timol y terpineol en el aceite de romero son muy estimulantes. Las mujeres embarazadas no deben usar la hierba como aceite esencial o en un preparado de té ya que pueden causar labor de parto prematura. El aroma fuerte del aceite de romero puede molestar a quienes tienden al asma y los ingredientes activos pueden causar también ataques a epilépticos. El aceite de romero puede causar

irritación en la piel si no se diluye en forma apropiada. Ten en mente estas precauciones cuando uses aceite de romero cerca de otros.

Aplicaciones: Uso externo

- Limpia de toxinas al cuerpo con una compresa caliente de aceite de romero. Mezcla 4 gotas de aceite de romero con 2 tazas de agua caliente y luego humedece una toalla de manos con la mezcla. Para desintoxicar el cuerpo, aplica la compresa a la zona del hígado; cubre con tela de lana.
- Para ayudar a controlar dolores menores, pon 9 gotas de aceite de romero en 4 cucharaditas de aceite de almendra dulce y frota con suavidad el área de la vesícula biliar.
- Haz un aceite para el cabello poniendo 2 gotas de aceite de romero, 2 gotas de aceite de lavanda, 2 gotas de aceite de amaro y 2 gotas de aceite absoluto de jazmín en ½ onza de aceite de base. Pon gota a gota en un cepillo de madera antes de cepillar. El tratamiento acondiciona el cabello y añade un aroma agradable.
- Un alternativa natural para café y otros estimulantes, el aceite de romero puede proporcionar un estímulo durante el día con sólo añadirlo a una olla que hierva a fuego bajo o a un difusor.
- Para un baño energético, pon 3 gotas de aceite de romero, 3 gotas de aceite de limón y 2 gotas de aceite de eucalipto en una tina de agua caliente. Agita el agua hasta que se mezclen los aceites.

Aceite de palo santo

Miembro de la familia del laurel, el árbol de palo santo es nativo del bosque lluvioso de Sudamérica y como otras especies de esa región amenazada tiene un futuro incierto. Sin embargo, los árboles cultivados en plantaciones se cosechan para el uso comercial de su madera y aceite esencial. El aceite esencial del árbol de palo santo tiene un aroma fresco, algo floral y silvestre que los practicantes de aromaterapia consideran calmante y armonizador para el estado de ánimo y para el cuerpo. El aceite de palo santo se emplea a menudo para dar alivio ligero a dolores menstruales y a músculos contraídos o fatigados. Las preparaciones de cuidado de la piel de todos tipos (para irritaciones y heridas menores, regímenes diarios de salud y resequedad) se beneficiarán del aceite, que es calmante y antibacteriano. En cuanto a los beneficios emocionales de usar aceite de palo santo, se cree que alivia la ansiedad, reduce la tensión y alivia la depresión. El poder de equilibrio del aceite puede incluso ayudar a estabilizar cambios de estado de ánimo y disminuir la agresividad. La investigación actual nos ayudará a comprender mejor los usos terapéuticos del aceite.

Para tensión

Cuando encuentres que estás agitado por el paso frenético de la vida, el aceite de palo santo puede ayudar a relajarte y calmarte. Deja que la siguiente mezcla se evapore en tu difusor:

8 gotas de Palo Santo
5 gotas de Lavanda

Efecto terapéutico: Entre los componentes primarios del aceite de palo santo están linalool y cineol. Se cree que dan al aceite sus propiedades calmantes y de equilibrio que son benéficas para mejorar los estados emocionales. Como los componentes son antibacterianos, el aceite es valioso para aliviar la mayoría de las irritaciones y manchas de la piel. También se considera muy efectivo en aceites tonificadores y de masaje para mantener el equilibrio de aceite y la elasticidad de la piel. Además, el aceite de palo santo parece aliviar molestias menstruales.

Para dolores de cabeza: El aceite de palo santo aliviará dolores de cabeza que están acompañados por náusea y que se vinculan a nerviosismo y tensión en los músculos.

Para estrías: Un masaje regular de estómago, muslos y caderas con crema o aceite que contenga aceite de palo santo pondrá tensa la piel e incluso puede ayudar a prevenir estrías.

Para irritabilidad: Para ayudar a combatir la irritabilidad, en especial cuando está relacionada con el síndrome premenstrual, pon una mezcla de crema dulce y 3 gotas de aceites de palo santo y de bergamota en un baño de tina caliente. Además, el baño protegerá contra infecciones y estimulará la circulación. Evita la exposición al sol por hasta 12 horas después de tu baño, ya que el aceite de bergamota es fototóxico (la piel puede formar ampollas o enrojecerse).

Para piel limpia y balanceada: Después de un baño de tina o regadera, da masaje a tu cuerpo con una mezcla de aceite de palo santo y de aceite de almendra dulce para calmar piel sensible, ayudar a prevenir arrugas y tratar manchas. También combate con efectividad piel grasosa o reseca. Para tener resultados óptimos, da masaje con el aceite en movimientos suaves, circulares y hacia arriba desde los pies (asegúrate de que la piel todavía esté húmeda).

Un poco de sabiduría tradicional: Conocido en un tiempo como *bois de rose*, el aceite de palo santo fue una elección popular de perfume, mezclado con otros aromas. Se creía que era afrodisiaco y que curaba impotencia.

Ten cuidado! No se aconseja ingerir aceite de palo santo ya que se considera que es venenoso. Existen pocos peligros conocidos cuando el aceite se usa en forma externa. Diluido en cualquier aceite de base, como aceite de almendra dulce, rara vez irritará la piel.

Aplicaciones

- Para trastornos nerviosos de la piel: Pon unas cuantas gotas de aceite de palo santo en las esquinas externas de tu almohada. Cuando te recuestes, respirarás el aceite relajante, que puede tener efecto calmante, lo que facilita quedarse dormido.
- Para depresión y estados de tristeza: Combina 8 gotas de aceite de palo santo fresco y floral con 5 gotas de aceite de toronja frutal y energético en un difusor. Esto elevará tu estado de ánimo y volverá a concentrar tu mente.

- Para músculos cansados y tensos: Pon 1 cucharadita de vinagre de sidra de manzana y 5 gotas de aceite de palo santo en 2 tazas de agua fresca. Enjuaga los músculos adoloridos y tensos con la mezcla para ayudar a refrescar los tejidos y dar nuevo tono a los músculos.
- Para calambres menstruales: Da un masaje suave a toda la parte baja del cuerpo; el frente y detrás, con una mezcla de ½ taza de aceite de almendra dulce y 25 gotas de aceite de palo santo. Pon una botella de agua caliente cubierta en el abdomen y descansa. Esto relajará músculos contraídos e incluso puede facilitar el flujo de sangre menstrual. Repite según se necesite.
- Para acné y manchas: Pon 4 gotas de aceites de palo santo y de lavanda en ½ taza de agua destilada. Después de limpiar tu cara, dale un toque con una almohadilla de algodón remojada en la solución para limpiar acné e impedir que aparezcan manchas. Agita bien la solución con cada uso; el aceite tiende a separarse. Etiqueta y pon fecha a la botella.

Aceite de ajedrea

La ajedrea ha sido una valiosa hierba medicinal y culinaria durante al menos 2 000 años. Las dos variedades, la ajedrea de jardín y ajedrea de montaña, tienen efectos terapéuticos similares. El aceite esencial más común se hace con la variedad de verano, la ajedrea de jardín, o *satureja hortensis*, pero se considera más potente la ajedrea de montaña o *satureja montana*. Extraída de tallos y hojas mediante destilación por vapor, la ajedrea tiene un aroma fresco, herbal y un poco medicinal que revitaliza un sistema nervioso perezoso. Además, el aceite es un remedio efectivo para muchos males digestivos, como distensión, calambres, flatulencia y diarrea. Para problemas respiratorios, como bronquitis y asma, las inhalaciones con ajedrea aflojan la mucosidad y calman vías bronquiales irritadas e inflamadas. Además, el aceite estimula la circulación, lo que ayuda a sacar toxinas del cuerpo y alivia la tensión y el dolor de músculos. Cuando el aceite se aplica en forma tópica, tiene efecto benéfico en infecciones de hongos, mordeduras de insectos, acné y piel grasosa inflamada. En un nivel emocional, el aceite restaura la energía y alivia apatía y abatimiento.

Para agotamiento

La fragancia refrescante y estimulante del aceite de ajedrea ayuda a disipar fatiga y malestares generales. Pon la siguiente mezcla en una lámpara de aromaterapia:

3 gotas de ajedrea
2 gotas de limón
2 gotas de orégano

Efecto terapéutico: Cimeno, timol, carvacrol y fenol dan al aceite sus propiedades estimulantes y ayudan a estimular la circulación de la sangre, lo que alivia dolor y tensión muscular. La cualidad antiséptica del aceite ayuda a tratar males intestinales, problemas respiratorios e inflamaciones de la piel. El aceite de ajedrea también activa las glándulas suprarrenales. Además, se cree que es afrodisiaco.

Para tensión muscular: Para estimular la circulación y ayudar a aliviar tensión muscular, pon 2 gotas de aceites de ajedrea, lavanda y junípero en 2 cucharadas de leche. Mezcla bien y pon en un baño de tina caliente.

Para piel grasosa y acné: El aceite de ajedrea es antiséptico y regula la producción de grasa en las glándulas sebáceas para ayudar a curar acné. Pon 1 gota de aceite de ajedrea y 2 gotas de aceite de lavanda en 2 cucharadas de gel de sábila. Limpia tu cara con él y enjuaga.

Para picaduras de insectos con comezón: El aceite de ajedrea alivia inflamación y calma la comezón de las mordeduras de insectos. Mezcla 1 gota de aceites de manzanilla, árbol de té y de ajedrea con 2 onzas de extracto de hamamelis. Remoja una bola de algodón en la mezcla y da toques a las mordeduras de insectos. Esto protege la piel de infecciones por rascarse.

Para hongos de la piel: Para inhibir el crecimiento de hongos e impedir una reinfección, mezcla 1 gota de aceite de ajedrea y 2 gotas de aceites de árbol de té y lavanda en 2 onzas de crema para piel sin aroma. Aplica en las áreas afectadas con la frecuencia que se necesite hasta que desaparezcan los síntomas. Lávate bien las manos después de usar para impedir que se extienda la infección de hongos a otras partes del cuerpo.

Consejo extra: Para ayudar en tos y respiración dificultosa por bronquitis, mezcla 2 gotas de aceites de frankincienso y sándalo, más 1 gota de aceite de ajedrea, en un recipiente con agua caliente. Inhala profundamente los vapores.

Aplicaciones

- La cualidad antiséptica del aceite de ajedrea ayuda a tratar inflamaciones de boca y encías. Combina 1 gota de aceite de ajedrea con 1 cucharadita de vinagre y pon en un vaso de agua. Mezcla bien. Enjuaga tu boca tres veces al día. Repite el procedimiento según se necesite hasta que los síntomas hayan desaparecido por completo.
- Para pérdida auditiva y zumbido leve de oídos, que se produzca por una infección de oído, prueba el siguiente remedio: Mezcla 1 gota de aceite de ajedrea en 3 onzas de aceite de almendra dulce. Mezcla bien y pon en una botella con gotero. Pon 3-4 gotas en cada canal auditivo una vez al día. Recuéstate de lado y deja que los aceites penetren en cada oído. Incluso si los síntomas son sólo en un oído, debes tratar ambos oídos al mismo tiempo.
- Para molestias digestivas, como inflamación, flatulencia, diarrea y calambres abdominales, mezcla 2 gotas de aceites de ajedrea, de manzanilla y de lavanda con 2 onzas de aceite de almendra dulce. Da masaje suave en tu abdomen con la mezcla con un movimiento en el sentido de las manecillas del reloj. Luego reposa en cama con una botella de agua caliente durante 20 minutos.
- Para un estimulante rápido, pon 1-2 gotas de aceite de ajedrea en una tela o en tu manga e inhala profundamente.

● **Ten cuidado!** Siempre diluye el aceite de ajedrea antes de usar, ya que puede causar irritación de la piel
en ciertos individuos. Además, las mujeres embarazadas no deben emplear el aceite ya que puede causar
contracciones prematuras. Si aparece cualquier irritación de la piel mientras se emplea la variedad de
verano del aceite de ajedrea, no emplees la variedad de invierno de ajedrea ya que es más potente. Primero haz una prueba de sensibilidad en una zona de la piel.

Aceite de árbol de té

Los nativos australianos fueron los primeros en descubrir que el árbol de té es un remedio para muchos
males diferentes. Los aborígenes usaban sus hojas para hacer un té medicinal que desarrolla y fortalece el
sistema inmune. En la actualidad, por sus propiedades antivirales, el aceite de árbol de té ocupa una posición favorable en la aromaterapia. Puede contrarrestar bacterias, hongos y virus, además de eliminar parásitos. Inhibe la inflamación, alivia el dolor y protege la piel. También se ha mostrado que el aceite penetra las
capas externas de la piel y ataca infecciones, ayudando a curar heridas. El aceite esencial de las hojas del
árbol de té, que tiene un aroma similar al del alcanfor, se extrae mediante destilación por vapor. Se vende en
tiendas bajo dos nombres: "Aceite de Árbol de Té" y *aceite de melaleuca*". Es un ingrediente popular en productos de cuidados de la salud, como jabones y enjuagues bucales. Mantén este versátil aceite como parte
de tu botiquín de la casa.

Aceite de árbol de té

- Actúa como antiséptico
- Es antiviral
- Es antibacteriano
- Es antimicótico
- Ayuda a curar acné, quemaduras de Sol e incluso infecciones

Repelente de mosquitos

Para alejar los inoportunos mosquitos de tu casa en verano, prueba a usar aceite de árbol de té en difusor o
en botella rociadora con agua (4 litros de agua y 10 gotas de aceite de árbol de té). Si el olor medicinal del
aceite puro es fuerte para tu gusto, prueba en vez las siguientes mezclas de aromas:

    3 gotas de árbol de té
    2 gotas de lavanda
    2 gotas de geranio
O
    4 gotas de árbol de té
    3 gotas de bergamota

Efecto terapéutico: Se han identificado más de 50 sustancias naturales raras en la esencia de hojas de árbol
de té. Como el árbol de té mata virus, bacterias y hongos, puede curar infecciones internas y externas,

entre ellas pie de atleta y hongos que afectan las uñas. También se cree que el aceite de árbol de té alivia acné y erupciones y que ayuda a curar con más rapidez piel irritada y heridas. El aceite de árbol de té es fungicida, antiséptico y seguro de usar en las partes más delicadas del cuerpo.

Para cuidado y comodidad de la piel: Toma un baño de tina con aceite de árbol de té para aliviar piel partida o molestias y dolores musculares.

Para dolor de garganta irritada: Para calmar una garganta irritada e inhibir la inflamación, haz gárgaras con una solución de 3-6 gotas de aceite de árbol de té en un vaso de agua.

Para herpes labial: Una vez que la persona se infecta con el virus de herpes *simplex*, a menudo aparecen fuegos en la cara y, con más frecuencia, en los labios, cuando se debilita el sistema inmune por infección, tensión o fatiga. Para ayudar a aliviar la incomodidad, mezcla el aceite esencial con 10 veces su volumen de aceite portador (aceite de base, como jojoba o caléndula), y da un toque al área afectada en cuanto aparezcan los síntomas de que aparecerá un fuego.

Consejos extra: Para mordeduras de araña molestas, se aplica un combinación de aceites de árbol de té y de lavanda sin diluir (puros) a la piel para ayudar a limpiar y calmar las mordeduras. Para eliminar piojos, pon unas gotas del aceite en un cepillo de dientes finos y cepilla bien el pelo. El aceite de árbol de té también es útil en las plantas: los jardineros encontrarán que el aceite elimina áfidos y hormigas y mata moho. Pon alrededor de 15 gotas de aceite de árbol de té en 1 taza de agua; rocía las plantas.

● **Ten cuidado!** Aunque el aceite de árbol de té es uno de los pocos aceites esenciales que es seguro usar en ◖ la piel sin diluir, nunca lo apliques sin diluir cerca de los ojos. Además, los aceites sin diluir no se recomiendan para usar en mascotas, niños pequeños, personas de edad avanzada o bebés (los gatos tienen una reacción extrema al aceite de árbol de té y no se debe usar en ellos).

Aplicaciones: Uso externo

- El aceite de árbol de té puede ayudar a acabar con bronquitis. Pon 5 gotas del aceite en una tela húmeda y caliente; coloca la tela en el pecho y cubre con una toalla de mano seca. Es mejor dejar que la compresa trabaje toda la noche.
- Para encías sangrantes, pon algo de aceite de árbol de té en un cotonete y da un toque con él en las áreas afectadas. Para piel irritada o herpes, mezcla aceite de árbol de té con aceite de almendra dulce en una proporción de 1:9. Calienta la mezcla y aplica en la piel afectada tres veces al día.
- Muy antiséptico y antimicótico, se considera al aceite de árbol de té un remedio casero confiable para el pie de atleta. Después de bañarte en regadera, seca bien entre los dedos de los pies (emplea una secadora de pelo para un trabajo muy completo) y aplica un par de gotas de aceite de árbol de té sin diluir en las áreas afectadas. Es importante usar sólo calcetines hechos de materiales naturales, como algodón o lana.

Aplicaciones: Higiene

- En una situación de emergencia, emplea aceite de árbol de té para desinfectar tus manos antes de tratar una herida abierta. También es bueno para limpiarse las manos después de cualquier contacto con sangre, pus o vómito.

- Con el aceite de árbol de té, las infecciones por levaduras son de corta duración. Para usar, humedece un tampón con 10-15 gotas de aceite de árbol de té e inserta según las instrucciones. Para mejores resultados, emplea este tratamiento de aceite de árbol de té todos los días durante 7 días.

Aceite de vetiver

Nativo de climas cálidos y tropicales de la India, el pasto vetiver en la actualidad se cultiva en Indonesia, Haití, Brasil, Angola y China, además de su país de origen. Está relacionado con limoncillo y hierba de limón, y tiene grandes mechones de hojas largas, angostas y aromáticas que pueden alcanzar los dos metros de alto. Las raíces de la planta son en extremo fuertes y extensas, lo que hace que la planta sea útil para áreas que tienden a la erosión del suelo e inundaciones. Las raíces también son la fuente del aceite esencial de vetiver, que tiene un aroma profundo y térreo que recuerda el piso de un bosque húmedo poco después de una lluvia fuerte. Esta fragancia a menudo activa reacciones contradictorias en diferentes personas, algunas sienten que es consoladora, pero otras piensan que es apestosa. En cualquier caso, el aceite de vetiver ha mostrado tener un efecto benéfico en la salud. Estimula la producción de glóbulos rojos, los cuales transportan oxígeno a todo el cuerpo, y mejora la circulación y la inmunidad. El aceite también alivia calambres musculares. En un nivel emocional, el aceite de vetiver calma el nerviosismo, alivia la tensión y ayuda a inducir un sueño profundo y reparador.

Para inseguridad y ansiedad

El aroma cálido y silvestre del aceite de vetiver fomenta el valor y la confianza. Prueba estos aceites en una lámpara de aromaterapia:

4 gotas de vetiver
2 gotas de limón
1 gota de albahaca

Efectos terapéuticos: El aceite de vetiver tiene varios efectos terapéuticos. Ayuda a combatir infecciones y alivia dolor artrítico y reumático. También es muy bueno para tratar espasmos y distensiones musculares. Cuando se usa en la piel, el aceite actúa para ayudar a regular glándulas sebáceas demasiado activas mientras que reabastece humedad a áreas más secas. Puede prevenir estrías y acelerar la curación de heridas menores. El aceite de vetiver tiene efecto calmante, tranquilizador, en los nervios; puede ser muy útil para calmar el efecto emocional de la menopausia.

Para rehidratar la piel reseca: En cremas y humectantes, el aceite de vetiver puede ayudar a nutrir piel reseca y madura, dejándola ultrasuave y lisa. Mezcla 2 gotas de aceites de vetiver, frankincienso y rosa.

Mézclalos bien con alrededor de 1 onza de una crema ligera y sin aroma, o con humectante; aplica según se necesite a tu cuerpo.

Para un baño estimulante: Pon un poco de aceite de vetiver a tu baño de tina para estimular la producción de glóbulos rojos, que ayudan a fortalecer la inmunidad. Mezcla 2 gotas de aceites de vetiver y lavanda en una tina llena de agua caliente.

Para un perfume profundo y silvestre: La fragancia única del aceite de vetiver es básica en muchos perfumes. Para hacer tu propio aroma, mezcla 2 gotas de aceite de vetiver en ½ taza de vodka para una base de perfume. Luego añade 8 gotas de aceite de naranja, sándalo, hierba Luisa, geranio o ylang ylang. Agita bien antes de usar.

Para calmar tu espíritu: El insomnio y la ansiedad se pueden borrar con una inhalación de aceite de vetiver. Pon 2 gotas de aceites de vetiver y de lavanda y 1 gota aceite de ylang ylang en un recipiente con agua hirviendo. Inhala los vapores profundamente.

Consejo extra: Como el aceite de vetiver es muy espeso, puede ser difícil de medir en gotas si está a temperatura ambiente. Pasa agua caliente sobre la botella con tapa durante unos minutos antes de usar para facilitar su medición.

Aplicaciones

- Un aceite para masaje que contenga aceite de vetiver puede ayudar a aliviar calambres e indigestión. Mezcla 2 gotas de aceite de vetiver y 2 cucharadas de aceite de almendra dulce y emplea esta mezcla para dar masaje a todo el abdomen.
- Los componentes del aceite de vetiver ayudan a acondicionar la piel y a impedir resequedad. Son buenos en particular para un cuero cabelludo sano. Mezcla 5 cucharadas de aceite de jojoba con 5 gotas de aceites de vetiver y de romero. Emplea el aceite para dar masaje a todo tu cuero cabelludo. Cubre tu pelo con varias capas de plástico para envolver y luego enrolla una toalla sobre el plástico. Déjalo por una hora, de manera que el aceite pueda penetrar en tu cuero cabelludo. Luego lávate el cabello con un champú suave hasta que el aceite se enjuague por completo. Para tener mejores resultados, no humedezcas tu cabello antes de aplicar el champú.
- Un baño de tina con aceite de vetiver alivia los calambres menstruales, ya que ayuda a estimular la circulación y tiene efecto antiespasmódico. Mezcla 2 gotas de aceite de vetiver, 3 gotas de aceite de amaro y alrededor de 3 gotas de crema espesa. Pon la mezcla en tu agua para bañarte.
- El aceite de vetiver repele insectos. Mezcla 3 gotas de aceite de vetiver, 2 gotas de aceite de pachuli y 5 gotas de aceite de lavanda. Riega en él 4 onzas de flores secas: úsalo según se necesite.

Ten cuidado! Como el aceite de vetiver tiene efecto estimulante en la circulación, puede inducir contracciones en mujeres embarazadas. Los epilépticos deben evitar también este aceite esencial.

No emplees aceite de vetiver, o cualquier otro aceite esencial, como uso interno. Guarda fuera del alcance de los niños. Además, ten cuidado en no dejar que este aceite toque tu ropa, puede mancharla.

Aceite de violeta

Se ha valorado por largo tiempo a *viola odorata*, originaria de la región del Mediterráneo, por su valor medicinal. Hipócrates, el antiguo médico griego, la recomendó para dolores de cualquier tipo; de hecho, la violeta contiene ácido salicílico, que es el precursor de la aspirina. De la misma manera, el aceite esencial de la planta, que se extrae de las flores en el punto más alto de su floración, alivia dolor muscular, calambres y dolores de cabeza. Las propiedades antisépticas del aceite pueden ayudar a tratar resfriados, gripe e inflamaciones de vejiga. El aceite de violeta es benéfico en especial en inhalaciones de vapor. Las cualidades expectorantes del aceite aflojan mucosidad y detienen tos seca y carraspera debidas a bronquitis y congestión respiratoria. Como uso tópico para problemas de la piel, el aceite también calma eczema, agrietamiento y piel reseca y escamosa. En un nivel emocional, el aroma fino y delicado del aceite de violeta calma tensión nerviosa, depresión, insomnio y nervios alterados. Sin embargo, el aceite es muy costoso y a menudo está adulterado con otros aceites, así que asegúrate de revisar en la etiqueta la pureza y usa con moderación.

Un tesoro aromático

El aceite de violeta ayuda a aliviar disfunción eréctil causada por estrés, tensión y depresión. Prueba a quemar esta mezcla en tu lámpara de aromaterapia para crear un estado de ánimo tranquilo y relajado:

2 gotas de violeta
2 gotas de jazmín
1 gota de flor de naranjo

Efecto terapéutico: Ácido salicílico, violina, eugenol y odoratina dan al aceite de violeta sus propiedades antisépticas y de alivio del dolor. Las compresas refrescantes con el aceite son efectivas para tratar dolores de cabeza y magulladuras. La habilidad del aceite para fomentar la expectoración y calmar tos seca alivia síntomas causados por resfriados y gripe. Las cremas para la piel que contienen aceite de violeta ayudan a también a curar eczema y piel agrietada.

Para fomentar la sensualidad: Se piensa que el aceite de violeta es afrodisiaco. Mezcla 2 gotas de aceites de violeta, amaro y jazmín en un baño de tina caliente para estimular tus sentidos y fomentar un estado de ánimo relajado y erótico.

Para piel enrojecida: Mezcla 2 gotas de aceite de violeta en 1 onza de crema facial. Aplica para mitigar resequedad y prevenir la formación de grietas. La cualidad antiséptica del aceite también puede curar brotes de acné.

Para alivio del dolor: El ácido salicílico del aceite de violeta alivia el dolor y contrarresta los calambres musculares. Mezcla 4 gotas de aceite de violeta y 3 gotas de aceite de lavanda en 2 onzas de aceite de almendra dulce. Da masaje con la mezcla en las áreas afectadas con la frecuencia que se necesite.

Para hinchazón: Para aliviar hinchazón intestinal dolorosa y gas, da masaje a tu abdomen en círculos en el sentido de las manecillas del reloj con 2 gotas de aceite de violeta mezcladas con 1 onza de aceite de almendra dulce. Luego pon una botella de agua caliente en tu estómago y descansa en cama. Esta técnica tiene un leve efecto laxante para fomentar la eliminación.

Para inflamaciones de la vejiga: La propiedad antiséptica del aceite de violeta alivia inflamaciones de uretras y vejiga. Mezcla 1 gota de aceite de violeta y de aceite de lavanda en un baño de asiento y remoja durante 20 minutos para eliminar las bacterias del tracto urinario.

Consejo extra: Como el aceite de violeta es muy costoso, a menudo se adiciona con otros aceites. Para asegurar que compras sólo aceite esencial puro, lee con cuidado la etiqueta.

Aplicaciones

- Para ayudar a calmar tos y aflojar mucosidad, pon 1 gota de aceite de violeta en 2 litros de agua caliente. Vierte en un recipiente, cubre tu cabeza con una toalla e inclínate sobre el recipiente. Inhala los vapores durante 2-3 minutos.
- El aceite de violeta puede ayudar a curar capilares rotos y estimula la circulación de sangre para ayudar a aliviar la congestión en los vasos sanguíneos pequeños de la piel. Mezcla 2 gotas de aceite de violeta y 1 gota de aceite de rosa en 4 onzas de agua destilada. Pon la mezcla en una botella rociadora. Agita bien; aplica en tu cara cada mañana y noche.
- Si tienes los pezones en carne viva y con dolor por amamantar, mezcla 2 gotas de aceite de violeta y 1 gota de aceite de manzanilla en 1 onza de aceite de almendra dulce o de aguacate. Frota con suavidad en los senos varias veces al día. Lava antes de amamantar.
- Una compresa para enfriar de aceite de violeta ayuda a aliviar dolores de cabeza. Mezcla 1 gota de aceite de violeta con 1 litro de agua fría. Humedece una compresa o un paño con la solución y pon en tu frente. Luego recuéstate y relájate durante al menos 30 minutos. Respira con calma y profundidad. Repite según sea necesario.
- Para aliviar depresión, ansiedad e insomnio, pon unas cuantas gotas de aceite de violeta en una tela e inhala, evitando el contacto directo con la piel.

Ten cuidado! El aceite de violeta puede causar náusea y vómito graves, así que no debe tener uso interno. Cuando apliques el aceite a tu piel, no excedas las dosis recomendadas y siempre dilúyelo primero. Aplica con toques ligeros en piel sensible.

Aceite de alcanfor blanco

Existen más de 250 especies de árboles de alcanfor, pero uno, *Cinnamomum camphora*, o alcanfor blanco, produce un aceite esencial útil. Otros tipos, entre ellos el alcanfor café y amarillo, contienen niveles más altos de safrol, que es tóxico; sin embargo, pequeñas cantidades de alcanfor blanco son seguras. Extraído de la madera y hojas de árboles de más de 50 años de edad, el alcanfor se ha empleado como tónico en el este de Asia durante dos milenios y un tiempo fue ingrediente en sales aromáticas. De hecho, se sabe que su poderoso aroma medicinal estimula la respiración, fomenta la circulación y fortalece el latido cardiaco. Por lo tanto, puede emplearse como tratamiento de emergencia para fallo cardiaco o conmoción, antes de que llegue la ayuda médica. Las propiedades vigorizantes del aceite de alcanfor blanco lo hacen un útil remedio para resfriados, gripe e infecciones respiratorias, aunque puede ser demasiado fuerte para quienes tienen asma. Además, sus efectos analgésicos y antiespasmódicos ayudan a aliviar dolor de músculos y articulaciones. También puede disipar un estado de ánimo de depresión, aliviar la fatiga, rejuvenecer los sentidos y fortalecer la memoria.

Para infecciones virales

El aceite de alcanfor blanco tiene fuertes cualidades antiinflamatorias, antisépticas y antiespasmódicas que lo convierten en un gran remedio para bronquitis y gripe. Pon esta mezcla en tu lámpara de aromaterapia para desinfectar el aire:

3 gotas de alcanfor blanco
2 gotas de eucalipto
2 gotas de limón
2 gotas de tomillo

Efecto terapéutico: El aceite de alcanfor blanco contiene alcanfor, azuleno y pineno, que tienen efectos antiinflamatorios y antisépticos. También está presente una pequeña cantidad de safrol. El aceite estimula el sistema circulatorio, respiratorio y nervioso, lo cual puede tener un efecto benéfico en el estado de ánimo, el ritmo cardiaco, la respiración y la circulación de la sangre.

Para fatiga: El aroma vigorizante del aceite de alcanfor blanco proporciona un alivio rápido para el agotamiento debido al paso frenético de la vida. Según se necesite, pon unas cuantas gotas en un pañuelo e inhala profundamente, teniendo cuidado de no tocar la piel con el aceite.

Para pies fríos: Un baño de pies caliente con aceites de alcanfor blanco y menta puede estimular la circulación. Pon 1 gota de cada aceite en 4 litros de agua caliente. Mezcla bien y remoja los pies 10 minutos. Seca los pies bien y ponte calcetines cálidos.

Para distensión muscular: Mezcla 2 gotas de aceites de alcanfor blanco y de lavanda y 1 gota de aceite de romero en 2 cucharadas de aceite de almendra dulce. Frota la mezcla en músculos o tendones delicados antes de ejercitarte para ayudar a aliviar la tensión muscular e impedir lesiones y distensiones.

Para mejorar la memoria: La memoria y el sentido del olfato están vinculados en el cerebro. Pon 2 gotas de aceites de alcanfor blanco y de romero en una lámpara de aromaterapia mientras estudias para una prueba. Pon la mezcla en una botella pequeña y llévala contigo a tu examen. Inhala el aroma para ayudar a recordar la información que se estudió.

Para depresión: El aceite de alcanfor blanco ilumina el espíritu y da vigor al sistema nervioso. Una mezcla de 2 gotas de aceites de alcanfor blanco, menta y limón en una lámpara de aromaterapia ayuda a combatir estados de ánimo depresivos.

Consejo extra: Para ayudar a revivir a una persona que se ha desmayado o está conmocionada, pon 2-3 gotas de aceite de alcanfor blanco en un pañuelo y pon frente a la nariz, sin tocar la piel.

Aplicaciones

- Para bronquitis e infecciones respiratorias, pon 1 gota de aceite de alcanfor blanco en un recipiente de agua caliente. Pon una toalla sobre la cabeza e inhala los vapores, manteniendo los ojos cerrados.
- El efecto calentador del aceite de alcanfor blanco fortalece la circulación de la sangre y con suavidad calma el dolor de articulaciones de reumatismo y artritis. Mezcla 4 gotas de aceite de alcanfor blanco y 3 gotas de aceites de romero y de lavanda con 2 onzas de crema dulce. Vierte esta mezcla en un baño de tina caliente y remójate alrededor de 20 minutos. Luego descansa y mantente bien cubierto para fomentar la circulación.
- Haz un ungüento para pecho para adultos que ayude a aliviar la tos. Mezcla 2 gotas de aceite de alcanfor blanco y 3 gotas de aceites de eucalipto y de tomillo en 2 onzas de loción. Este ungüento fortalece los pulmones, tiene un efecto antiinflamatorio muy poderoso en el tracto respiratorio y ayuda a expectorar la mucosidad.
- Puedes comprar ungüento de alcanfor en farmacias y tiendas naturistas. Aplica el ungüento en calambres de las pantorrillas, magulladuras y torceduras musculares. O mezcla el ungüento con 3 cucharadas de aceite de almendra dulce y da masaje para aliviar malestares.

Ten cuidado! El aceite de alcanfor blanco puede ser tóxico cuando se inhala en grandes cantidades. El aceite también puede causar reacciones alérgicas e irritación; no se recomienda el contacto directo con la piel. No emplees el aceite de alcanfor blanco durante el embarazo o en niños de menos de 6 años de edad. Como el alcanfor puede inducir convulsiones, no lo deben emplear epilépticos ni personas de edad avanzada. Lávate bien las manos después de cada uso.

Aceite de milenrama

La milenrama, alguna vez una planta sagrada en la antigua China, era apreciada como la unificación perfecta de las energías yin y yang, ya que su fuerte tronco está lleno de una sustancia suave. De hecho, los 64 palillos de madera del ritual del I Ching, que se usaba en China para tomar decisiones clave, se hacían con el tallo de la milenrama. El nombre latino de la milenrama, *Achillea millefoium*, honra a Aquiles, un héroe griego de las guerras de Troya. Nativa de Europa y Asia, esta planta perenne crece hasta una altura de un metro y tiene hojas plumosas y fragantes con flores amarillas, rosas o blancas. El aceite, que se extrae mediante destilación por vapor, es un remedio milenario para fiebres, irritaciones de la piel, heridas, venas varicosas, dolor de artritis, problemas digestivos, tensión nerviosa e infecciones respiratorias. También se cree que los vapores del aceite de milenrama ayudan a dar equilibrio a energías opuestas, ayudando a establecer metas y aumentar la sensación de seguridad, lo que lo hace útil durante transiciones de la vida. Cuando se emplea durante la meditación, el aceite fortalece la claridad mental y apoya la energía intuitiva.

Para problemas de la piel

El aceite de milenrama ayuda a aliviar inflamación de la piel, manchas, acné, comezón y quemaduras de Sol. Como todos los aceites esenciales, el aceite de milenrama es soluble en alcohol y aceite e imparte su aroma al agua. Es una adición ideal para cosméticos, lociones o cremas para la piel gracias a sus propiedades antisépticas, astringentes y antiinflamatorias. El aceite parecido al alcanfor también es un gran tonificador para la piel cuando se añade a lociones o agua de manantial.

> 5 gotas de milenrama
> 5 gotas de lavanda
> 4 onzas de agua de manantial

Efecto terapéutico: Los flavonoides presentes en el aceite de milenrama dilatan las arterias periféricas e inducen sudoración, mientras que los alcaloides ayudan a bajar la presión sanguínea. La propiedad astringente de los taninos en el aceite de milenrama ayuda a curar heridas. Cianidina, azuleno y ácido salicílico poseen efectos antiinflamatorios. El aceite de milenrama también contiene los aceites volátiles borneol, alcanfor, cetona de isoartemesia, cineol y terpineol además de aminoácidos, lactonas, saponinas, cumarinas y esteroles. Además, el aceite de milenrama posee valiosos efectos laxantes, analgésicos, antiespasmódicos, carminativos, expectorantes, estimulantes y antisépticos.

Para acné: Pon 3 gotas de aceites de milenrama y de bergamota en una olla con agua hirviendo. Hierve a fuego bajo durante dos minutos; pon la olla en una superficie segura e inclínate sobre ella, con una toalla sobre la cabeza. Deja que los vapores limpien los poros por tanto tiempo como sea posible. O prepara una compresa caliente con 2 gotas de aceites de milenrama, bergamota y manzanilla, y aplica a las áreas afectadas.

Para estrías: Para ayudar a reducir estrías y cicatrices, frota varias gotas de aceite de milenrama en las áreas afectadas todos los días.

Para molestias digestivas: Para estreñimiento o digestión perezosa, mezcla unas cuantas gotas de aceite de milenrama en 1 onza de aceite de almendra dulce, y con suavidad da masaje en el abdomen. Repite según se necesite.

Para apoyar la meditación: El efecto de equilibrio del aceite de milenrama en la mente ayuda a la meditación y puede hacer más profunda la conciencia. Para ayudar a apoyar una meditación más profunda, pon 3-4 gotas en un difusor o en un anillo de foco brillante.

Ten cuidado! El aceite de milenrama puede causar irritación en la piel de personas con piel sensible. También puede causar reacciones alérgicas en algunos individuos. Para quienes tienen piel sensible, es mejor hacer una prueba cutánea para identificar sensibilidad antes de emplear el aceite de milenrama.

Aplicaciones

- Para primeros auxilios: El aceite de milenrama es una buena adición a un equipo de primeros auxilios. Ayuda en la coagulación de la sangre y cura heridas menores de la piel. El aceite también ayuda a calmar comezón por mordeduras de insectos. Pon 3 gotas de aceite de milenrama en una compresa caliente y aplica a cortaduras tan pronto como sea posible después de una lesión. Para magulladuras, pon 5-7 gotas de aceite en el área afectada varias veces al día. Sigue con una compresa fría con 10 gotas de aceite de milenrama durante 10 minutos.

- Para fiebres, resfriados de vías altas e incomodidad en los senos nasales: El aceite de milenrama induce sudoración para ayudar a romper las fiebres. Los vapores también liberan al cuerpo del exceso de mucosidad de infecciones respiratorias. Pon 3 gotas de aceites de milenrama, eucalipto y árbol de té en una olla con agua hirviendo (*no uses una olla de aluminio*). Pon la olla en una superficie segura e inclínate sobre ella, con una toalla sobre tu cabeza e inhala profundamente los vapores.

- Como estimulante de la circulación, las propiedades analgésicas del aceite proporcionan alivio al dolor. Como masaje para reumatismo y para artritis: Pon 3 gotas de aceites de milenrama, manzanilla, lavanda y eucalipto en 8 onzas de aceite de almendra dulce, y da masaje en hombros, pecho, caderas, piernas, pies, cuello, manos y brazos, prestando atención a cualquier área rígida o inflamada.

Aceite de ylang ylang

El árbol de ylang ylang, nativo de las Filipinas, puede alcanzar alturas de más de 18 metros de altura. Las ramas que cuelgan un poco tienen flores blanco-amarillentas, muy fragantes, que se cosechan antes de la salida del Sol para retener su precioso aceite esencial. Se necesitan alrededor de 60 kilos de las flores para hacer 1 litro de aceite esencial, el cual se extrae mediante destilación por vapor. Las flores de ylang ylang, o "flor de flores", se consideran un regalo de bodas muy especial en Indonesia. Las flores recién recogidas, con su fragancia floral y dulce, se extienden en el lecho de los recién casados para su noche de bodas. Se cree que el aroma suave acentúa el estado de ánimo erótico e intensifica las emociones. El aceite de ylang ylang es valioso para productos de cuidado del cuerpo, ya que suaviza la piel y da equilibrio a su humectación.

Un aroma exótico para el hogar

El aroma suave y dulce del aceite de ylang ylang puede ayudar a calmar los nervios y al elevar el ánimo. Poner esta mezcla fragante en una lámpara de aromaterapia con seguridad te pondrá en un estado mental relajado.

3 gotas de ylang ylang
2 gotas de naranja
2 gotas de pachuli

Efecto terapéutico: Los principales componentes del aceite de ylang ylang son linalool, safrol, geraniol, metilbenzoatos, salicilato y pineno, que dan al aceite benéficas propiedades estimulantes. El aceite ayuda a fomentar la producción de endorfinas que elevan el ánimo y es útil para reducir dolor, aumentar la moral y aliviar la tensión. El aceite de ylang ylang actúa como antiséptico y humectante.

Para tonificar el cuerpo: La fragancia intensa pero relajante del aceite de ylang ylang es apropiada en particular para uso en el baño de tina. El aroma tonificante y sensual estimula tanto el cuerpo como la mente. Pon 3-5 gotas al agua para bañarte junto antes de que te metas a la tina.

Para cuidado de la piel: El aceite de ylang ylang ayuda a dar equilibrio y humectar tanto piel seca como grasosa. Mezcla 1 gota de aceites de ylang ylang, frankincienso y lavanda en 1 cucharada de crema o aceite de almendra dulce. Da masaje con una pequeña cantidad en la cara. No uses en piel inflamada o irritada.

Para calambres menstruales: Los dolorosos calambres menstruales se pueden aliviar con un baño en tina caliente. Pon 2 gotas de aceites de ylang ylang y de amaro en el agua para bañarte justo antes de que te metas a la tina. Los aceites ayudan a fomentar el flujo menstrual y confortan la parte baja del abdomen.

Un aliento de oriente: Muchos perfumes con una fuerte nota oriental contienen aceite de ylang ylang. Combina 2 gotas de aceites de ylang ylang, jazmín, pachuli y rosa con al menos 2 cucharadas de aceite de almendra dulce para un aroma femenino único y erótico.

Para una relajación suave: El aceite de ylang ylang es maravilloso para calmar tensión después de un largo día en el trabajo. Pon 1 gota de aceites de ylang ylang y de lavanda y 2 gotas de aceites de vainilla y amaro en una lámpara de aromaterapia para un aroma tranquilizador.

Consejo extra: A menudo se considera que el aceite de ylang ylang es pesado solo; mézclalo con otras esencias como los aceites de lavanda, jazmín y rosa.

Aplicaciones

- El aceite de ylang ylang es maravilloso para piel quemada por el Sol, ya que alivia la inflamación, calma el dolor y apoya la formación de nuevo tejido de piel. Pon 3 gotas de aceites de ylang ylang y de lavanda, 1 gota de aceite de frankincienso y 1 cucharadita de vinagre de sidra de manzana en 1 litro de agua fría. Remoja una toalla en la solución y aplica a las áreas afectadas. Remplaza la compresa a menudo para tener el máximo beneficio.

- Para relajar los músculos faciales, prueba a usar un aceite de masaje que conste de 2 gotas de aceite de ylang ylang, 1½ cucharadas de aceite de almendra dulce y una gota de aceites de naranja dulce y de manzanilla. Después de limpiar por completo tu piel, aplica 1 cucharadita de la mezcla a tu cara, cuello y pecho y frota con los dedos con un movimiento circular y suave. Esta mezcla facial alisa y acondiciona tu piel y también relaja con su fragancia dulce y estimulante. Sin embargo, se aconseja precaución cuando se emplea este aceite durante exposición al Sol.

- El aceite de ylang ylang puede ayudar a bajar la presión sanguínea alta y a elevar tu moral. Aplica 1 gota a la almohada antes de que vayas a dormir, o en tu manga o pañuelo durante el día, para una fragancia refrescante y calmante con un efecto benéfico en tu estado de ánimo y tu salud.

- **Ten cuidado!** Cuídate cuando compres aceite de ylang ylang. Elige sólo aceite de ylang ylang "completo" para propósitos terapéuticos en casa. Esta denominación se refiere a la esencia floral sin separar, que se ha destilado al menos 24 horas. *Nota:* Usar aceite de ylang ylang en altas concentraciones o por periodos prolongados puede tener como resultado dolores de cabeza severos, náusea leve e incluso algo de vómito.

Propósito mágico

¿Alguna vez has lanzado un hechizo que pensaste que era totalmente perfecto, pero que resultó muy mal? Tal vez alguien te dio un hechizo que dijo que había funcionado para él, pero que cuando lo probaste, ¡tuvo el efecto opuesto exacto de lo que estabas tratando de lograr! ¿Qué sucedió?

Bueno, ¿te aseguraste de que cuando lanzaste el hechizo, diste todas las instrucciones exactas sobre lo que querías hacer con exactitud y lo que no querías hacer? No sólo le debes decir al hechizo lo que deseas hacer, ¡también tienes que recordar decirle lo que no deseas que haga! ¡Nunca olvides esa parte! Es la *Intención mágica*.

¡Las palabras y la intención que tienes cuando creas un aceite también tienen su propio poder!

Volvamos a tu infancia por un momento. Estás enamorado de un juguete que viste en una tienda. Sueñas con él, lo anhelas, lo deseas y este juguete está en todos tus pensamientos. Es la energía de que estamos hablando. La forma en que te concentras en el juguete, las emociones que proyectas cuando le dices a alguien que lo quieres, eso es intención.

La forma en que pensabas en ese juguete es la energía que deseas usar para que tu magia funcione correctamente. La *intensión mágica* es pasión evidente. ¿Recuerdas el pensamiento sobre tener ese juguete en tus manos, cómo te hacía sentir? Cuando piensas en forma específica en el resultado de tu trabajo, el aceite que estás creando manifestará tus deseos.

¿Qué sucedería si crearas lo que piensas que es el aceite de amor perfecto para darte el amor perfecto, pero no fuiste lo bastante específico en lo que pediste... y lo que pediste que no tuviera? Es posible que de repente estés coqueteando peligrosamente con un hombre casado, o lo que es peor, ¡la pareja de tu mejor amigo!

La intención ata al practicante con la tarea y permite que las energías elementales interactúen con efectividad con él.

Asegúrate de que no olvides poner límites específicos a lo que deseas cuando crees tu aceite. Por supuesto, siempre puedes hacer otro aceite si el primero sale mal, ¿pero no sería mejor que estuviera correcto la primera vez?

La siguiente es una lista de hierbas y su intención para ayudarte.

Intención mágica	Hierbas
Proyección astral	Orégano de creta, artemisa, álamo
Belleza	Aguacate, hierba gatera, ginseng, adianto, yerba santa
Castidad	Cactus, alcanfor, coco, pepino, erigeron, espino blanco, lavanda, piña, guisante de olor, verbena, hamamelis
Valor	Borraja, cimicífuga, aguileña, imperatoria, gordolobo, fitolaca, ambrosía, guisante de olor, té, tomillo, tonka, wahoo
Adivinación	Retama, alcanfor, cereza, diente de león, higo, vara de san José, hiedra terrestre, hibisco, ulmaria, naranja, orris, granada
Empleo	Cinta de zapatos del diablo, orquídea purpurea, pecana
Exorcismo	Angélica, madroño, asafétida, cariofilada, albahaca, frijoles, abedul, eupatoria, espino cerval, clavo, trébol, comino, bocado del diablo, sangre de drago, saúco, helecho, erigeron, frankincienso, fumaria, ajo, heliotropo, marrubio, rábano picante, junípero, puerro, lila, malva, menta, muérdago, gordolobo, mirra, ortiga, cebolla, durazno, peonia, pimienta, pino, romero, ruda, artemisa, sándalo, endrina, boca de dragón, tamarisco, cardo, hierba vieja bruja, milenrama
Fertilidad	Agárico, plátano, bistorta, zanahoria, agrión de prado, pepino, ciclamen, narciso, romaza, higo, geranio, uva, espino blanco, avellana, equiseto, mandrágora, muérdago, mostaza, arrayán, nueces, roble, oliva, palma datilera, pachuli, durazno, pino, granada, amapola, arroz, girasol, trigo
Fidelidad	Álsine, chile en polvo, trébol, comino, saúco, orozuz, magnolia, nuez moscada, ruibarbo, centeno, escutelaria, nardo, algarroba, yerba mate
Amistad	Limón, love seed, pasionaria, guisante de olor
Chismes, para acabar	Clavo, olmo americano
Felicidad	Hierba gatera, celidonia, ciclamen, espino blanco, Juan el conquistador, jacinto, lavanda, lirio de valle, mejorana, ulmaria, campanilla, verdolaga, membrillo, azafrán, hierba de san Juan, hierba vieja bruja

Curación	Lengua de serpiente, pimienta inglesa, amaranto, Angélica, manzana, bálsamo, bálsamo de gilead, cebada, laurel, dulcamara, zarzamora, lampazo, cálamo aromático, clavel, cedro, canela, cidra, prímula, pepino, romaza, saúco, eucalipto, hinojo, escrofularia, lino, gardenia, ajo, ginseng, galega, sello de oro, hierba cana, heliotropo, marihuana, alheña, lúpulo, marrubio, castaño de indias, hiedra, lágrimas de Job, perpetua, lima, mezquite, menta, artemisa, mirra, ortiga, roble, oliva, cebolla, menta, pimentero, caqui, pino, plátano, papa, rosa, romero, serbal, ruda, azafrán, sándalo, oxálida, menta verde, cardo, tomillo, fo-ti, tabaco, verbena, violeta, sauce, gaulteria, yerba santa
Salud	Anémona, fresno, alcanfor, alcaravea, cilantro, helecho, galangal, geranio, hierba cana, junípero, polígono, consuelda, perpetua, mandrágora, mejorana, muérdago, gordolobo, nuez moscada, roble, pimpinela, ruda, hierba de san Juan, sasafrás, oxálida, nardo, tanaceto, tomillo, nuez
contrarrestar	Bambú, chile, estramonio, galangal, arándano, hortensia, fitolaca, cardo, cardo bendito, linaria, vetiver, wahoo, gaulteria
Asuntos legales	Espino cerval, cascara, celidonia, pacana, caléndula, col de zorrillo
Amor	Aplectrum, aloe feroz, manzana, chabacano, áster, cariofilada, aguacate, aciano, bálsamo, bálsamo de gilead, cebada, albahaca, frijoles, cuajaleche, betabel, betónica, dicentra, sanguinaria, nuez de brasil, alcaparra, cardamomo, hierba gatera, manzanilla, cereza, castaña, álsine, chile, canela, clavo, trébol, cimicífuga, fárfara, aguileña, copal, cilantro, azafrán, pimienta de java, agrión de prado, narciso, margarita, damiana, bocado del diablo, eneldo, apocino, sangre de drago, dicentra cucullaria, helinio, olmo, endivia, eryngo, higo, gardenia, genciana, geranio, jengibre, ginseng, granos del paraíso, marihuana, hibisco, Juan el conquistador, siempreviva, jacinto, pincel indio, jazmín, maleza de juan pye, junípero, kava kava, milenrama, lavanda, puerro, limón, hierba Luisa, orozuz, lima, tilo, hepática, lobelia, loto, apio de monte, love seed, adianto, helecho macho, malva, mandrágora, arce, mejorana, lentisco, ruibarbo de los pobres, ulmaria, mimosa, muérdago, lunaria, arrayán, nueces, adelfa, naranja, orquídea, pensamiento, papaya, guisante, menta, hierba doncella, pimiento, ciruelo, cacalosúchil, amapola, árbol de Angélica, prímula, verdolaga, membrillo, frambuesa, rosa, romero, ruda, centeno, azafrán, zarzaparrilla, escutelaria, hierba de ballesteros, cimicífuga, abrótano, menta verde, tradescantia, fresa, caña de azúcar, tamarindo, tomillo, tomate, tonka, trilio, tulipán, valeriana, vainilla, atrapamoscas de venus, verbena, vetiver, violeta, sauce, hierba vieja bruja, ajenjo, milenrama, yerba mate, yohimbe
Suerte	Pimienta inglesa, sábila, bambú, baniano, jacinto silvestre, col, cálamo aromático, flor del paraíso, quina, algodón, narciso, bocado del diablo, helecho, granos del paraíso, avellana, brezo, acebo, siempreviva, arándano, musgo irlandés, lágrimas de Job, tilo, orquídea purpurea, helecho macho, musgo, nuez moscada, roble, naranja, caqui, piña, granada, amapola, verdolaga, rosa, raíz de serpentaria, anís estrella, paja, fresa, vetiver, violeta

Habilidad mental	Alcaravea, apio, eufrasia, uva, marrubio, lirio del valle, macis, mostaza, hierba doncella, romero, ruda, ajedrea, menta verde, nuez
Paz	Eryngo, gardenia, lavanda, frailecillos, ulmaria, campanilla, arrayán, oliva, pasionaria, poleo, escutelaria, verbena, violeta
Poder	Clavel, licopodio, cinta de zapatos del diablo, ébano, genciana, jengibre, serbal
Sueños proféticos	Helecho común, cincoenrama, heliotropo, jazmín, caléndula, mimosa, artemisa, cebolla, rosa
Prosperidad	Alfalfa, palomilla de tintes, pimienta inglesa, almendra, fresno, plátano, albahaca, benjuí, bergamota, zarzamora, sargazo vesiculoso, iris, brionia, trigo sarraceno, cálamo aromático, camelia, cáscara, anacardo, cedro, manzanilla, canela, cincoenrama, clavo, trébol, consuelda, prímula, eneldo, romaza, saúco, alholva, helecho, lino, fumaria, galangal, jengibre, vara de san José, sello de oro, tojo, granos del paraíso, uva, heliotropo, Juan el conquistador, monedas del papa, madreselva, castaño de indias, musgo irlandés, jazmín, orquídea purpurea, mandrágora, arce, mejorana, podofilo, menta, lunaria, musgo, arrayán, nuez moscada, nueces, roble, avena, cebolla, naranja, mahonia, pachuli, guisante, pecana, hierba doncella, pino, piña, granada, álamo, raíz de serpentaria, arroz, sasafrás, ajonjolí, cimicífuga, raíz de serpentaria, boca de dragón, asperilla, té, tomate, tonka, trilio, tulipán, verbena, vetiver, trigo
Protección	Acacia, violeta africana, agrimonia, raíz de aletris, sábila, malvavisco, alyssum, amaranto, anémona, Angélica, anís, madroño, asafétida, fresno, bálsamo de gilead, bambú, cebada, albahaca, laurel, frijol, betónica, abedul, dulcamara, zarzamora, sanguinaria, arándano, eupatoria, brionia, retama, espino cerval, lampazo, cactus, cálamo aromático, alcaravea, clavel, cascara, ricino, cedro, celidonia, crisantemo, quina, canela, cincoenrama, clavo, trébol, licopodio, coco, cimicífuga, algodón, comino, curry, ciclamen, ciprés, estramonio, bocado del diablo, cinta de zapatos del diablo, eneldo, cornejo, sangre de drago, ébano, saúco, helinio, eucalipto, euphoria, hinojo, helecho, centáurea menor, escrofularia, lino, erigeron, digital, frankincienso, galangal, ajo, geranio, ginseng, tojo, cereal, pasto, avellana, brezo, acebo, madreselva, marrubio, siempreviva, jacinto, hisopo, musgo irlandés, hiedra, junípero, kava kava, zapatito de dama, alerce, consuelda, lavanda, puerro, lechuga, lila, lirio, lima, tilo, liquidámbar, frailecillos, loto, orquídea purpurea, malva, mandrágora, caléndula, imperatoria, ruibarbo de los pobres, mimosa, menta, muérdago, artemisa, morera, gordolobo, mostaza, mirra, ortiga, roble, oliva, cebolla, orris, papaya, papiro, perejil, poleo, peonia, pimiento, pimentero, hierba doncella, silfio, pimpinela, pino, plátano, ciruela, prímula, verdolaga, membrillo, rábano, hierba cana, frambuesa, prenanthes, ruibarbo, arroz, rosa, romero, serbal, salvia, hierba de san juan, sándalo, abrótano, heno, asperilla, tamarisco, cardo, fo-ti, linaria, tomate, tulipán, nabo, valeriana, atrapamoscas de Venus, verbena, violeta, planta de cera, sauce, gaulteria, hamamelis, matalobos, ajenjo, yerba santa, yuca

Poderes psíquicos	Acacia, malvavisco, laurel, bistorta, sargazo vesiculoso, borraja, apio, canela, cidra, helinio, eufrasia, lino, galangal, pasto, madreselva, limoncillo, macis, caléndula, lentisco, artemisa, menta, rosa, serbal, azafrán, anís estrella, tomillo, uva de oso, ajenjo, milenrama, yerba santa
Purificación	Palomilla de tintes, anís, asafétida, cariofilada, laurel, benjuí, betónica, sanguinaria, retama, cedro, manzanilla, coco, copal, euphorbia, hinojo, goma arábiga, rábano picante, hisopo, iris, lavanda, limón, hierba Luisa, mimosa, perejil, menta, pimentero, romero, artemisa, chalote, cardo bendito, tomillo, tabaco, cúrcuma, valeriana, verbena, yuca
Sexo	Aguacate, alcaparra, alcaravea, zanahoria, totora, apio, canela, margarita, damiana, genciana, eneldo, endivia, eryngo, galangal, ajo, ginseng, granos del paraíso, hibisco, limoncillo, orozuz, maguey, menta, ortiga, oliva, cebolla, perejil, pachuli, rábano, romero, azafrán, ajonjolí, cimicífuga, abrótano, vainilla, violeta, hierba vieja bruja, yerba mate, yohimbe
Sueño	Agrimonia, manzanilla, cincoenrama, estramonio, saúco, lúpulo, lavanda, lechuga, tilo, pasionaria, menta, verdolaga, romero, tomillo, valeriana, verbena
Espiritualidad	Violeta africana, aloe feroz, canela, frankincienso, gardenia, goma arábiga, mirra, sándalo
Fuerza	Laurel, clavel, imperatoria, artemisa, morera, poleo, plátano, azafrán, hierba de san Juan, guisante de olor, té, cardo
Éxito	Fresno, bálsamo, canela, trébol, frankincienso, ajo, jengibre Juan el conquistador, muérdago, serbal, verbena, wahoo, canelo
Sabiduría	Amaro, eufrasia, avellana, iris, durazno, salvia, girasol

Tablas de correspondencia herbal

Correspondencias elementales

Elemento	Hierbas
Agua	Flor de manzana, bálsamo de Melisa, cálamo aromático, manzanilla, alcanfor, hierba gatera, cardamomo, cereza, coco, consuelda, saúco, eucalipto, iris, gardenia, brezo, jacinto, jazmín, limón, orozuz, lila, lirio, loto, mirra resina, raíz de orris, pasionaria, sándalo, durazno, cacalosúchil, rosa, menta verde, jazmín de madagascar, guisante de olor, tanaceto, tomillo, semillas de tonka, vainas de vainilla, violeta, ylang-ylang
Fuego	Pimienta inglesa, Angélica, asafétida, albahaca, laurel, clavel, cedro, canela, clavo, resina de copal, cilantro, genciana, eneldo, resina de sangre de drago, hinojo, junípero, lima, caléndula, nuez moscada, naranja, menta, romero, malva rosa, corteza de sasafrás, tangerina, tabaco, aspérula
Tierra	Bistorta, ciprés, helecho, madreselva, marrubio, magnolia, artemisa, narciso, musgo de roble, pachuli, prímula, ruibarbo, verbena, vetiver
Aire	Acacia, goma arábiga, almendra, anís, goma de benjuí, bergamota, cáscara de cidra, lavanda, limoncillo, hierba Luisa, macis, mejorana, resina de lentisco, perejil, menta, salvia, anís estrella

Correspondencias planetarias

Planeta	Hierbas
Sol	Acacia, Angélica, goma arábiga, fresno, laurel, goma de benjuí, clavel, anacardo, cedro, celidonia, centaura, manzanilla, achicoria, corteza de canela, cáscara de sidro, resina de copal, eufrasia, frankincienso, ginseng, sello de oro, avellana, heliotropo, junípero, limo, liquidámbar, roble, apio de monte, caléndula, resina de lentisco, muérdago, oliva, naranja, peonia, palma, piña, arroz, romero, serbal, ruda, azafrán, hierba de san Juan, sándalo, ajonjolí, girasol, tangerina, té, nuez
Luna	Lengua de serpiente, sábila, bálsamo de Melisa, sargazo vesiculoso, col, cálamo aromático, camelia, resina de alcanfor, álsine, licopodio, coco, algodón, pepino, eucalipto, gardenia, calabaza, uvas, monedas del papa, musgo irlandés, jazmín, limón, lechuga, lirio, frailecillos, loto, malva, mesquite, lunaria, mirra, papaya, amapola, papa, sándalo, verdolaga, nabo, sauce, gaulteria
Mercurio	Almendra, álamo temblón, frijoles, bergamota naranja, dulcamara, helecho común, nuez de Brasil, alcaravea, apio, trébol, eneldo, helinio, hinojo, helechos, alholva, avellano, lino, galega, marrubio, lavanda, limoncillo, hierba Luisa, lirio del valle, macis, helecho macho, mandrágora, mejorana, podofilo, menta, morera, papiro, perejil, pecana, menta, pimpinela, pistache, granada, ajedrea común, hierba de ballesteros, abrótano
Venus	Aliso, alfalfa, aloe feroz, manzana, chabacano, áster, aguacate, aciano, bálsamo de gilead, plátano, cebada, cuajaleche, abedul, zarzamora, dicentra, iris, trigo sarraceno, lampazo, alcaparra, cardamomo, hierba gatera, cereza, fárfara, aguileña, maíz, prímula, azafrán, ciclamen, narciso, margarita, orégano de creta, saúco, matricaria, digital, geranio, vara de san José, hierba cana, brezo, hibisco, arándano, jacinto, pincel indio, iris, milenrama, consuelda, orozuz, lila, magnolia, adianto, artemisa, arrayán, avena, orris, pasionaria, guisante, durazno, pera, hierba doncella, caqui, plátano, ciruela, cacalosúchil, prímula, hierba cana, frambuesa, ruibarbo, rosa, centeno, artemisa, oxálida, menta verde, nardo, fresa, caña de azúcar, guisante de olor, tanaceto, tomillo, semillas de tonka, trilio, tulipán, valeriana, vainilla, verbena, vetiver, violeta, trigo, sauce
Marte	Pimienta inglesa, anémona, asafétida, albahaca, cimicífuga, sanguinaria, brionia, retama, cactus, zanahoria, chile, cilantro, pimienta de Java, comino, hoja de curry, damiana, genciana, resina de sangre de drago, raíz de galangal, ajo, genciana, raíz de jengibre, tojo, granos del paraíso, espino blanco, Juan el conquistador, acebo, lúpulo, rábano picante, cinoglosa, puerro, imperatoria, maguey, mostaza, ortiga, cebolla, poleo, pimienta, menta, pimentero, pimento, pino, raíz de fitolaca, rábano, carrizo, chalote, boca de dragón, cardo, linaria, tabaco, aspérula, ajenjo, yuca
Júpiter	Agrimonia, anís, cariofilada, baniano, betónica de bosque, borraja, clavo, castaña, cincoenrama, diente de león, romaza, endivia, higo, madreselva, castaño de indias, hens and chickens, hisopo, tilo, hepática, ulmaria, arce, nuez moscada, salvia, zarzaparrilla, sasafrás, anís estrella, hierba vieja bruja

Saturno	Acónito, amaranto, asfódelo, haya, betabel, belladona, bistorta, eupatoria, espino cerval, consuelda, ciprés, estramonio, olmo, euforbia, fumaria, heléboro, cicuta, marihuana, beleño, equiseto, hiedra, campanilla, pensamiento, pachuli, álamo, membrillo, escutelaria, col de zorrillo, olmo americano, sello de salomón, tamarindo, tamarisco, tejo

Correspondencias astrológicas

Signo	*Hierbas*
Aries	Pimienta inglesa, clavel, cedro, canela, clavo, resina de copal, comino, genciana, resina de sangre de drago, hinojo, frankincienso, raíz de galangal, junípero, almizcle, menta, pino
Tauro	Flor de manzana, cardamomo, margarita, madreselva, lila, magnolia, musgo de roble, pachuli, cacalosúchil, rosa, tomillo, semillas de tonka, vainas de vainilla, violeta
Géminis	Almendra, anís, bergamota, cáscara de cidra, trébol, eneldo, lavanda, marrubio, limoncillo, lirio, macis, resina de lentisco, perejil, menta
Cáncer	Cálamo aromático, eucalipto, gardenia, jazmín, limón, bálsamo de Melisa, lila, loto, resina de mirra, rosa, sándalo, violeta
Leo	Acacia, goma de benjuí, canela, resina de copal, frankincienso, heliotropo, junípero, aceite de almizcle, nuez moscada, naranja, romero, sándalo
Virgo	Almendra, bergamota, ciprés, eneldo, hinojo, madreselva, lavanda, lirio, macis, musgo, pachuli, menta
Libra	Flor de manzana, hierba gatera, lila, magnolia, mejorana, artemisa, cacalosúchil, rosa, menta verde, guisante de olor, tomillo, vaina de vainilla, violeta
Escorpión	Pimienta inglesa, albahaca, clavo, comino, genciana, raíz de galangal, gardenia, raíz jengibre, resina de mirra, pino, vaina de vainilla, violeta
Sagitario	Anís, clavel, cedro, clavo, resina de copal genciana, resina de sangre de drago, frankincienso, raíz de jengibre, madreselva, junípero, nuez moscada, naranja, rosa, salvia, corteza de sasafrás, anís estrella
Capricornio	Ciprés, madreselva, magnolia, mimosa, musgo de roble, pachuli, verbena, vetiver
Acuario	Acacia, almendra, goma de benjuí, cáscara de cidra, ciprés, lavanda, goma de lentisco, macis, mimosa, pachuli, menta, pino
Piscis	Anís, cálamo aromático, hierba gatera, clavo, eucalipto, gardenia, madreselva, jazmín, limón, mimosa, nuez moscada, raíz de orris, salvia, sándalo, zarzaparrilla, anís estrella, guisante de olor

Lenguaje de las flores

Flor	Significado
Acacia	Amistad
Amarilis	Hermoso pero tímido
Anémona	Vete
Áster	Memorias, elegancia y amor
Anémona	Expectativas
Lirio de campo	Devoción
Gipsófila	Inocencia
Aciano	Esperanza
Begonia	Una naturaleza soñadora
Campanas de Irlanda	Buena suerte
Lirio de calla	Belleza magnífica
Camelia	Perfección y belleza, gratitud
Clavel	Amor devoto
Crisantemo	General = abundancia y riqueza (rojo = te amo; blanco = verdad)
Narciso	Estima
Dalia	Dignidad y elegancia
Margarita	Gentileza, inocencia, lealtad y romance
Delfino	Vuelos de imaginación, apego ardiente
No me olvides	Amor fiel, esperanza inmortal, memoria, no olvides
Freesia	Inocencia
Gardenia	Pureza y amor dulce
Gladiolo	Generosidad
Brezo	Admiración y belleza
Hibisco	Belleza delicada
Jacinto	Alegría juguetona
Iris	Fe, sabiduría, valor y promesa
Hiedra	Amor casado, fidelidad, amistad y afecto

Jazmín	Amabilidad
Narciso	Afecto devuelto
Consuelda	Un corazón abierto
Hojas de limón	Amor perpetuo
Lila	Primera emoción del amor
Lirio	Inocencia y pureza de corazón
Lirio del valle	Humildad, dulzura, vuelta de la felicidad
Campanilla	Afecto
Arrayán	Deber y afecto
Flor de naranjo	Inocencia, amor eterno, matrimonio y fecundidad
Orquídea	Amor, belleza y magnificencia
Pensamiento	Reflejo reflexivo
Peonia	Matrimonio feliz y prosperidad
Prímula	Amor joven
Ranúnculo	Radiante, encantador
Rosa, color rosa	Felicidad perfecta
Rosa, blanca	Encanto e inocencia
Rosa, roja	Amor y deseo, una rosa sola = te amo
Rosa, blanca roja con rayas	Unidad
Rosa, anaranjada	Pasión
Rosa, amarilla	Alegría y regocijo
Capullo de rosa	Belleza y juventud
Romero	Remembranza
Estrella de Belén	Pureza
Jazmín de Madagascar	Felicidad marital
Alhelí	Belleza duradera
Guisante de olor	Placer dichoso
Nardo	Placer peligroso
Tulipán	Amor y pasión
Violeta	Fidelidad

Bibliografía

Ashley, Leonard R. N. *The Complete Book of Spells, Curses and Magical Recipes*. New York: Barricade Books Inc., 1997.

Baer, Randall, and Vicki Baer. *Windows of Light*. San Francisco: Harper and Row, 1984.

Beyerl, Paul. *Master Book of Herbalism*. Custer, WA: Phoenix Publishing, 1984.

—*A Compendium of Herbal Magic*. Custer, WA: Phoenix Publishing, 1998.

—*The Holy Books of the Devas*. Kirkland, WA: The Hermit's Grove, 1994.

Bias, Clifford. *Ritual Book of Magic*. York Beach, ME: Samuel Weiser, 1982.

Cunningham, Scott. *The Complete Book of Incense, Oils, and Brews*. St. Paul: Llewellyn Publications, 1989.

—*Encyclopedia of Magical Herbs*. St. Paul: Llewellyn Publications, 1994.

—*Magical Aromatherapy*. St. Paul: Llewellyn Publications, 1993.

Dodt, Colleen K. *The Essential Oils Book*. Pownal, VT: Storey Communications, 1996.

Drury, Nevill. *The Elements of Shamanism*. Rockport, MA: Element Books, 1989.

Eason, Cassandra. *The Handbook of Ancient Wisdom*. New York: Sterling Publishing, 1997.

Goodwin, Joscelyn. *Mystery Religions in The Ancient World*. San Francisco: Harper and Row, 1981.

Green, Marion. *A Witch Alone*. Wellingborough, England: The Aquarian Press, 1991.

—*The Elements of Natural Magic England*. Rockport, MA: Element Books, 1992.

Heath, Maya. *Handbook of Incense, Oils, and Candles*. Merlyn Press, 1996.

Heisler, Roger. *Path To Power: It's All In Your Mind*. York Beach, ME: Samuel Weiser, 1990.

Holland, Eileen. *Grimoire of Magical Correspondences: A Ritual Handbook*. New Page Books, 2006.

Huson, Paul. *Mastering Herbalism, A Practical Guide*. First Madison Books, 1974.

—*Mastering Witchcraft*. New York: Perigree/G. P. Putnam and Sons, 1970.

Katzeff, Paul. *Full Moons*. Secaucus, NJ: Citadel Press, 1981.

Keville, Kathi. *Pocket Guide to Aromatherapy*. The Crossing Press, 1996.

Lady Rhea with Eve LeFey. *The Enchanted Formulary*. Citadel Press, 2006.

Lewis, J. R., and E. D. Oliver. *Angels A to Z*. Detroit: Visible Ink Press, 1996.

Liddell, S., and MacGregor Mathers. *The Key of Solomon The King*. York Beach, ME: Samuel Weiser, 1974.

Meyer, Marvin W. *The Ancient Mysteries: A Source Book*. San Francisco: Harper and Row, 1987.

Riva, Anna. *Golden Secrets of Mystic Oils*. International Imports, 1990.

—*Magic with Incense and Powders*. International Imports, 1985.

Sabrina, Lady. *Cauldron of Transformation*. St. Paul: Llewellyn Publications, 1996.

—*Reclaiming the Power: The How and Why of Practical Ritual Magic*. St. Paul: Llewellyn Publications, 1992.

Sawyer, Pat Kirven. *Ancient Wisdom—The Master Grimoire*. Seventh House Publishing, 2005.

Skelton, Robin. *Spell Craft*. York Beach, ME: Samuel Weiser, 1978.

—*Talismanic Magic*. York Beach, ME: Samuel Weiser, 1985.

—*The Practice of Witchcraft Today*. Secaucus, NJ: Citadel Press, 1990.

Smith, Steven. *Wylundt's Book of Incense*. York Beach, ME: Samuel Weiser, 1989.

Starhawk. *The Spiral Dance*. San Francisco: Harper and Row, 1979.

Tarostar. *The Witch's Formulary and Spellbook*. Original Publications, 1980.

Valiente, Doreen. *Witchcraft for Tomorrow*. New York: St. Martin's Press, 1978.

Watson, Franzesca. *Aromatherapy Blends and Remedies*. Thorsons/Harper Collins, 1995.

Índice

Títulos de esta colección

Cómo leer el rostro.
Richard Webster

El viaje de las almas.
Michael Newton

Formulario completo de aceites mágicos.
Celeste Reyne Heldstab

Momentos milagrosos.

Puertas hacia vidas pasadas y vidas futuras.
Slate & Llewellyn